힐링 리더를 위한

인사경영 마인드

힐링 리더를 위한 **인사경영마인드**

지은이 김 진 술
발행인 정 영 수
편 집 이 인 숙

발행처 ㈜영화조세통람

펴낸날 2013년 10월 15일 초판 인쇄
2013년 10월 22일 초판 발행

주 소 서울특별시 중구 동호로 14길 5－6
등 록 1976. 11. 5. 제9－81호
전 화 대 표 02) 2231－7027 Fax 02) 2234－1754
출판사업부 02) 2231－7141 Fax 02) 2231－7994

구입문의 (02) 2231－7027～9

정가 22,000원
ISBN 978－89－8036－286－8 13320

인더비즈 경제경영 시리즈

인더비즈
Series
2

힐링 리더를 위한

인사
경영
마인드

김진술 지음

사람과 조직을 힐링하면서 훌륭한 일터를 만드는
리더의 필수 지침서

인더비즈
people in the biz & books

김 진 술(KAYEN Consulting, 대표)

<경력 사항>
MERCER Consulting, Manager
삼성생명, Manager
스탠다드차타드은행, 전문위원
KMAC, Expert Consultant
한성대 지식서비스 컨설팅 대학원, 겸임교수

<저서>
C−Player 매니지먼트 매뉴얼, 영화조세통람(2012)
평가보상운영매뉴얼, 영화조세통람(2011)
복수노조와 노사관계, 홍익출판(2001)

<학력 사항>
영국 런던정경대(LSE), 경영학석사(영국외무성장학금)
독일 브레멘대학, 노사관계석사
영국 케임브리지대학, Judge Business School, Executive HR
미국 MIT, Sloan School of Management, Strategic Leadership
네덜란드 에라스무스대학, European HRM 과정
한국외국어대학교, 행정학학사

<강의 활동>
삼성인력개발원, 현대자동차, 한국아스트라제네카, 한국화이자제약,
한국노바티스, 현대모비스, SK하이닉스, 미래에셋, ING생명,
대한무역투자진흥공사(KOTRA), 삼성생명, 한국공항공사,
스탠다드차타드은행, KB지주, 신한은행, 한국라이나생명,
한국건강보험공단, 폴리텍대학, 한국장학재단, 한국거래소(KRX) 등 기업체 강의

<자격 사항>
공인노무사 / SPHR / GPHR / CFP / AFPK

머리말

최근 한 취업포털 사이트에서 직장인들을 대상으로 '조직을 움직이는 힘'에 대한 설문조사를 진행한 결과 응답자의 반수가 "나의 업무몰입은 팀장이 결정한다."라고 답하였다. 그런데 이 '조직구성원들 자신의 업무몰입'에 결정적인 역할을 하는 요인으로 바로 '팀장'을 지목한 것은 우리에게 시사하는 바가 크다고 할 것이며, 이 설문조사를 근거로 하여 볼 때 팀장, 즉 리더의 역량이 조직의 운명을 가르는 핵심성공요인이 된다는 사실에 주목할 필요가 있다.

한편, 최근 국내외를 막론하고 모든 기업들이 영속성 있는 조직으로 성장을 거듭하기 위하여 우수한 '인적자원'을 확보하고 관리하는 것을 가장 중요한 업무의 하나로 여기고 있으며, 최근에는 조직의 인력을 단지 HR 부서가 전담하여 관리하고 육성하는 것이 광범위한 인력에 대한 접근성과 인력관리의 효율성 및 효과성 측면에서 한계가 있다는 점을 많은 기업들이 깨닫게 되면서 현업(팀, 부서) 중심의 인력관리에 포커스를 맞추고 있다.

이러한 최근의 트렌드를 종합하여 보면, 결국 지속적인 성과를 창출하며 일할 맛 나는 기업이 되기 위해서는 사실상 현업을 진두지휘하는 리더의 역량확보가 가장 중요하다고 볼 수 있으며, 필자는 이를 염두하여 각 기업의 리더가 현업의 인력관리에 있어 반드시 알아두어야 할 가장 기본적인 사항들에 대하여 체계적으로 정리함으로써 조직 내 리더의 경영마인드 형성에 도움이 될 것을 기대하면서 이 책을 집필하게 되었다.

이 책은 크게 4개의 Part로 구성이 되어 있다.

Part 1. Introduction

이 파트에서는 조직의 Life cycle 변화에 따른 팀장의 역할과 책임의 변화와 조직 내에서의 바람직한 기능적 측면을 개괄적으로 기술하였다.

Part 2. 인사관리

이 파트에서는 채용, 이동, 승진, 교육 등 팀장이 팀원들을 관리하고 육성하는데 있어서 숙지해야 할 각 단계별 필수 숙지 개념과 유의점 등을 중심으로 분권형 인사관리 및 직무중심의 인사관리가 확대되는 최근의 트렌드를 감안하여 리더가 익혀야할 인력운영의 체계적 메커니즘을 구체적으로 기술하였다.

Part 3. 노무관리

인사관리의 경우 다양한 법령들이 이에 대한 최소한의 기준을 설정해 놓고 있기 때문에, 이를 적용하고 활용하는 데 있어 '효율성'과 더불어 '적법성'을 고려하지 않을 수 없다. 따라서 이 파트에서는 인사관리에 있어 염두에 두어야 할 기본적인 근로조건(임금, 휴일, 휴가, 취업규칙 등)을 비롯하여 이직과 전직 시 발생할 수 있는 법적 문제 및 비정규직에 대한 차별과 여성 직원들에 대한 보호 조치 등 법령에서 정하고 있는 사항들을 주요 테마별로 기술하였다.

Part 4. 경영심리학

이 파트에서는 팀장이 팀원들을 하나의 구심점으로 모으기 위한 리더십과 팀원들에 대한 동기부여 원리, 그리고 코칭 권한위임 및 갈등관리 등 팀 관리에 있어 고려해야 할 여러 가지 심리학적 요인들에 대하여 상세히 기술하였다.

마지막으로 이 책이 현재 팀장의 역할을 감당하고 있거나 향후 그 역할을 감당하게 될 여러분들에게 효과적인 지침서가 되기를 소망하면서 집필을 마칠 때까지 물심양면으로 지지해주고 항상 곁에서 크나큰 도움이 되어온 케이엔컨설팅의 김

병열 팀장에게 큰 공을 돌리고자 한다. 이에 못지않게 곁에서 수고의 땀을 흘려준 김우성 노무사와 임보라 노무사에게도 이 자리를 빌어 감사의 표현을 전하고 싶다. 마지막으로 이해와 내조를 통해 지지해주고 이끌어준 이희진에게 사랑하고 고맙다는 말을 전하고, 더불어 나의 세 천사인 하람이, 은솔이 그리고 다원이에게 사랑한다는 말을 끝으로 이 책의 집필을 마치고자 한다.

2013년 9월 25일

삼성역아셈타워 사무실에서

김진술

차 례

PART 01

Introduction

01 얼라이너(Aligner)로서의 팀장이 조직성공의 핵심이다

분권형 인사관리의 시작은 팀장에게의 권한위임이다

최근 조직의 성과향상과 인사관리의 효율성 제고 측면에서 팀장(혹은 현업부서장 또는 라인 매니저)에 대한 관심이 증가하고 있다. 과거 인사관리의 주요 기능과 권한이 인사팀에 집중되어 있던 모습을 탈피하면서 점차 팀장에게로 권한이 위임되고 있다고 할 수 있다. 과거 모델이라고 할 수 있는 집권형 인사관리(Centralized HRM)의 순기능은 바로 일관성과 규모의 경제를 통한 효율성 강화이었다. 이러한 순기능에도 불구하고 불확실성 높은 환경변화에 대응하기 위한 유연성과 현장대응력 제고가 최우선적 과제로 요구되기 시작하였다. 이를 위해 인사팀에 집중되어 있던 기능과 역할을 팀장에게로 위임해 나가는 분권형 인사관리가 오늘의 트렌드로 자리잡아 가고 있는 것이다.

집권형 인사관리(Centralized HRM)와 분권형 인사관리(Decentralized HRM)

구 분	집권형 인사관리 (Centralized HRM)	분권형 인사관리 (Decentralized HRM)
인사팀 역할	계획 및 집행 (Plan and execution)	조율(Coordination)
팀장 역할	가이드라인 집행	계획 및 집행 (Plan and execution)
장점	• 일관성 제고 • 규모의 경제 • 제도 실행의 효율성 강화	• 높은 현장대응력 • 팀장의 Engagement 강화 • 인사관리의 타당성 제고 • 제도의 높은 유연성
단점	• 현장대응력 저하 • 팀장의 높은 무관심 • 인사관리의 타당성 저하 • 유연성 저하	• 일관성 저하 우려 • 제도 실행의 고비용 발생 가능 • 효율성 저하
트렌드	집권형 인사관리에서 분권형 인사관리로 전환하여 높은 현장대응력과 제도실행의 타당성을 높이고자 하는 방향이 최근의 트렌드임	

이러한 분권형 인사관리의 시작은 바로 팀장에게의 권한 위임이다. 즉, 인사관리의 기능과 역할을 팀장에게 부여해줌으로써 모든 기능과 역할의 실행이 현업에서 이루어지도록 하는 것이다. 이를 통해 현장대응력과 제도의 높은 유연성을 강화해 나갈 수 있게 된다.

또한 팀장은 얼라이너(Aligner)로서의 역할을 수행해야 한다

조직의 성과창출이나 목적달성은 결국 조직이 추구하는 비전의 달성이라고 할 수 있다. 그리고 조직 비전의 달성을 위해 반드시 지켜야 할 덕목과 가치를 통틀어 핵심가치라 할 수 있으며, 이러한 핵심가치가 하나로 응집된 형태를 흔히 인재상이라 부른다.

조직의 목표 즉 비전을 달성하기 위해서는 그 비전이 모든 직원에게 전파되고 공유되는 것이 필요하다. 이렇게 전파되고 공유된 비전일수록 달성의 가능성이 높아지는 것이다. 그럼 남은 문제는 비전을 과연 어떻게 전파하고 공유할 것인가인데 여기에서 가장 핵심적인 역할을 수행하는 주체가 바로 팀장이며, 이러한 팀장의 역할을 반영하여 팀장을 흔히 '가치대리인(Value agent)'이라고 부르기도 한다.

조직의 비전, 미션, 핵심가치 그리고 인재상

구 분	정의
비전(Vision)	조직의 바람직한 미래를 표현해 주는 이미지
미션(Mission)	조직의 존재가치 및 사명감에 대한 표현
핵심가치(Core Values)	조직의 비전과 미션을 달성하기 위해 필요한 가치
인재상	비전, 미션 그리고 핵심가치를 종합적으로 반영한 직원들에 대한 바람직하고 이상적인 모습

팀장은 상기 표에 나타난 비전을 같이 조직의 비전을 하향식(Top-down approach)으로 전파 및 공유하는 역할 이외에 상향식(Bottom-up approach)으로 개별 조직원의 목소리를 듣고 이를 해소하는 역할(Voice exit)을 하는 것이 중요하다. 즉, 개별 직원의 니즈와 고충을 현장에서 경청하여 해소하는 기능이 활성화될 때 조직구성원의 가치공유(Engagement)가 더 강화된다고 할 수 있다. 이러한 팀장의 역할을 반영하여 팀장을 '보이스매니저(Voice manager)'라고 일컫기도 한다.

경영이념 및 핵심가치 : 중소기업 사례 _오스템 임플란트

구분	내용
경영이념	오스템은 인재와 기술을 바탕으로 최상의 고객가치를 창조하여 인류건강 증진에 이바지한다.

▶ 비전 및 핵심가치

구분	내용
비 전	세계 치과계를 선도하는 초일류 기업
경영목표	2023년 세계 1위 임플란트 기업 (2020년 국내 최초 1조 달성 의료기기 업체)
핵심가치	최고지향 / 고객중심 / 신 뢰 / 글로벌 인재

경영이념 및 핵심가치 : 공기업 사례 _한국전력공사

구분	내용			
Mission	전원개발 촉진, 전력수급 안정, 국민경제발전 기여			
Vision	Global Top Green & Smart Energy Pioneer			
중장기목표	매출액 87조원	ROIC 6% 이상	해외 매출액 26조원	세계 최고기술 22개
핵심가치 (CEO 경영방침)	All Together, Create Future! "직원 및 국가, 사회의 동반성장과 인류의 행복을 위해 끊임없는 창조를 바탕으로 미래가치를 창출하여 사랑받는 기업으로 변신하고 지속성장 추구"			

Thinking 방 향		Way 방 법		Goal 지향점	
글로벌미래 경 영	인간중심 경 영	신뢰소통 경 영	변화혁신 경 영	가치창조 경 영	사회책임 경 영

종합해 볼 때 팀장의 가치대리인과 보이스매니저로서의 역할 증대가 과거에 비하여 상당히 커졌다. 구체적으로 가치대리인으로서의 역할이라 함은 조직의 비전과 미션을 공유 전파함으로써 그 달성에 기여하게 되는 역할을 말하고, 보이스 매니저로서의 역할이라 함은 조직구성원의 니즈와 고충을 적극적으로 해결해 나감으로써 구성원의 조직몰입도와 만족도를 제고하게 되는 역할을 말한다.

팀장의 Value agent와 Voice manager 역할

이렇듯 변화하는 팀장의 기능과 역할을 축약하면 바로 조직과 직원을 연결해주는 얼라이너(Aligner)라고 할 수 있다. 만일, 팀장이 얼라이너로서의 기능을 충실하게 이루어내지 못하면 조직 내부적인 균열이 발생하게 되고 이는 곧 조직의 생산성에 절대적인 영향을 미치게 된다.

인더비즈 인사경영 Station

Aligner, Value Agent, Voice Manager

불확실성이 높은 경영환경에서 요구되는 인사관리체계는 직원들에게 많은 권한과 책임을 이양하는 분권형 인사관리체계이다. 이와 같은 분권형 인사관리체계가 정착되기 위해서는 팀장이 조직과 개인을 연결하는 얼라이너(Aligner)로서의 역할을 수행해야 하는데, Aligner의 가장 핵심 역할이 바로 가치대리인(Value agent : 조직의 비전과 미션을 공유 전파함으로써 그 달성에 기여하는 역할)과 보이스 매니저(Voice manager : 조직구성원의 니즈와 고충을 적극적으로 해결해 나감으로써 구성원의 조직몰입도와 만족도를 제고하는 역할) 역할이다.

02 조직의 라이프사이클에 따라 팀장의 R&R(Role & Responsibility)도 변해야 한다

조직도 라이프사이클에 따라 성장하고 성숙기를 거쳐 쇠퇴한다

사람이 태어나서 성장하고 이후 성숙기를 거쳐 쇠퇴기에 접어들듯이 조직의 성장과정도 크게 다르지 않다. 조직설계 이론에서는 흔히 이 과정을 4단계로 구분하고 있다. 도입기(Introduction), 성장기(Growth), 성숙기(Maturity) 그리고 쇠퇴기(Decline)로 구분된다.

조직의 라이프사이클별 주요 특성

구분	핵심 인사기능	위기요인	필요사항
도입기	채용	리더십	창의성
성장기	채용과 교육훈련	권한위임	명확한 비전
성숙기	보상, 인사기획, 교육훈련	관료제화	공식적 제도

쇠퇴기	변화관리, 아웃플레이스먼트, 교차훈련(Cross-training)	변화에 대한 거부	유연성, 효율적인 의사 결정과정

각 라이프사이클의 단계별로 핵심인사기능과 위기요인 그리고 조직에 요구되는 필요사항들을 살펴보면 다음과 같다. 우선 도입기(Introduction)에서는 채용제도가 가장 핵심적인 인사기능이다. 채용은 신입과 경력채용 두 가지 모두 중요하다고 할 수 있으나, 도입기에 있는 조직에 좀 더 중요한 채용은 경력 직원에 대한 채용이라고 할 수 있다. 즉, 기존 시장에서 앞서가고 있는 선발주자(Leading company)를 따라 잡기 위해서는 후발주자(Following company)로서 기존 선발주자들이 거쳐 간 시행착오의 기간을 단축하면서 선발주자들의 노하우를 빠른 시일 내에 습득하는 것이 필수적이다. 이 시기에 가장 위협적인 요소는 바로 리더십에 대한 저항이다. 조직의 역사가 길수록 리더십에 대한 저항이 낮으나 도입기 조직의 리더에게는 리더십에 대한 도전이 거세게 일 수 있다.

도입기를 지나 성장기로 접어들게 되면, 채용과 동시에 교육훈련에 대한 니즈가 강하게 형성된다. 즉, 경력직원이나 외부의 노하우 전수 등을 통해 습득된 외부 역량을 내부화시키는 작업이 중요한 시점인 것이다. 동시에 조직이 성장할수록 리더의 관리권한을 부하직원들에게 이양해주는 임파워먼트(Empowerment)가 중요해진다. 즉, 리더 개인의 관리의 폭(Span of control)은 제한적일 수밖에 없으므로 관리의 범위를 조직 계층 내에서 체계적으로 나누어주는 과정이 중요해진다.

성숙기에 접어들게 되면 제도의 공식화가 필요해진다. 이는 많은 중소기업들이 겪는 과정인데 어느 정도 조직의 성장세가 멈추게 되면서 새로운 성장동력을 찾기 위해 제도를 체계화하고 공식화하는 과정을 말한다. 제도의 공식화가 균형을 상실하여 지나치게 되면 관료제화라는 부작용이 발생하게 되므로 주의를 필요로 하는 시점이다.

쇠퇴기에 진입하게 되면 변화관리가 가장 핵심적인 기능이라 할 수 있다. 이는 일반적으로 조직 구성원들이 가지게 되는 변화에 대한 거부감을 최소화하면서 조직의 안정성을 동시에 갖추어 나가는 과정이라고 할 수 있다. 이 경우 조직에 필요한 가장 중요한 가치가 바로 유연성이다. 조직의 쇠퇴과정에서 유연성이 확보되지 않으면 쇠퇴기의 진행이 과속화될 수 있으므로 이 점을 유의하여야 한다.

조직의 라이프사이클별 팀장의 R&R은 변해야 한다

팀장의 역할은 크게 두 가지로 나누어 볼 수 있다. 각 팀에 부여된 기능을 이행하는 경영관리적 역할(Business－focused R&Rs)과 팀원들을 관리해야 할 인력관리적 역할(People－managing R&Rs)로 구분된다. 우선 경영관리적 역할이라 함은 각 팀에 할당된 조직성과지표(KPI)의 목표수준을 달성하기 위한 역할이라고 할 수 있으며, 팀장에게 할당된 가장 본연의 역할이라 할 수 있다. 반면, 인력관리적 역할이라 하면 팀 목표의 달성을 위해 소속 구성원을 관리하는 기능으로서 구성원에 대한 평가, 승진, 보상 등을 관리하는 책임 및 역할을 의미한다.

이러한 팀장의 R&R을 조직의 라이프사이클 단계와 연관지어 보면 다음과 같다. 우선 라이프사이클 중 조직의 도입기와 성숙기에서는 경영관리적 역할이 주된 R&R이라 할 수 있다. 조직이 설립되어 성장해 나가는 단계에서는 인력에 대한 관심보다 사업 또는 경영에 대한 관심과 노력이 주되게 형성될 수밖에 없는 것이 현실이다. 그러나 조직의 성장기를 지나 성숙기와 쇠퇴기에 접어들게 되면 조직의 목표 그 자체 보다는 구성원의 동기부여(Motivation)와 참여(Engagement)를 통해 조직의 목표를 달성하는 것이 강조되게 되므로 인력에 대한 관심이 증가하게 된다. 이러한 현상은 기업들 사이에서 쉽게 찾아볼 수 있는데, 국내 많은 대기업들이 주춤해진 성장세를 극복할 제2의 성장동력으로 인력에 대한 관심을 나타내고 있고 이들에 대한 투자가 급증하고 있는 것이 이러한 역할 변화의 반증이라고 할 수 있다.

조직의 라이프사이클별 팀장 R&R의 변화

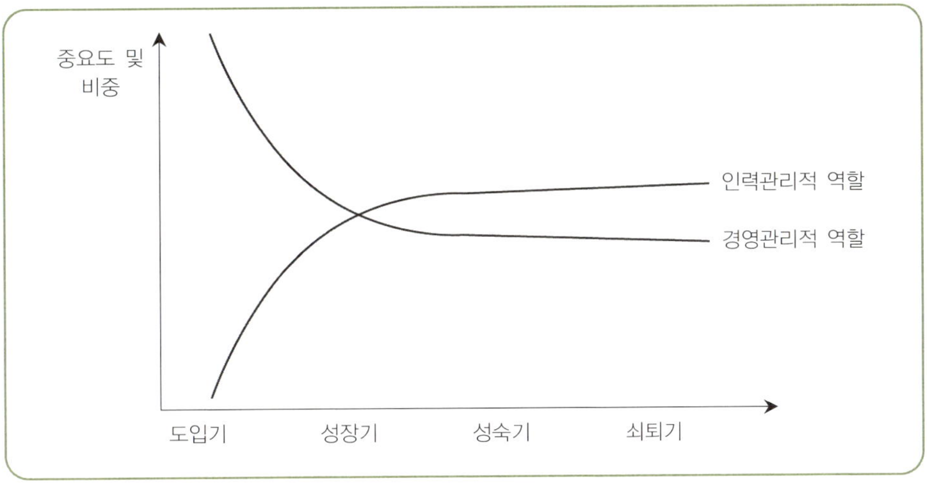

이렇게 팀장의 R&R이 변화하게 되면 팀장이 갖추어야 할 자격이나 역량 역시 변해야 한다. 즉, 과거에는 팀장의 비지니스적인 지식이나 역량이 중시되었다면 현재는 팀장의 인력관리 역량이 더 관심을 받고 있다. 이러한 변화들은 결국 구성원의 참여와 생산성을 통해 조직의 목표를 달성할 수 있다는 사실을 그 배경으로 하고 있는 것이다.

인더비즈 **인사경영** Station

'경영관리적 역할'과 '인력관리적 역할'

조직이 생성되고 점차 성숙되어 갈수록, 팀장이 팀 목표의 달성을 위해 소속 구성원을 관리하는 기능인 구성원에 대한 평가, 승진, 보상 등을 관리하는 '인력관리적 역할'이 더 중요해지고 있다. '인력관리적 역할'은 팀과 조직 자체를 중시하는 경영관리적 역할과 달리 조직을 구성하고 있는 '개인'을 관리하고 돌보는데 보다 중점을 두고 있는 역할이라 할 수 있다.

03 팀장의 역할은 3가지로 요약된다

팀장은 사람과 비즈니스를 관리하는 매니저다

팀장을 흔히 라인매니저라는 표현으로 부르기도 한다. 과연 무엇을 관리하기에 매니저라는 표현을 붙이게 되는 것일까? 결국 매니저가 관리해야 할 대상은 두 가지로 요약된다. 하나가 '비즈니스'이고 다른 하나가 바로 '사람'이다. 전통적으로 팀장이라는 포지션의 역할은 팀에 부여된 R&R을 처리하면서 동시에 팀에 소속된 팀원들을 관리하는 것으로 축약되어 있다.

과거에는 비즈니스와 사람에 대한 관리 중 비즈니스에 대한 관심과 시간투입이 압도적인 것이 일반적이었다. 즉 사람을 통한 성과창출보다는 사람은 보조적이고, 직접 업무를 관리하는 것이 효율적이고 능사라고 생각하는 팀장이 다수를 차지했었다. 그러나 최근에 들어와서 점차적으로 사람에 대한 관심이 증가하고 있다. 다시 말하면, 만일 사람에 대한 관심과 노력이 비즈니스에 대한 성과로 이어진다는 확신만 있다면 사람에 대한 관심과 관리에 주저하지 않게 될 것이고, 이러한 인사관리와 성과창출 사이의 관계를 'Golden cycle'이라고 한다.

인사관리와 성과창출의 Golden Cycle

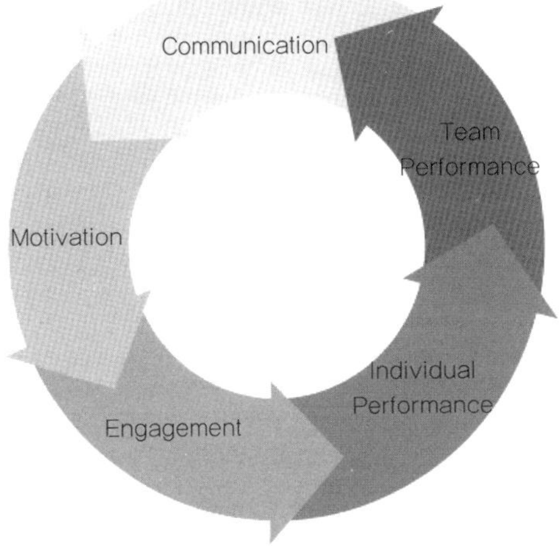

즉 이 Golden cycle에서는 팀원에게 대한 관리와 커뮤니케이션을 효과적으로 하게 되면 이는 팀원의 동기부여에 영향을 미치게 되고 결과적으로 팀원과 팀의 목표연계라는 긍정적인 결과를 낳게 되며, 이러한 목표 정렬(Engagement)은 이후 개인의 성과로 이어지고 개인의 성과가 합쳐지면 팀의 성과창출로 연결되는 것이다. 이 Cycle이 주는 시사점은 팀원에 대한 관리를 효율적으로 하게 되는 경우 결국 팀의 성과가 창출되게 된다는 데 있다.

그럼 과연 팀원에 대한 관리를 효과적으로 하기에는 어떤 역량과 지식이 필요한 것일까. 우선 팀원이나 조직이 어떤 가정과 프로세스를 통해 돌아가고 사고하고 업무를 처리하는지에 대한 지식이 필요하다. 이는 소위 팀원과 팀이라는 조직의 내면세계를 이해하고 정확한 관점에서 내다 볼 수 있는 능력을 의미하므로, 팀장에게는 경영심리학이라는 지식 및 역량이 필수적이라고 하겠다. 그리고 이렇게 팀원과 팀의 내면세계를 이해한 후 이들을 움직일 수 있는 제도를 설계하고 운영해야 하는데 이를 '인사관리'라고 통칭한다. 마지막으로 팀원이나 팀에 대한 관리가 법률적인 측면에서 지켜야할 사항은 잘 준수하고 있는지 또는 법률적 시각에서 보았을 때 추가적으로 고려해야 할 요소는 어떻게 되는지 등을 파악하는 역량 또한 필요한데 이는 소위 '노무관리'라는 영역에서 습득할 수 있다.

팀장에 필요한 3가지 역량 영역

구분	경영심리학	인사관리	노무관리
주요 내용	• 리더십 • 코칭 • 커뮤니케이션 • 동기부여 • 갈등관리 • 임파워먼트 • 조직관리 등	• 채용 • 경력개발 • 교육훈련 • 평가제도 • 보상제도 등	
기대 효과	• 팀원의 사고 및 행동 방식 이해 • 조직의 운영방식 파악 • 의사결정 프로세스 숙지	• 인사제도 전반에 대한 이해 • 인사제도간 상호연계성에 대해 숙지	• 노동법상 조건 및 기준에 대해 파악 • 인사제도와 법상 기준과의 연계

팀원과 조직이 돌아가는 메커니즘을 알아야 팀을 관리한다

팀장이 팀원과 팀을 효과적으로 관리하기 위해서는 팀원과 팀이 운영되는 메커니즘에 대해 충분히 이해하고 있어야 한다. 만일 팀장이 팀을 운영함에 있어 팀원이 행동하고 사고하는 방식이나 팀이라는 조직이 수면 아래에서 운영되는 비공식 프로세스에 대해 이해하지 못한다면, 그만큼 팀의 성과와 시너지를 창출하는 데 한계가 발생할 것이다.

반면 팀원이 무엇을 원하는지 어떻게 해서 그 니즈를 충족시킬 것인지 그리고 팀원의 육성과 개발은 어떻게 하며 조직 내부적 갈등은 어떻게 해소해 나가는 것이 바람한지 등에 대한 지식과 역량을 갖춘다면, 비로소 조직이 팀장에게 요구하는 역할을 제대로 수행할 수 있게 될 것이다.

팀장을 위한 경영심리학

구분	핵심내용	기대 효과
리더십	• 팀원들을 리드하고 관리하는 전반적인 역량	• 리더십 강화를 통해 팀성과 창출
코칭	• 팀원들의 역량과 가능성을 극대화하여 육성으로 연결시키는 역량	• 팀원 개인에 대한 코칭을 통해 역량 개발 및 팀원의 소속감 증대
커뮤니케이션	• 팀원들과 효과적으로 의사소통하는 역량	• 소모적인 갈등 축소 • 팀과 팀원의 목표 연결
동기부여	• 팀원들이 원하는 니즈를 파악하고 이를 충족시키는 역량	• 팀원의 동기부여를 통해 업무생산성 제고
갈등관리	• 조직 내부적인 갈등을 이해하고 해소하는 역량	• 소모적인 갈등 예방 및 생산적인 갈등의 활용
임파워먼트	• 팀원에게 권한을 위임하는 역량	• 팀원의 업무오너십 강화
조직관리	• 조직의 전반적인 사항에 대해 관리하는 역량	• 조직관리를 통한 성과 창출 및 강화

경력개발, 평가 그리고 보상의 인사관리 3요소를 이해하자

경영심리학을 통해 팀원과 팀의 운영에 대한 방식과 프로세스에 대해 이해했다면 이를 고려하여 설계되고 운영되는 인사관리제도에 대한 지식과 역량을 구비하는 것이 필요하다. 인사관리제도의 설계나 전체적인 관리는 인사부서에서 하게 되나 실질적이 운영이나 실행에 있어서는 팀장의 역할이 더욱 중요하다. 따라서 인사관리의 전체적인 프로세스와 각 세부제도별 주요 내용에 대해 이해하는 것이 필수적이다. 인사관리는 아래와 같이 경력개발, 평가 그리고 보상이라는 3가지 모듈로 구분해서 이해하는 것이 일반적이다.

- 경력개발 : 흔히 채용부터 퇴직까지라는 표현으로 이해되며, 채용 이후 승진과 이동 그리고 교육을 중심으로 세부 내용이 구성된다. 경력개발을 통해 팀원은 자신의 역량을 개발하고 회사는 기업은 강화된 조직 역량을 통해 성과를 창출

하게 된다.

- **평가제도** : 기업의 비전을 달성하는 과정을 조직과 개인 수준에서 모니터링 하는 시스템으로 성과지표가 전사－본부－부서－팀－개인으로 Cascading되는 것이 중요하다. 개인의 입장에서는 MBO를 통해 평가등급이 결정되어 자신의 연봉이나 승진에 영향을 미치므로 가장 민감한 제도이기도 하다.
- **보상제도** : 생활안정적 기능을 담당하는 기본연봉과 성과창출에 대한 보상인 성과연봉으로 나누어진다. 또한 생활보조적 기능을 하게 되는 복리후생 역시 보상제도에서 다루어야 할 중요한 제도 중 하나이다.

인사관리의 프로세스

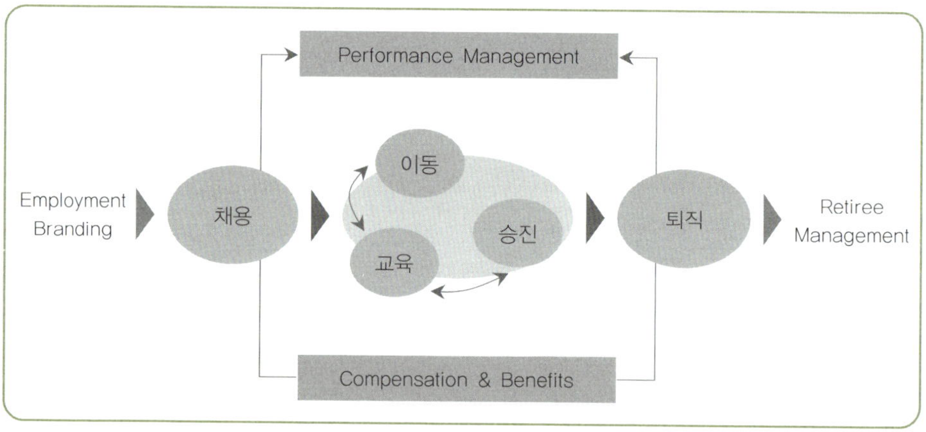

인더비즈 **인사경영** Station

Golden cycle

사람에 대한 관심과 노력이 비즈니스에 대한 성과로 이어지는 관계를 인사관리와 성과창출 'Golden cycle'이라고 하며, 효과적인 관리와 커뮤니케이션이 이루어지는 Golden cycle을 통하여 팀원과 팀의 목표 연계라는 긍정적인 결과가 나타난다.

PART 02

인사관리

01 인사관리는 나무가 아닌 숲을 보는 것이다

인사관리는 채용에서 시작하여 퇴직으로 마무리된다

흔히 인사관리를 채용에서 퇴직까지라는 표현으로 설명한다. 즉, 외부의 인재가 기업 내부로 유입되는 채용이라는 단계를 거쳐 최종적으로 기업 외부로 유출되는 퇴직까지 이루어지는 일체의 관리나 과정을 인사관리로 설명하는 것이 일반적이다.

필자는 인사관리에 대한 이해를 돕고자 채용에서 퇴직까지의 인사관리 세부적 내용을 3 가지로 유형화하여 설명하고자 한다.

우선 경력개발을 첫 유형으로 들 수 있다. 경력개발은 인재의 물리적인 이동경로를 의미한다. 즉, 채용 이후 이동 및 승진을 통해 내부적인 경력경로(Career path)를 따라 육성 및 개발되다가 일정 시점에서 퇴직이라는 절차를 통해 기업 외부로 나가게 되는 프로세스를 종합적인 개념으로 통칭하여 경력개발이라 한다.

이러한 경력개발 과정에서 동시에 발생하는 인사관리 제도가 바로 평가와 보상제도이다. 평가란 조직성과관리와 개인성과관리로 나뉘는데, 조직의 목표와 전략을 달성하기 위해 관리해야할 세부적인 프로세스를 조직성과관리라 하고, 개인의 측면에서는 MBO라는 평가과정을 통해 개인의 업적을 평가성과를 촉진하는 것을 개인성과관리라고 한다. 특히 개인성과관리의 경우 그 결과가 개인의 연봉이나 승진에 영향을 미치게 되므로 이에 대한 직원의 관심이 높게 나타난다.

마지막으로 보상제도는 흔히 연봉제라는 이름으로 많이 알려져 있으며, 개인의 기본연봉과 인센티브가 결정되는 과정과 기준을 의미한다. 결국 개인에게 조직의 성과창출에 대한 대가를 금전적으로 평가받고 지급받는 보상제도를 통해 개인의 동기부여와 만족도가 크게 좌지우지 된다고 할 수 있다.

인사관리의 개념 및 구성요소

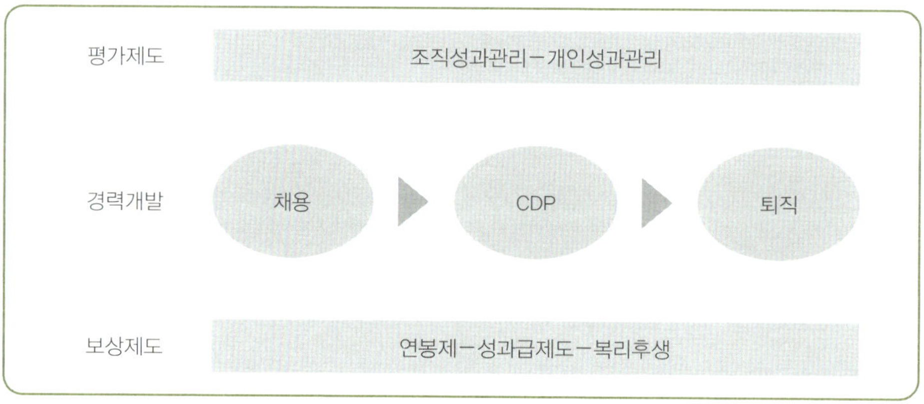

모든 인사제도는 서로 유기적인 연계성을 가지고 운영되어야 한다

앞서 본 바와 같이 인사제도를 크게 평가제도, 경력개발제도, 보상제도로 나누어 설명할 수 있다. 여기에서 들 수 있는 의문점은 과연 인사제도가 잘 돌아가기 위해 전체적인 제도의 조합이 중요할까 그렇지 않으면 개별적으로 잘 설계된 제도만으로도 인사관리는 효과적으로 수행될까라는 점이다. 전자의 입장을 번들형(Bundle type)이라고 하여 인사제도의 개별적인 제도의 효과성 보다는 전체적인 제도들의 조합이 유기적으로 이루어지는 것이 보다 중요하다는 입장이다. 번들형의 경우 인사관리는 나무보다는 숲을 보는 것이 보다 중요하다는 시사점을 주고 있다.

한편, 반대의 입장을 흔히 개별제도형(Individual system type)이라고 하는데, 이 입장에서는 인사관리의 전체적인 조합보다 개별적인 제도들의 효과성이 더욱 중요하다고 한다. 개별제도형의 입장에서는 모든 세부제도들은 나름의 가장 바람직한 설계 및 운영유형을 가지고 있는 것이므로 개별적으로 벤치마킹을 하더라도 무방하다는 입장이다. 즉, 채용제도는 외국계기업에서 그리고 이동제도는 국내 대기업에서 벤치마킹하여 혼합하더라도 전체적인 효과성이 나타날 수 있다는 입장이다.

인사관리의 효과성에 대한 접근방법

구분	번들형	개별제도형
패러다임	Best fit	Best practice
제도의 효과성	인사관리 전반	세부 인사관리제도
시사점	전체적인 유기적 조합이 가장 중요	개별 제도에 대한 체계적 설계와 전략적 접근이 중요
접근방법	Holistic approach	Individual approach
주요사례	HRM의 발전적 단계에 해당하는 기업	HRM의 초기 단계에 해당하는 기업

인사관리의 발달단계에 비추어 볼 때, 과거 전략적 인사관리가 도입되던 초기에는 전체적인 숲을 보기보다 개별적인 제도에 대한 도입과 운영이 보다 일반적이어서 숲이 아닌 나무를 보는 시각이 지배적이었다. 이러한 시행착오를 많이 거쳐 오다 최근에는 번들형에 대한 인식이 넓게 퍼져가고 있으며, 이에 대한 공감대가 확산되고 있다. 다시 말해, 인사관리는 나무가 아닌 숲의 관점에서 보고 운영되어야 한다는 점이다. 아무리 좋은 제도라 할지라도 우리 기업에 맞지 않는 혹은 다른 인사제도와 정합성이 낮은 제도는 결과적으로 효과적이지 않다는 결론에 도달한 것이다.

따라서 최근 인사관리에 대한 가장 강조되고 있는 개념 중 하나가 바로 인사관리제도 내 유기적 연계성(Organic alignment)이다. 즉, 모든 세부 인사제도들이 상호 유기적으로 연결되고 상호 보완적으로 운영되지 않으면 아무리 좋은 제도들이라 하더라도 효과면에서는 부정적으로 나타날 수밖에 없다는 것이다.

인사제도는 전략에서 직원 교육까지 유기적으로 흘러야 한다

인사제도의 숲을 보고 인사관리 내 유기적 연계성이 높게 유지되고 있는 사례 2가지를 살펴보도록 하자.

우선 제조업 A사의 경우, 차별화가 아닌 비용절감을 통해 경쟁하고 있는 기업이다. 이러한 기업들의 인사관리는 장기적인 관점을 가진 경우가 많아 경력사원보다는 신입사원의 비중이 높게 나타나는 것이 일반적이다. 그렇다 보니 보상도 시장의 평균에 부합하도록 책정하고 이동 역시 제한적으로 실시하여 직무별 전문성을 높이고 이러한 높은 전문성이 높은 효율성으로 이어지도록 하는 것이 특징이다. 그리고 이러한 기업들은 평가에서도 단기위주의 업적보다는 장기적 관점에서의 역량이 주된 요소로 인식되고 이러한 역량을 높이기 위하여 높은 수준의 교육 및 훈련을 시행하게 된다.

다른 서비스업 B사의 사례를 살펴보자. 이 회사는 비용위주의 경쟁이 아니라 차별화를 통해 높은 프리미엄 가치를 추구하는 것이 전략적 특징이다. 차별화의 가장 중요한 요소 중 하나가 바로 혁신(Innovation)이라고 할 수 있어 채용에 있어 이러한 혁신적 요소를 강화할 수 있는 경력사원을 위주로 채용이 이루어지고 있다. 또한 동종 산업에서 핵심인재의 유치 및 유지가 중요한 요소이므로 동종시장에서의 보상정책은 시장주도형으로 설정하는 것이 일반적이다. 또한 비용위주의 경쟁전략을 가진 기업들과는 달리 단기 위주의 관점을 중시하므로 평가에 있어 업적위주의 평가가 주를 이루게 되고, 결국 장기적인 역량 향상을 위한 교육훈련에 대한 비용은 줄이고 단기적 성과창출에 역량과 지원을 투입하게 되는 것이 중요한 특징으로 나타난다.

인사제도간 유기적 연계성 분석 사례

구분	제조업 A사	서비스업 B사
전략	Cost leadership	Differentiation
채용	신입사원 위주	경력사원 위주
보상	Market average	Market leader
이동	제한적 이동	넓은 이동범위
평가	역량 중심	업적 중심
교육	높은 교육훈련 비용	낮은 교육훈련 비용

인디비즈 인사경영 Station

Generic Competitive Strategy(본원적 경쟁우위전략)

하버드대 마이클 포터 교수가 제창한 개념으로, 기업이 시장에서 경쟁우위를 점하기 위해서 사용할 수 있는 전략을 의미하며, 이는 크게 Cost Leadership(가격우위전략)과 Differentiation(차별화전략)으로 구분된다.

Cost Leadership(가격우위전략)은 기업이 산업 내에서 최저 원가 생산자가 됨으로써 수익을 높이려는 전략을 말하며, Differentiation(차별화전략)은 기업이 소비자들에게 경쟁사와 달리 차별화된 제품과 서비스를 제공하고, 이에 대하여 높은 가격을 요구함으로써 수익을 높이려는 전략을 의미한다.

인사전략의 유형 또한 Cost leadership과 Differentiation으로 구분할 수 있으며, Cost leadership 전략을 취하는 기업들은 신입위주의 채용에서 시작하여 제한적인 CDP를 운영하며 교육훈련에 많은 비용을 투여하는 반면, Differentiation전략을 가진 기업의 경우 경력사업에 대한 의존도가 높고 넓은 범위의 CDP를 운영하며 직무교육보다는 공통역량에 집중하여 교육훈련을 실시한다.

02 직무중심의 인사관리가 대세다

인사관리는 사람/조직 혹은 직무로 실행된다

인적자원에 대한 동기부여를 통해 조직의 성과를 창출하는 인사관리의 세부 내용은 앞서 살펴본 바와 같이 평가, 보상 그리고 경력개발로 나누어 볼 수 있다. 이러한 인사관리의 세부 제도들이 운영되는 중심이 무엇이냐에 따라 두 가지 유형으로 나누어 볼 수 있다. 그 중 하나는 사람 혹은 조직을 중심으로 인사관리를 하는 유형이고 다른 하나는 직무중심의 인사관리이다.

만일 [표]에서 보는 바와 같이 보상이 사람/조직 중심으로 운영되는 경우의 대표적인 제도가 바로 호봉제이고, 직무중심의 제도가 바로 직무급제 및 인센티브제도라 할 수 있다. 그리고 장기적이면서 근본적 관점에서의 가치를 주된 평가요소로 하는 사람중심의 인사관리와 직무로부터 생성되는 업적을 주된 평가요소로 하는 직무중심의 인사관리는 평가제도 측면에서도 구별된다. 또한 사람중심의 인사관리제도 하에서는 광범위한 이동제도를 통해 Generalist를 육성하게 되고, 직무중심의 인사관리제도에서는 주로 직무전문가(Specialist)를 육성하게 되는 것이 주된 차이이다.

인사관리 유형의 비교

구분	사람/조직 중심의 인사관리	직무중심의 인사관리
보상	호봉제	직무급제 및 인센티브 제도
평가	Value중심의 평가	업적 중심의 평가
경력개발	Generalist육성형	Specialist육성형

사람/조직 중심의 부작용은 직무중심의 인사관리를 통해 줄일 수 있다

채용의 타당성을 높일 수 있다

과거 소위 그룹공채라는 개념의 광범위한 채용제도가 일반적이었던 시기가 있었다. 대기업들이 신입사원을 채용함에 있어 전그룹 차원에서 신입사원을 채용하고 활용하는 제도를 뜻한다. 그룹공채의 광범위한 특성으로 인해 채용 이후 어떤 업무를 담당할 것인지 채용하는 회사 입장에서도 채용되는 신입직원의 입장에서도 전혀 정보가 없는 상태에서 채용과정이 진행되는 것이다.

어떤 업무를 담당할지 모르는 불확실성이 높은 상황이므로 채용기준 자체도 직무에 대한 기준보다는 인성 등 일반적이고 보편타당한 기준이 불가피하게 적용되었다. 따라서 채용 이후 직무수행능력에 대해 부정적인 결과가 나타나더라도 그 결과는 회사가 감내할 수밖에 없었으며 결국 채용제도의 타당성이 낮게 나타나는 부작용은 불가피한 것으로 여겨졌다.

그러나 직무중심의 인사관리를 운영하게 되면, 채용의 범위 자체가 직무 혹은 직군 단위로 좁혀져 진행되게 되므로 해당 직무 또는 해당 직군에서 요구하는 직무수행역량을 검증하고 활용하는 것이 가능해지고, 결국 채용제도의 타당성이 높아지게 되었다.

인사관리 유형의 비교－채용제도

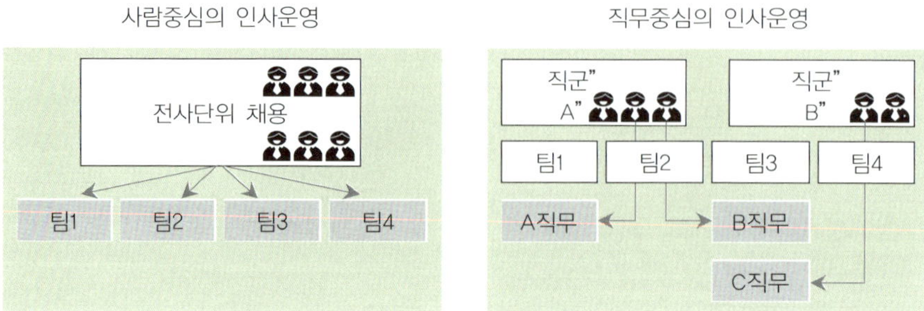

직무별 전문가를 육성할 수 있다

과거는 물론 현재의 국내기업 사이에서는 직업(Craft 혹은 Profession)의 개념보다 직장(Workplace)의 개념이 보다 중요하게 여겨져 왔다. 즉, 평생직장의 개념을 가지고 회사를 다니다 보니, 직장 내 어떤 특정한 직무에 대한 관심이 낮아지고 동일 직장에서 장기적으로 순환보직을 하게 되는 것을 너무나 당연시 해왔다.

이렇다 보니 본인의 직무 전문성과 향후 경력개발에 대한 인식과 관심이 낮아 전문가 중심의 인력육성이 제대로 될리 만무한 상황이었고, 개인의 입장에서도 무언가 전문성을 가진 업무영역을 개발해나가기 어려운 것이 현실이었다.

그렇다고 하여 순환보직 자체를 부정해서는 안될 것이다. 적절한 규모와 시기의 순환보직은 개인의 경력개발에 촉매제가 되고, 전문성을 가진 범용인재로 육성하는 데에 필수적인 것은 부정할 수 없는 사실이다. 따라서 문제는 순환보직 그 자체에 있는 것이 아니라, 장기적인 비전과 목적이 없는 제도의 운영이 문제라 할 수 있다. 가령 예를 들어 영업팀－생산관리팀－지역본부의 순으로 순환보직이 된 경우, 직무들의 연계성을 감안할 때 너무나 광범위하거나 혹은 관련성이 낮은 업무간 이동이 실시됨으로서 순환보직의 시너지효과가 발생하지 않게 되는 것이다. 반면, 영업－영업기획－마케팅의 순으로 이동을 실시하는 경우 보다 직무의 전문성을 개발할 수 있는 조합이라 할 수 있다. 즉, 이렇게 이동을 통해 인재를 육성하는 경우 소위 해당 직원을 영업마케팅 전문가로 육성해 나갈 수 있는 것이다.

인사관리 유형의 비교－경력개발제도

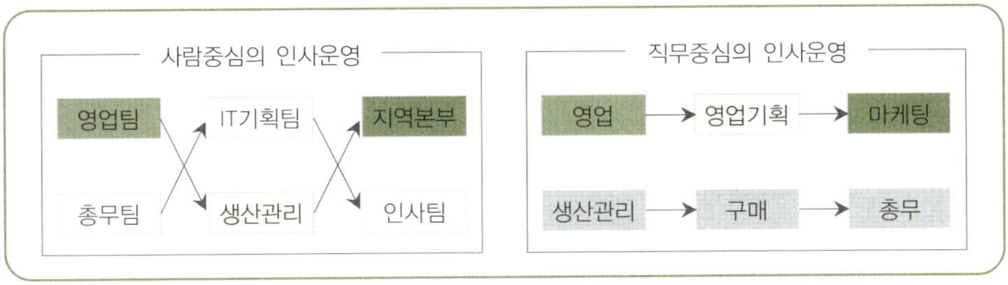

평가의 정확도를 제고할 수 있다

소위 역량모델링(Competency modelling)이란 조직의 미래 성과를 창출하기 위해 필요한 요소로 고성과자에게서 주로 나타나는 지식(Knowledge), 기술(Skill), 태도(Attitude), 능력(Ability)을 구체화하는 과정이라 할 수 있다. 이러한 조직에 필요한 역량요소를 구성하는 방식은 2단과 3단 역량체계 2가지로 나뉘어진다. 우선 2단 역량체계에서는 리더십역량과 공통역량으로 구성되고 3단 역량체계에서는 두 역량에 직무역량이 추가적으로 제시된다. 이렇듯 직무역량의 추가 운영을 통해 직무수행에 필요한 역량요소를 파악하여 육성할 수 있다는 것은 소위 핵심역량 중심의 조직운영에 보다 부합하는 방향이라 하겠다. 직무역량을 도출 및 운영하기 위해서는 직무중심의 인사관리가 정착되어 있어 직무별 역량 추출이 가능해야 한다.

이러한 직무역량의 운영은 결국 평가의 한 축을 구성하는 역량평가에서의 변화를 의미하게 되는데, 직무역량을 통해 평가결과의 객관성과 공정성이 제고될 수 있다. 직무역량이 반영되지 않은 평가제도에서는 조직의 공통역량의 역할에 따른 리더십역량만이 측정되고 평가되므로 평가결과의 객관성과 업무관련성이 낮은 것이 현실이었다. 따라서 직무중심의 인사관리에 기반한 직무역량제도가 평가제도에 긍정적인 영향을 미치게 되는 것이다.

인사관리 유형의 비교—평가제도

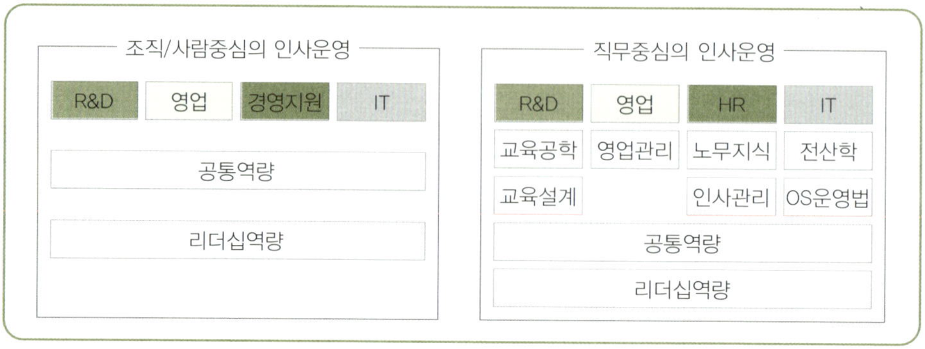

동일노동 동일임금 원칙을 구현할 수 있다

과거 기업들의 보상제도는 소위 연공서열형 보상제도가 주를 이루었다. 임금의 결정에 직무의 분석내용과 가치가 반영되지 않고 근속이 주로 반영되다 보니, 수행직무의 중요성과 가치와는 동떨어진 임금수준과 구조를 가지게 되었다.

이렇듯 조직 및 사람 중심의 인사제도를 운영하게 되면 불가피하게 연공서열형 중심으로 보상제도를 운영하게 되므로 동일노동 동일임금의 원칙에 부합하지 않게 된다. 그러나 직무중심의 인사를 운영하게 되면 직무의 가치를 보상의 구조나 수준의 결정에 반영할 수 있게 되어 동일노동 동일임금 원칙을 구현할 수 있게 된다. 즉, 담당하는 업무의 중요성과 가치에 따라 급여가 달라지게 되는 합리적인 인사운영의 원칙을 달성하게 되는 것이다.

인사관리 유형의 비교―보상제도

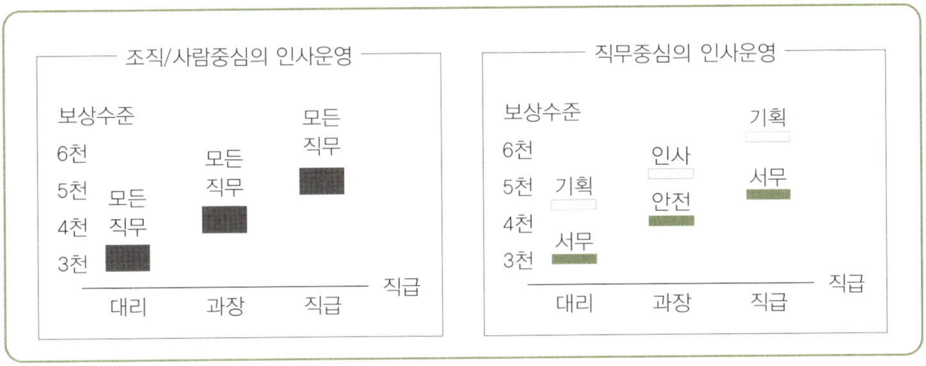

인더비즈 인사경영 Station

직무중심의 경력개발제도

우리나라는 북미 또는 유럽국가와 달리 직무중심의 인사관리가 행해진 지 얼마 안되었다. 즉, 사람을 먼저 확보하고, 확보된 사람을 각 직무에 배치시키고, 관리해 왔다.
그러나 인력의 확보 이전부터 직무를 확정하고 특정 직무를 수행할 사람을 확보하고, 직무에 적합한 역량을 육성시켜 나가는 직무중심의 인사관리가 우리나라에서도 점차 확산되어 가고 있다.
이러한 직무중심의 인사관리를 통하여 직무전문가의 양성이 보다 체계적으로 이루어질 수 있으며, 그 결과 성과관리제도는 직무 KPI와 MBO기법을 통해 객관성 및 공정성을 제고할 수 있게 되었고, 보상제도는 호봉제와 달리 동일노동 동일가치의 보상원칙을 비로소 실현할 수 있게 되었다.

03 비즈니스 파트너로서의 HR을 재조명하다

노무관리에서 전략적 인사관리로 진화하다

최근 전략적 인사관리라고 불리우는 직무의 기원을 거슬러 올라가면 1920년대 노무관리(Personnel management)로부터 시작된다. 당시 신기술이 도입되기 시작하면서 기업의 성장이 주요 경영이슈로 등장하던 시기이다. 이 시대에는 인력의 중요성에 대한 인식이 일반적인 상황은 아니었다. 인력은 단지 기술을 오퍼레이션하는 주체일 뿐이며, 별다른 동기부여나 전략적 관리의 대상이 아니라고 생각하였다.

이 시기를 넘어 1940년대에 접어들면서 노사관계관리(Industrial relations)라는 명칭이 사용되기 시작하는데 당시에는 노사관계 이슈가 크게 부각되면서 단체교섭이나 협상이 주요 HR 역할로 부각되기 시작하였다.

1970년대를 넘어서면서 국제경쟁이 시작되기 시작하고 기업들은 효율성에 대한 압박을 강하게 받기 시작하였다. 결국 효율성에 대한 압박은 다운사이징으로 연결되면서 유연한 인적자원 관리에 대한 니즈가 급증하게 된다.

2000년대는 국제경쟁이 가속화되면서 세계경제화(Globalization) 시대로 접어들게 되고 기업들은 양적인 성장이 아닌 질적인 차별화를 통한 경쟁전략 니즈에 직면하게 된다. 이러한 혁신의 시대에 HR의 핵심기능은 핵심인재 유치 및 개발 그리고 기업 고유의 핵심역량 강화에 있다.

전략적 인사관리의 변천사

시기	주요 경영이슈	HR 역할	HR 타이틀
1920–1930	• 성장 • 신기술 도입	• 채용, 교육 등의 직원 관리	• 노무관리
1940–1970	• 상품 세분화 • 경쟁	• 생산성 • 노사협상	• 노사관계관리
1970–1990	• 국제 경쟁 • 생존 • 3차산업으로의 이전	• 다운사이징 • 리더십 • 변화관리 • 성과관리	• 인사관리
2000 이후	• 세계경제화 • 이노베이션	• 핵심인재관리 • 핵심역량 개발	• HR Business Partner

OD에서 OE로 진화하다

조직개발이라고 불리우는 OD(Organizational development) 역시 시간의 경과에 따라 계속적인 변천을 하면서 오늘날의 OE(Organizational effectiveness)로 재해석되어 실무에 적용되기 시작하였다. 1970년대는 표준화와 품질관리를 통한 경쟁력 강화가 주요 이슈였고, 1980년대 접어들면서 기존 업무프로세스를 재해석하여 재설계함으로써 효율성을 제고하고자 하는 비즈니스 리엔지니어링(Business reengineering)이 각광을 받게 된다. 2000년대 이후 소위 조직 역량이라는 키워드에 초점을 맞추어 조직을 개발하는 OE가 가장 보편적이면서 경쟁력있는 전략방안으로 설계되고 실행되기 시작한다.

조직개발의 변천사

시기	주요 경영이슈	OD 역할	OD 타이틀
1940~1960	• 생산성 • 동기부여	• 설문조사 • 직무설계 • 팀설계	• OD
1970	• 국제 경쟁	• 품질관리	• 품질관리
1980~1990	• 비용절감 • 생존 • 효율성	• 리엔지니어링 • BSC	• 리엔지니어링
2000 이후	• 세계경제화 • 이노베이션	• 조직역량 개발	• OE

HR와 OE를 스타일로 구분하다

수행하는 업무의 수준을 전략적인 수준(Strategic)과 오퍼레이션 수준(Operational)으로 구분하고 업무내용을 HR와 비즈니스로 구분해서 4가지 스타일을 정의해 보면 다음과 같다.

- 제1유형(전략적인 수준 및 HR 중심)
- 제2유형(전략적인 수준 및 Business 중심)
- 제3유형(오퍼레이션 수준 및 HR 중심)
- 제4유형(오퍼레이션 수준 및 Business 중심)

이중 제1유형과 제2유형을 전략적 비즈니스 파트너(Strategic business partner)라고 하고 나머지 두 유형을 비즈니스 파트너(Business partner)라고 부른다.

HR와 OE의 4가지 스타일

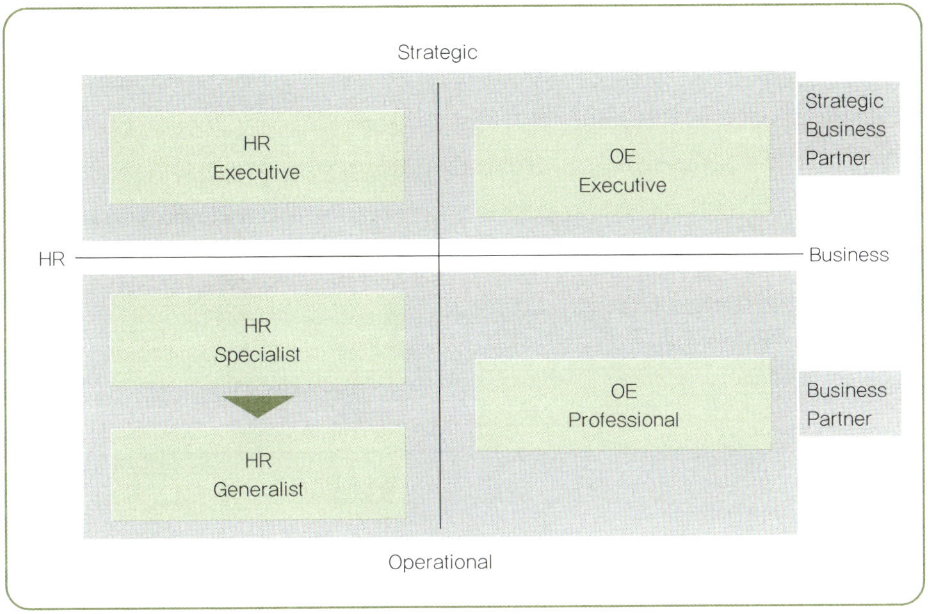

각 유형에서 수행하거나 맡게 되는 주요 기능 및 역할에 대해 살펴보기로 하자.

- 제1유형 : 핵심인재, 성과관리, 임원후보관리, 임원보상, Shared service, 다양성 관리, M&A
- 제2유형 : 조직 통합, 학습조직, 문화통합, 변화, 리더십, 임원개발
- 제3유형 : 보상, 복리후생, 채용, 이동배치, 노동법, 규정관리
- 제4유형 : 품질, 린(Lean)생산체제, 업무프로세스 개선, 고객관리

Strategic Business Partner가 대세다

2000년대 들어 기업들에게 효율성에 대한 니즈가 강하게 제기되기 시작하면서 Operation은 점차 외부로 아웃소싱되는 현상이 증가하기 시작하였다. 외부 전문업체에 아웃소싱하는 경우 뿐만 아니라 글로벌 기업에서는 Shared service center라는

개념을 도입하여 대부분의 운영 기능을 통합 운영관리함으로써 규모의 경제를 달성하고 이를 통해 비용효율성을 제고하고자 하고 있다.

이렇듯 오퍼레이션 기능이 외부화 또는 집권화 되면서 HR에 남은 기능은 전략적인 기능이 주를 이루게 된다. 과거처럼 인사관리라는 기능에서 조직도에 따로 존재하는 것이 아니라, 비즈니스에 밀착하여 지원의 효과를 강화하되 전략적인 관점을 보다 중시함으로써 과거와는 다른 HR 영역을 점차적으로 개척해 나가고 있다. 또한 비즈니스에 밀착되어 있다보니 현장중심의 인사관리가 가능해지는 것도 비즈니스 파트너 제도가 가지는 장점 중의 하나라 할 수 있다.

Business Partner의 매트릭스 구조

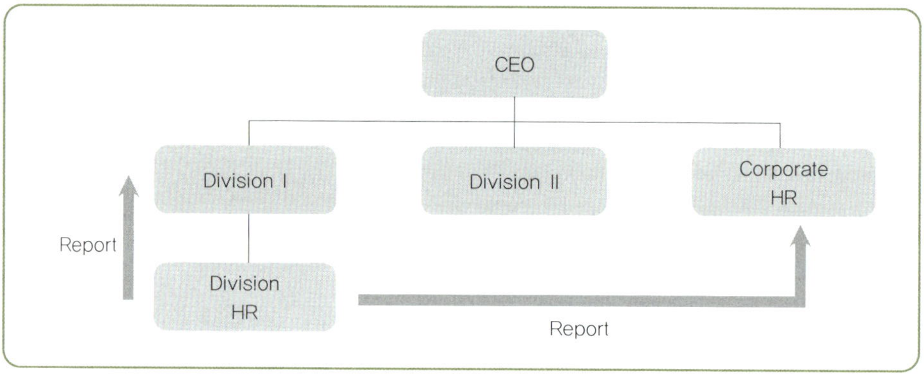

Administration에서 Strategy로 HR의 역할이 변하다

초창기 인사관리의 주된 기능은 행정업무의 처리(Administration)였다. 급여, 복리후생, 인사기록부 관리, 연말정산 등 단순 반복적이면서 지속적으로 유사 업무의 반복이 요구되는 기능이 주를 이루는 것이 제1세대 인사관리의 역할이었다고 할 수 있다.

이후 2000년대를 넘어서면서 연봉제를 중심으로 한 신인사제도가 전산업에 유행처럼 번지게 되고, 이 시기에 주로 전략적 인사관리의 개념을 통해 평가보상,

경력개발, 직무분석 등의 인사모듈이 설계되고 운영(Operation)되기 시작하였다. 이렇게 인사관리를 전략적 운영관점에서 보고 실행하는 것이 주된 기능이었으나, 기업간 경쟁이 심화되면서 기업의 성과창출에 보다 많은 기여를 할 수 있는 인사관리의 기능이 요구되기 시작하였다.

결국 인사관리의 최근 트렌드는 전략적 기능의 강화라고 요약할 수 있다. 과거 인사관리의 패러다임과의 궁극적인 차이를 찾는다면, 경영전략에서 정한 사항을 인사관리에서 사후적으로 이행하는 것이 아니라, 인사관리가 보다 선행적이고 적극적으로 경영전략의 수립부터 실행까지 연속성을 가지고 기능하는 것이다. 이를 3세대 인사관리의 역할이라고 할 수 있고 나아가 결국 비즈니스 파트너제도로서의 역할을 담당할 수 있는 것이다.

HR의 역할의 변화

HR의 역할	AS-WAS	AS-IS
Strategic role	내부인력화	핵심인력화
Operation role	내부인력화	아웃소싱 또는 내부인력화
Administration role	내부인력화	아웃소싱

인더비즈 인사경영 Station

Business partner

기존에 HR 업무의 주 내용이었던 Operation 기능이 외부화되면서, HR이 Business 전과정에 있어 밀접한 지원기능을 강하게 발휘되기 시작함으로써 HR의 주 역할을 'Business partner'로 정의하게 되었다. 이러한, Business partner제도에서는 매트릭스 조직설계 유형에 근거하여 기능과 조직에 따라 보고체계가 구성되는 것이 일반적이다.

04 핵심인재를 위해 채용전략을 차별화해야 한다

최근 채용 전략은 소수의 Right people에 집중한다

과거 일시적 대량 채용방식을 통해 많은 직원을 동시에 채용했다면 최근 달라진 추세는 소수에 집중한다는 것이며, 소위 이러한 채용방식의 변화를 그물형에서 낚시형 · 작살형으로 변화되었다고 표현하기도 한다. 소수 중심의 채용전략이 가지는 장점은 명확하다. 소수의 인원을 기준으로 선발하다보니 정확도가 높아지고 보다 적합한 채용기준을 적용할 수 있다는 것이다. 단, 소수 위주의 채용전략으로 인해 채용비용이 증가하게 되는 것은 감안해야 한다.

또한 학벌, 자격, 외모 등 소위 스펙이라는 개념을 외형적 조건을 기준으로 채용해왔으나, 점진적으로 외형적 조건 이외 추가적으로 조직－개인 정합성(Organization－person fitness)을 고려하여 채용하는 기업들이 늘고 있다. 이러한 기준의 점진적 변화는 결국 과거 업무역량 중심의 Best people에서 가치 중심의 Right people을 선호하는 기업들이 늘고 있음을 의미한다.

이러한 가치중심의 소수인재 채용전략에서 중요한 역할을 담당해야 하는 주체는 바로 인사팀이 아닌 현업 및 관리자라고 할 수 있다. 현업과 관리자들이 채용과정에서 적극적인 역할을 맡게 되어야 직무와 현장정서를 보다 적극적으로 채용기준으로 활용할 수 있게 되고 그 결과 채용결과의 정확도가 향상되게 되는 것이다.

채용전략의 변화

구 분	As-Was	As-Is
모집방식	일시적 대량 채용방식	직종/직군별 소수 채용방식
채용기준	외형적 기준 중심	전문성 및 조직정합성 우선 고려
채용주체	인사팀 중심의 채용관리	현업 중심의 채용관리
바람직한 인재상	Best people	Right people

채용은 RJP에서 시작해서 이탈방지프로그램으로 마무리된다

채용은 현실적 직무소개(Realistic job preview)에서 시작한다. 지원자가 지원하는 회사 및 직무에 대해 보다 객관적인 이해를 가지고 지원할 수 있도록 유도하는 프로그램이 바로 RJP이다. RJP를 실시하게 되면 지원자가 가질 수 있는 비현실적인 기대를 제거할 수 있게 되어 결과적으로 이직률을 경감하는데 큰 기여를 하게 된다.

이후 실질적인 채용과정은 크게 3단계로 나누어지는데, 서류전형, 인적성검사 그리고 인터뷰이다. 서류전형은 채용 인원 대비 지원자가 지나치게 많은 경우 적극적으로 활용할 수 있는데, 주로 지원서나 자기소개서에 포함된 정보를 기준으로 항목별로 가중치를 부여한 후, 후보자를 선발하게 되는 것이다.

이후 인적성 검사를 진행하게 되는데, 인적성검사를 자체적으로 개발할 수 있는 대기업들과는 달리 중견 및 중소기업들은 자체적인 개발을 하기 어려운데 이러한 상황에서 활용할 수 있는 인적성검사 관련 기관은 SHR, PSI 등과 같으므로 각 기관의 특성을 고려하여 활용하도록 하자.

인적성검사 관련 기관 및 검사도구의 주요 내용

기 관	SHR	다산 E&E	PSI	한국행동과학연구소
인성검사 항 목	대인관계, 사고방식, 감정/정서를 30가지 성격척도로 세분화	Thinking/ Working/Relating 분야를 24개 성격척도로 세분화	민감성, 외향성, 개방성, 수용성, 성실성을 30가지 하위 인성으로 세분화	업무태도, 대인관계, 문제해결능력을 14가지 하위척도로 세분화
적성검사 항 목	언어, 수리, 도식, 공간, 기계 등	도형추리력 검사(관찰력, 문제해결력, 학습능력)	N/A	어휘력, 수리력, 공간 지각능력, 창의력 등
역량측정	17개~36개 역량 측정 가능	34개 역량 측정 가능	47개 핵심역량 (7개 역량군)	14개 역량 측정 가능
장 점	역량이 세분화됨 강제응답으로 Faking 불가능	역량이 세분화됨	역량이 세분화됨	가격이 낮음
단 점	가격이 다소 높음	도입초기로 국내 타당도 검증 미흡	지원자들이 긍정적 이미지로 Faking 가능	직무상황으로 정교화 되어 있지 않음 (인성 측정 위주)

이후 인터뷰는 3차에 걸쳐 이루어지게 되는 경우가 많다. 1차 인터뷰는 공통역량 2차 인터뷰는 직무역량과 조직가치 정합성을 검증하게 되고 이후 최종 인터뷰에서 임원들을 면접자로 하여 종합적인 판단을 하게 된다.

이렇듯 채용과정은 다소 복잡할 수도 있고 고비용의 프로세스에 해당한다. 따라서 채용결정 이후 이직이 발생하는 경우 기업에 큰 손해와 지장을 초래될 수 있다. 따라서 많은 기업들이 채용인력의 조기 정착을 위해 여러 프로그램들을 도입하여 운영하는데 대표적인 제도가 바로 멘토(Mentor) 제도인데, 선배직원을 신규 채용된 개인에 연결하여 회사생활 및 직무수행에 직간접적인 가이드를 주게 하여 안정적인 회사생활에의 정착을 도모할 수 있게 된다.

채용 프로세스 사례

Pre-hiring	Hiring					Post-hiring
사전관리	입사지원/ 서류전형	인/적성 검사	1차 면접	2차 면접	임원면접/ 최종발표	사후관리
• 현실적 직무소개 작성		• 인적성 검사 활용방안	• 공통역량에 기반하여 평가항목 개선	• 1차 면접과 차별화하여 합숙면접 평가항목과 운영방식 개선		• 이탈방지 프로그램 마련

신입직원 채용 프로세스별 주요 이해관계자의 역할 사례

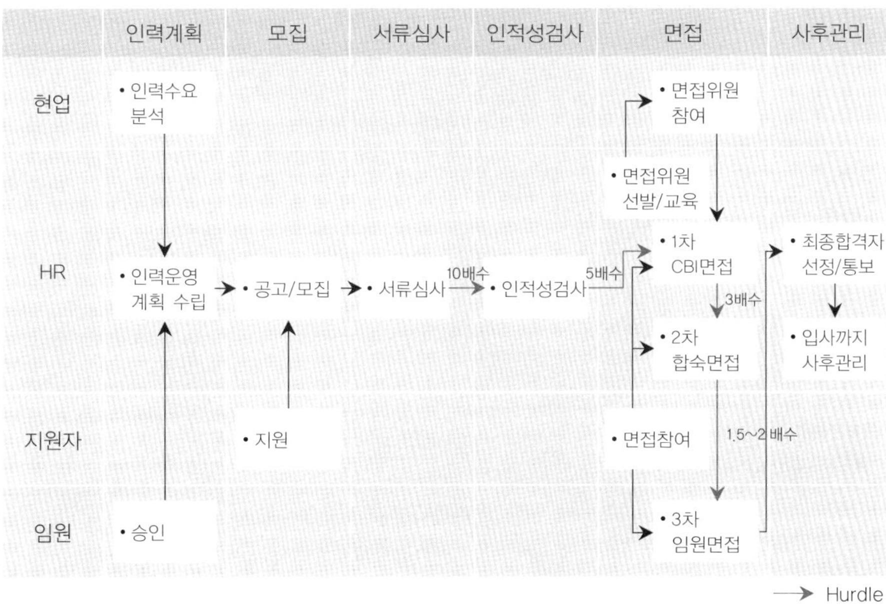

경력직원 채용 프로세스별 주요 이해관계자의 역할 사례

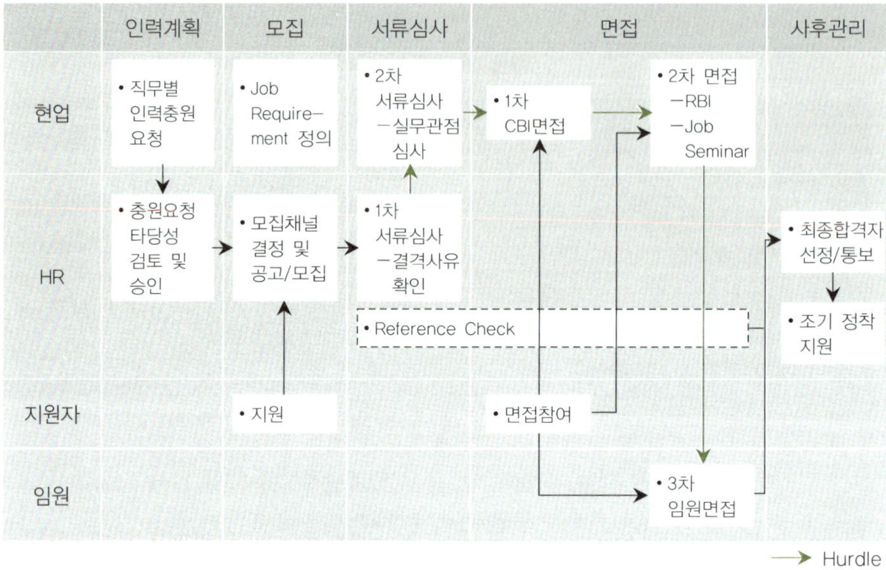

인더비즈 인사경영 Station

Best people vs Right people

최근 채용제도의 트렌드는 뛰어난 지식과 기술 등을 지니고 있는 Best people을 선발하기 보다는, 조직문화와의 정합성이 높고, 조직이 추구하는 인재상에 부합하는 Right people를 선발하는 것이다. Right people을 선발하기 위해서는 전사 채용이 아닌 직무 중심의 채용전략에서 현업 팀장의 직접적인 역할 수행이 필수적이다.

05 Reference check로 인재를 검증한다

경력사원의 채용시 핵심은 Reference check다

기존의 직무경험이 전혀 없이 입사를 지원하고 채용프로세스를 통해 역량을 검증하는 신입사원과는 달리 경력사원의 가장 큰 특성은 기존 직무경험이 있다는 것이다. 과거 직무경험이 있다는 것은 해당 지원자를 객관적으로 검증하기에 아주 적합한 조건이다. 과거 회사에서의 역량이나 태도, 자세 등에 대해서 파악할 수 있는 제도만 있다면 더할 나위 없이 채용의 정확도를 높일 수 있다.

이러한 경력사원의 과거 이력을 추적하여 현재의 채용 의사결정에 반영하는 것을 종합적으로 Reference check(평판조회)라고 하며 경력사원의 채용시 가장 핵심적인 기준 역시 Reference check라고 할 수 있다.

Reference check는 사실 확인을 통해 채용리스크를 축소한다.

Reference check의 주된 기능은 이력서 기재 정보의 사실 확인, 지원자의 실제 모습 검증 그리고 채용시 리스크 요소 예방이다.

이력서 정보의 사실 확인

지원자가 직접 작성한 지원서 및 자기소개서의 사실여부를 확인하는 기능을 한다. 과장 또는 허위로 작성된 정보가 있는 경우, 본격적 채용 프로세스 이전에 배제함으로써 채용제도의 비용을 절감할 수 있다.

지원자의 실제 모습 검증

채용프로세스가 다각적인 평가 방식과 도구를 통해 객관성을 점차로 제고하고 있긴 하지만, 여전히 단기간 내에 지원자의 실제 모습을 전반적으로 파악하기란 현실적으로 어려움이 많이 있다. 이러한 어려움을 어느 정도 해소할 수 있는 방안이 바로 지원자에 대한 Reference check이다. 또한 단기간의 채용 프로세스에서 발생할 수 있는 오류 중 가장 큰 요인이 언변이나 외모 등에 의한 결정이다. 지원자의 실제 모습이 Reference check를 통해 어느 정도 검증이 된다고 할 때, 이러한 외형적 조건에 따른 잘못된 채용결정을 대폭 줄일 수 있게 된다.

채용시 리스크 요소 예방

수행 직무가 재무관리, 고객정보, 감사 등의 타 직무보다 도덕성 기준이 보다 엄격하게 적용될 수 있는 경우, 이에 대한 철저한 대비와 검증이 필요해진다. 만일 이러한 직무 후보자에 대한 도덕성 검증이 제대로 이루어지지 않은 채 채용이 진행되어 결정되는 경우, 회사에는 돌이킬 수 없는 손해가 발생할 가능성을 배제할 수 없다. 이러한 측면에서 지원자의 징계전력도 동시에 확인되어야 장래 발생할 수 있는 리스크 요소를 예방할 수 있다.

Reference check는 핵심인재 위주로 진행하되 복수의 대상에게 의견을 들어야 한다

Reference check는 많은 시간과 노력이 필요로 한 채용도구이므로 고비용의 제도에 해당한다. 따라서 모든 지원자에게 적용하기란 현실적으로 무리가 따른다. 따라서, 직급이 높은 임원이나 전문지식 측면에서 핵심인재를 채용하는 경우 사용하는 것이 바람직하다.

그리고 항상 염두에 두어야 할 것이 포괄적인 질문으로는 채용결정에 반영할 구체적인 정보의 수집이 힘들 수 있다는 점이다. 따라서 항상 구체적으로 확인하고 검증할 사항을 사전에 명확히하여 진행하는 것이 결과적으로 바람직하다.

그리고 Reference check를 단독 대상자에게 한 후, 결론을 내리는 우는 범하지 않아야 한다. 복수의 대상자 혹은 바람직하게는 3명 이상에 대해 Reference check를 진행함으로써 소수의 대상자에게서 나타날 수 있는 주관적 오류를 배제할 수 있게 된다.

진행 프로세스의 측면에서 보면, 먼저 Reference check를 진행할 대상자를 선발하는 것이 우선이다. 이 경우 앞서 언급한 바와 같이 직급이 높거나 직무적 전문성이 높은 경우에 주로 대상자에 포함된다. 대상자가 좁혀지면 대상자들이 작성한 이력서나 자기소개서를 바탕으로 확인하고 검증할 정보를 미리 정해두는 것이 필요하다.

Reference check 항목

항목		주요내용
이력서 정보	전 직장 근무이력	• 이력서에 기재된 전 직장의 근무기간/직위/고과/연봉 수준 등의 확인 • 퇴직 원인 파악
	경력	• 이력서에 기재된 과거 경력, 학력, 보유 자격증 등에 대한 확인

항목		주요내용
직무 역량	전문성	• 해당 직무를 수행하는 데 필요한 역량, 지식, 스킬수준
	과거 성과	• 전 직장에서의 업무 성과 및 그 과정상에서의 개인적 공헌 포인트
개인 성품	업무 스타일	• 업무태도, 갈등해결 스타일, 팀웍, 장/단점 등
	리더십	• 조직관리역량, 대인관계역량, 책임감 등
	윤리 의식	• 회사의 지적 재산 유출, 자금 유용, 뇌물 수수 등 비윤리적 행동 이력 • 상벌 사항
개인 신상	신용정보	• 재산 및 채무 상황에 대한 신용조회(재무분야 지원자 중심)
	범죄 기록	• 폭력, 성추행 등 범죄 기록 조회

3단계의 확인 단계를 거쳐 Reference check를 마무리한다.

Reference check의 대상지원자와 대상자가 정해진 경우, 프로세스별로 확인 내용을 사전에 명확히 하여 진행하는 것이 바람직하다.

Opening

담당자와 지원자에 대해 간단히 소개하고 인터뷰의 목적에 대해서 명확히 함은 물론 대상자의 협조를 요청하는 것이 필요하다.

사실관계 확인

이력서에 기재된 이력사항부터 확인할 수 있다. 근무부서, 기간, 담당직무 그리고 특이한 프로젝트 수행경력 등에 대해 그 진위 여부를 확인할 수 있다. 그리고 퇴직 사유에 대해서도 확인함으로써 지원자의 성향에 대해 보다 정확한 판단을 할 수 있다.

평가 인터뷰

지원자의 과거 업무 이력에 관해 확인 및 평가하는 단계로 과거의 업무성과를 확인하고, 업무태도나 리더십 등 업무스타일에 대해서도 검증할 수 있다. 이 단계에서의 확인은 단순한 사실의 진위여부를 확인하는 것이 아니라 지원자의 전반적인 본래 모습을 규명하고 판단하는 단계이므로 Reference check에서 가장 중요한 단계라 할 수 있다.

지원자의 성격

지원자의 윤리의식은 물론 이를 판단할 수 있는 특이사항에 대해 확인하는 단계이다. 상벌사항에 대해서도 확인함으로써 지원자에 대한 보다 구체적인 정보를 통한 검증 및 판단이 가능해진다.

Closing

이상의 인터뷰에 대한 전반적인 내용을 종합적으로 확인하고 마무리하는 단계이다. 그리고 가능하면 추가 대상자가 있을시 추천을 요청함으로써 Reference check를 보다 폭넓게 진행할 수 있다.

Reference check 프로세스

구분	상세 내용
Opening	• 담당자 소개 소속, 이름, 직책 • 지원자 소개 이름 • 인터뷰 목적 Reference check을 위한 목적 설명 • 협조 요청 －협조 요청 －대상자의 스케줄을 반영한 인터뷰 시간 조정

구분	상세 내용
	• 지원 직무 소개 지원 직무 또는 직책 소개
Step 1. Fact－oriented questions	• 이력 사항 확인 －근무부서 －근무기간 －담당업무 －직급 －교육 사항 －프로젝트 경험 －기타 경력 사항 • 인적 사항 확인 －학력 －스킬/지식 －자격증 • 퇴직 사유
Step 2. Evaluative discussion	• 과거 성과 확인 －성공사례 : 지원자의 공헌도 －실패사례 : 실패 대처 방안 • 업무스타일 －업무태도 : 업무 열정, 주인의식, 팀웍, 프로근성 －리더십 －근태 등
Step 3. Applicant's character	• 윤리의식 －비윤리적 행동 유무 : 지적 재산 유출, 자금 유용, 뇌물 수수 등 －상벌 사항
Closing	• 대상자 의견 청취 지원 직무/직책을 성공적으로 수행할 수 있을지에 대한 의견 청취 • 추가 인터뷰 발생에 대한 양해 향후 추가적으로 발생할 수 있는 인터뷰 진행 시 협조 요청 • 대상자 추천 요청 Reference check이 가능한 대상자가 있을 경우 추천 요청 • 감사 인사

Reference check

Reference check는 이력서 및 면접과정에서 객관적으로 알 수 없는 사실들을 검증할 수 있다는 효과적인 장점을 지니고 있다. 요즘에는 국내 기업들도 경력사원의 선발에 있어서 반드시 거쳐야 할 단계로 인식하고 있다.

반면, 일부 기업들이 간혹 회사 내 문제 사원을 권고사직 시키면서 자발적 사직서 제출에 대한 대상조치로서 객관적 사실보다 훨씬 호의적인 Reference Check를 약속하는 경우도 있어 기업들은 이에 대한 객관성 판단을 세밀하게 할 필요가 있다.

06 채용은 타당도와 신뢰도로 평가한다

Best people에서 Right people로 채용대상이 진화하다

채용의 궁극적인 목적이 무엇인지를 먼저 고민해 보는 것이 필요할 듯하다. 과거의 채용대상을 'Best people'이라고 한다면 오늘의 채용대상은 'Right people'이라고 할 수 있다. 즉, 과거에는 업무수행능력이 뛰어난 지원자를 가려내어 채용하는 것이 채용제도가 바라는 이상적 결과였다면 오늘날에는 업무수행능력 뿐만 아니라 조직-개인 정합성(Organization-person fit)을 채용에 있어 중요한 판단기준으로 삼고 있다.

그럼 과연 Best people과 Right people, 두 개념 사이에는 어떠한 차이가 있는 것일까? 필자는 그 구분 기준에 대해 조직문화에서 답을 찾고자 한다. Best people이라는 채용기준에는 역량을 토대로 높은 성과를 창출할 수 있는 기준만이 적용된 것으로 볼 수 있다. 이렇듯 업무성과와 역량만을 중시하는 개념이다 보니 조직 문화적인 요소는 감안이 안되어 채용된 인재가 채용 이후 조직 내부적으로 어느 정도 적응을 잘하는지 여부 또는 본인이 가진 역량을 최대한 발휘할 수 있는 기회를 누리는지 여부는 고려되지 않고 있다.

이러한 한계와 시행착오를 겪으면서 변화하게 된 채용기준이 바로 Right people 이다. Right people 기준을 통해 단순히 업무수행능력만 좋고 높은 성과를 창출할 수 있는 인재를 구하는 것이 채용의 궁극적인 목적이 아니라 우리 조직 및 문화에 맞는 인재를 구하는 것이 채용제도에서 구할 수 있는 최상의 결과라는 것을 인정하게 된 것이다.

채용기준의 비교(Best people과 Right people)

Best people	업무역량 + 업무성과
Right people	업무역량 + 업무성과 + 조직정합성

Right people 선발을 위해서는 신뢰성과 타당성이 핵심요소이다

Right people을 선발하여 채용하기 위해서는 목적에 부합하는 채용도구가 필요하다. 채용도구란 다수의 지원자 중에서 채용기준에 부합하는 적격자를 가려내는 프로세스를 일컫는데 주로 인터뷰(Interview), 적성검사, 에세이(Essay), 어세스먼트센터(Assessment Center) 등이 주로 활용되는 채용도구이다. 이러한 채용도구가 어느 정도로 채용목적에 부합하느냐에 따라 회사가 원하는 인재를 채용할 수 있는지 여부가 결정된다.

채용도구의 평가기준

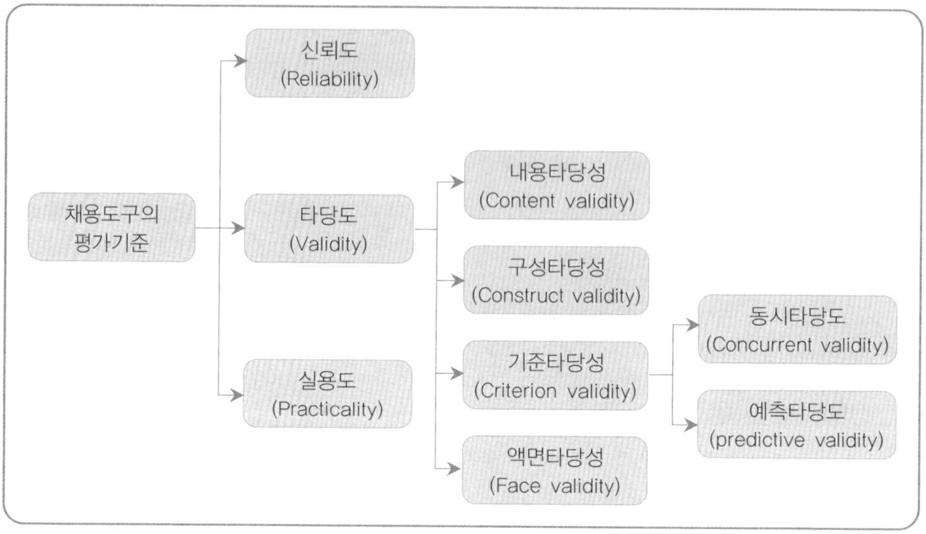

이러한 채용도구의 효과성을 측정하는 도구로서 신뢰성(Reliability), 타당성(Validity) 그리고 실용성(Practicality)을 들 수 있다. 채용도구의 신뢰성(Reliability)이란 지원자들 중 채용적격자를 선발하는 결과가 어느 정도 일관적으로 나타나느냐의 정도를 의미하는 기준이다. 즉, 동일 혹은 유사한 지원자 그룹을 대상으로 동일한 채용프로세스를 수차례 거치더라도 동일한 결과나 점수가 나오는 정도를 의미하는 것이다. 아무리 좋은 채용도구라 할지라도 신뢰성이 낮게 되면 항상 채용적격자가 달라지게 되고 결과적으로 일관적인 채용결과를 만들 수 없게 된다. 반면 채용도구의 신뢰도가 높다면 항상 일관적인 채용대상이 선발되어 결과적으로 안정적인 인력운영이 가능할 뿐만 아니라 회사에서 원하는 인재상의 일관성도 유지할 수 있게 된다.

채용도구의 신뢰성

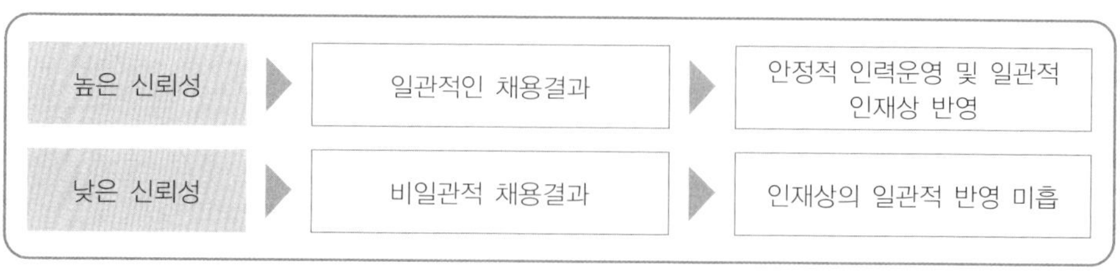

채용도구의 타당성(Validity)은 채용단계에서 회사가 검증하고 확인하고자 하는 내용을 어느 정도로 채용도구가 반영하고 있느냐의 정도를 의미한다. 즉, 창의력이 높은 인재를 선발하고 싶은 기업은 지원자의 창의력 수준을 검증할 수 있도록 채용단계를 구성할 때 타당성이 있다고 할 수 있다.

채용도구의 타당성은 세부 내용에 따라 다양한 세부 개념으로 아래와 같이 구분된다.

내용 타당성(Content validity)

채용도구가 채용하는 대상이 되는 직무의 내용을 어느 정도 잘 반영하는지가 내용타당성이라 할 수 있다. 가령 노무관리자를 선발하는 경우 노무관리에 필요한 노동법이나 노사관계에 대한 역량을, 그리고 재무관리자를 선발하는 경우, 재무회계에 대한 지식을 검증하는 채용프로세스가 있다면 채용도구의 내용타당성이 확보된다고 할 수 있다.

구성 타당성(Construct validity)

채용도구가 실제도 어떠한 기준으로 최종 선발자를 선발하였는지 그리고 이러한 결과가 최초 회사가 가진 의도를 어느 정도로 반영하였는지를 구성타당성이라 하며, 팀워을 중시하는 조직문화를 가진 회사에서는 개인별 역량보다 팀워을 검증할 수 있도록 채용프로세스를 구성하는 것이 구성타당성을 확보하는 방안이다.

기준타당성(Criterion validity)

채용프로세스에서의 결과가 채용 이후 성과창출이라는 다른 기준과 어느 정도로 부합하느냐의 정도를 기준타당성이라고 한다. 가령 채용 프로세스상에서의 점수나 순위는 높으나 입사 이후 성과가 부진한 경우를 기준타당성이 낮다고 할 수 있고 입사 이후 성과도 높은 경우를 기준타당성이 높다고 할 수 있다. 이러한 기준타당성은 동시타당성과 예측타당성으로 나누어져 실무에서 운영되고 있다.

동시타당성(Concurrent validity)

동시타당성이란 지원자가 현재 직무에서 요구하는 역량의 수준을 보유하고 있는지를 검증하는 기준이라 할 수 있다. 예를 들어 제조업체에서 생산직 직원을 선발하는 경우, 채용 이후 현장에의 투입 즉시 필요로 하는 체력이나 공정에 대한 이해를 검증하는 정도가 높을수록 동시타당성이 높다고 할 수 있다.

예측타당성(Predictive validity)

예측타당성이란 지원자가 장래 직무에서 요구하는 역량의 수준을 보유하고 있는지를 검증하는 기준이라 할 수 있다. 가령 지식근로자에 해당하는 업무에서 직원을 채용하는 경우, 해당 지식근로에서 향후 요구될 수 있는 인지력이나 사고력 등을 평가하는 경우 예측타당성이 확보될 수 있다.

액면타당성(Face validity)

액면 타당성은 채용 지원자가 채용도구나 프로세스를 보면서 어느 정도로 채용도구가 적합하게 구성되었는지 인식하는 정도를 의미한다. 따라서 다른 타당성 개념들이 실제 채용도구의 효과성을 객관적으로 규정하는 것인 반면에 액면타당성은 수검자 즉 지원자의 눈에서 바라보는 채용도구의 적합성을 의미하게 된다.

마지막으로 채용도구의 실용성(Practicality)란 채용도구가 비용측면에서 효율적인 정도를 의미하는 기준이라고 할 수 있다. 채용프로세스와 관련된 모든 절차나 매뉴얼이 규정화되어 있고 체계화 되어 있는 경우 채용에 관계된 직원들의 비용과 시간을 줄일 수 있고 동시에 채용결과의 신뢰성과 타당성을 높이는 역할을 하기도 한다. 또한 실용성이 높은 경우 채용프로세스의 과정들이 기록화되어 있어 이후 채용결과에 대한 투명성을 높이거나 논란의 여지를 줄이는 기능도 부가적으로 할 수 있게 된다.

채용도구의 신뢰성과 타당성을 제고하기 위해 3단계 전략을 도입하다

채용도구의 신뢰성과 타당성을 높이기 위해서는 전략적 직무분석, 채용프로세스의 설계 그리고 면접관 교육이 순차적으로 실시되어야 한다.

전략적 직무분석

채용이란 궁극적으로 지원자중 적합자를 선별하는 과정으로서 채용을 효과적으로 하기 위해서는 채용 대상이 되는 직무에 대한 분석이 체계적이고 전략적으로 이루어져 있어야 한다. 직무분석이 체계적으로 되어 있어야 직무수행자에 대한 바람직한 요건들을 규정할 수 있다. 또한 직무수행자에 대한 요건이 명확해야 이러한 기준들이 채용도구나 프로세스에 녹아들어 타당성과 신뢰성을 높이는 초석이 되게 된다.

채용프로세스 설계

채용프로세스 설계시 채용도구의 선정, 채용단계의 구성 등을 중심으로 고려하여야 한다. 우선 채용도구라 면접, 인적성검사, 레쥬메전형, 프리젠테이션전형 등 다양한 유형의 도구를 혼합하여 사용하되 채용대상이 되는 해당 직무의 특성을 그리고 조직 문화에의 정합성을 검증할 수 있는 도구에 보다 중점을 두는 것이 필요하다. 그리고 동시에 채용단계 역시 적정하게 설정함으로써 채용의 효과성과 효율성을 높일 수 있는데 구체적으로 다단계의 채용프로세스를 통해 선발하는 경우 정확도는 높아지지만 채용비용이 높아지게 되고 반대의 경우 채용비용은 낮출 수 있지만 채용의 정확도가 다소 떨어질 수 있으므로 적절한 단계에 대한 설정이 필요하다고 할 수 있다.

면접관 교육

많은 기업들이 채용도구로서 인터뷰에 대해 많이 의존하고 있다. 인터뷰의 최근 추세인 CBI에 대해서는 이후에서 상세히 살펴볼 것이다. 인터뷰의 내용이나 항목

등도 중요하지만 더욱 중요한 것이 바로 면접관의 역량이나 태도라 할 수 있다. 아무리 좋은 인터뷰항목이 구성되어 있더라도 면접관의 역량이 그에 뒷받침되지 않는 경우 인터뷰의 효과적인 모습을 기대하기 힘들어 진다. 따라서 면접관에 대해 인터뷰의 중요성, 바람직한 자세, 인터뷰 역량 등을 주기적으로 교육함으로써 채용제도의 효과성을 강화할 수 있을 것이다.

인더비즈 인사경영 Station

채용도구의 신뢰도와 타당도

Right people을 선발하기 위해서는 채용도구의 신뢰도와 타당도가 반드시 갖추어져 있어야 하는데, 타당도가 갖추어진 경우 신뢰도도 자연스럽게 갖춰지게 되지만, 신뢰도가 높다고 하여 타당도가 항상 높은 것은 아니므로 이에 대한 명확한 개념 정립 및 검증이 필요하다.
특히, 채용도구의 타당도와 신뢰도를 높이기 위해 전략적 직무분석, 채용프로세스 설계 그리고 면접관에 대한 교육이 순차적으로 이루어질 필요가 있다.

07 역량중심의 인터뷰(CBI)로 조직에 부합하는 인재를 선별한다

오늘의 역량을 검증해야 내일의 성과가 보인다

채용제도란 회사내 인력 수요가 있을 때 외부로부터 최적의 인재를 뽑아 내부화하는 과정을 말한다. 결국 채용제도를 통해 회사가 추구하는 방향은 조직이 원하는 성과(Performance)의 창출이라 할 수 있다. 즉, 채용이라는 인사제도도 결국 조직의 성과창출에 어느 정도 기여할 수 있느냐라는 기준에 따라 그 적절성을 판단하는 것이 바람직하다.

그럼 과연 성과를 창출해 낼 수 있는 인재인지 그렇지 않은지에 대한 판단은 과연 어떻게 하여야 할까? 이러한 질문에 대한 답을 찾기 위해 많은 기업들과 인사전문가들이 지속적으로 시행착오를 거쳐오며 노력하고 있다. 이러한 노력과 시행착오의 결과로 현재 타당성과 신뢰성이 가장 높게 나타나고 있는 채용도구가 바로 CBI(Competency－Based Interview)라고 불리는 역량중심의 인터뷰이다.

역량중심의 인터뷰의 핵심은 지원자의 역량을 검증하여 미래의 성과창출 여부를 판단하는 것이다. 즉 오늘의 역량을 보고 내일의 성과를 예측함으로써 지원자의 적격성을 판단한다는 점에서 역량중심의 인터뷰라는 이름의 제도로 많은 기업들에서 운영되고 있는 것이다.

과거의 경험과 역량을 통해 판단한다

CBI는 지원자의 역량의 판단에 대한 증거가 될 수 있는 과거의 경험이나 사실 등에 대해 개방형 질문형태로 운영되는 면접기법이다. CBI를 적용하는 과정에서 몇 가지 중요한 핵심 프로세스를 살펴보면 다음과 같다.

- 미래의 행동과 성과를 예측하기 위해 과거에 지원자에게 있었던 경험이나 상황에 대해 연상하도록 하여 인터뷰를 진행함.
- 연상된 상황이나 경험에서 지원자가 성공이나 실패를 하는데 있어 중요한 역할을 했던 스킬, 행동, 대처 등에 대해 차례차례로 질문을 해나감.
- 이때 과거의 특정 상황 하에서 발휘한 지식, 기술 또는 능력을 포함한 역량 행동에 초점을 맞추어서 진행함.

CBI가 비교적 많은 회사에서 도입되어 운영되고 있는 이유는 채용도구로서의 정확성이라고 할 수 있다. 상기 핵심 프로세스에서 설명한 바와 같이 과거 지원자에게 발생했었던 상황이나 경험들에 대해 먼저 정의하고 해당 상황에서 현재 채용하고자 하는 기업이 지원자에게 요구하는 역량의 발휘나 미흡 여부 등을 검증함으로써 지원자의 적격성을 판단하므로 기존의 인터뷰 방식보다 높은 수준의 정확도를 확보할 수 있다고 할 수 있다.

CBI는 상황의 설정에서 검증을 시작한다

CBI에서 인터뷰항목을 구성하는 단계는 총 4단계로 구성되어져 있다. 상황(Situation), 과업(Task), 행동(Action) 그리고 결과(Result)가 바로 그것이다.

- 상황(Situation) : 지원자가 행동을 취하는 배경이나 상황에 대해 정의하는 단계이다. 이 단계에서는 지원자의 실제 경험이 반영되는 것이 중요하므로 지원자의 솔직한 반응과 접근이 필요한 단계이다.
- 과업(Task) : 지원자가 1단계에서 설명된 경험이나 상황에서 가장 직접적으로 당면했었거나 해결했었어야 하는 과업이나 문제에 대해 공유하는 단계이다.
- 행동(Action) : 지원자가 직면한 상황에서 문제를 해결하기 위해 취했었던 행동, 태도 등 문제해결을 위해 보여준 제반 활동에 대해 설명하는 단계이다. 이 단계에서 중요한 것은 반드시 문제의 해결을 위해 효과가 있었던 활동으로 좁혀져서 지원자의 설명이 국한되기 쉬우므로 실패사례도 포함해서 함께 설명될 수 있도록 유도하는 것이 바람직하다.
- 결과(Result) : CBI의 마지막 단계로서 최초 설명된 상황이 과연 어떠한 결과로서 마무리 되었는지를 묻고 답하는 단계이다. 이 단계 역시 지원자의 입장에서 긍정적인 측면만 부각하려는 의도가 반영될 수 있으므로 부정적인 면도 같이 인터뷰될 수 있도록 해야 한다. 그리고 또 하나 마지막 단계에서 주의할 점은 결과 그 자체로 인터뷰를 마치는 것이 아니라 이후의 본인의 업무에 대해 미친 시사점이나 영향 등을 포괄적으로 인터뷰함으로써 지원자의 역량을 보다 심층적으로 파악해야 한다는 점이다. 즉, 성공사례의 경우 왜 성공했는지 그 성공이 오늘의 지원자에게 미친 영향을 그리고 실패사례의 경우 왜 실패 하였는지 그리고 그 실패사례로부터의 교훈이 남긴 시사점이나 교훈을 함께 이끌어 냄으로써 보다 객관적인 검증과 판단이 가능해진다.

CBI의 Framework

	내용	파트너십 역량 질문 예시
Situation	• 지원자가 행동을 취하는 배경이나 상황	• 비록 자신의 일은 아니지만 타인의 일에 깊이 관여하여 일을 도운 적이 있습니까?
Task	• 지원자가 해결해야 했던 일이나 문제	• 어떠한 일이었으며, 왜 그 일에 동참하게 되었습니까?
Action	• 지원자가 Situation/Task에서 행하거나 말했던 내용 • 인터뷰에서 가장 중요한 핵심 부분	• 당신이 기여한 것은 무엇입니까?
Reasult	• 지원자가 행한 행동의 결과 • 지원자의 행동으로 인해서 나타난 변화/차이점	• 결과는 어떠했으며, 본인이 얻게 된 것은 무엇입니까?

Main question

Probing question

Follow-up question

CBI는 구조화된 인터뷰로 진행해야 한다

통상적으로 인터뷰는 짧게는 20분 길게는 30분 정도 소요되는 것이 일반적이다. [그림]에서 보다시피, 면접준비나 opening 그리고 경력리뷰 등 인터뷰에서 필수적인 프로세스만 거치더라도 상당 시간이 소요되게 된다.

따라서 CBI를 통해 지원자를 검증코자 하는 경우, 사전에 정해진 체계나 질문항목을 다양한 사례로 구분해서 운영하고 이를 면접관에게 사전 교육하는 것이 필요하다. CBI를 개방형 질문(Open-ended interview)으로 진행하는 것도 무방하지만 시간적인 제약이 있는 경우, 검증코자 하는 유형별로 사전에 정리해 두는 것이 필요한데 이를 구조화된 인터뷰 방식(Structured interview)이라 한다. 즉, CBI는 구조화된 인터뷰를 통해서 진행할 때 정해진 시간 내에 검증의 효과성을 높일 수 있다.

CBI의 진행 프로세스

단계	내용
면접준비	• 인터뷰를 준비하는 데 있어서 필요한 준비사항 체크
Opening(2분)	• 지원자 환영 • 인터뷰 절차 소개 • 지원자 자기소개
주요 경력 리뷰(2분)	• 구체적인 면접에 들어가기에 앞서, 지원자의 주요경력사항 리뷰
구조화된 행동면접(20분)	• 공통역량에 해당하는 Key actions를 리뷰 • 각 역량에 대해서 구조화된 질문 실시
Closing(1분)	• Q&A • 회사 소개 및 다음 단계 안내 • 감사 인사
평가(5분)	• 구조화된 Frame에 따라 인터뷰 내용을 평가 • 다른 평가자들과 합의하여 채용여부 결정

인디비즈 인사경영 Station

CBI(Competency based interview)

역량은 비록 눈에 보이지 않는 무형적인 요소이지만, 반드시 행동으로 나타나고 반복된다는 본질적 특성을 지니고 있기에, 인터뷰를 통하여 과거의 경험 또는 지원자의 반응 및 태도 등을 통하여 역량의 구비 여부를 검증할 수 있다.

역량을 면밀하게 검증하기 위해서는 역량에 대한 정의를 비롯하여, 검증하고자 하는 역량을 나타내는 바람직한 행동지표와 바람직하지 않은 행동지표 등이 사전에 검토되어야 하며, 이를 검증할 수 있는 구체적 질문들을 면접자에게 명확하게 교육시킬 필요가 있다.

08 인재의 수요와 공급에 시장원리를 적용하다

이동 및 배치(Job rotation)를 통해 역량을 육성한다

경력개발 중 가장 중요한 제도인 이동 및 배치에 대해 살펴보기로 하자. 이동제도를 통해 직원의 수행업무가 변경되고 직원들은 새로운 직무환경에 접하게 된다. 그러나 이러한 이동도 적정한 원칙과 체계에 따라 이루어지지 않는다면 결과적으로 이동으로서 얻게 되는 순기능은 없다고 보아도 무방하다. 따라서 직원들의 직무이동을 통해 직원의 역량개발과 조직의 성과창출이라는 두 마리 토끼를 잡기 위해 검토하여야 할 사항부터 보도록 하자.

이동단위 설계

이동 단위란 이동이 가능한 폭을 설정하는 것과 동일하다고 볼 수 있다. 이동단위를 넓게 설정할수록 전문가의 육성이라는 취지에서 멀어지게 되고 좁게 설정할수록 다방면의 직무역량을 습득하기 어려운 점이 있다. 최근의 추세는 CF(Career

Field)나 SCF(Sub Career Field)를 기준으로 이동의 폭을 제한하는 것이 하나의 경향이다. 과거 이동의 폭에 대한 제한이 없이 이루어지다보니 기업들이 직무전문가의 육성에 한계를 느끼기 시작한 점도 이러한 경향의 형성에 영향을 미쳤다고 보인다.

이동단위의 종류

구분	정의	사례
CF	–대분류 –Career Field –주요 직군과 유사한 개념으로 이해될 수 있음 –영업직군, 생산직군 등 가장 넓은 기준에 해당함	–영업직군 –경영지원직군 –생산직군 등
SCF	–중분류 –Sub Career Field –전문가 육성단위에 해당함	–HR –Finance –회계 –IT 등
Job	–소분류 –일반적으로 직무분석의 대상이 되는 단위	–인사관리 –인력개발 등

이동원칙 설정

이동단위가 결정되면 이동원칙에 대한 설계가 필요하다. 이동원칙이라 함은 정해진 이동단위 내에서 어떤 주기로 이동을 실시할 것인지, 이동대상자를 어떻게 선발할 것인지, 이동 전후 회사에서 지원은 어떻게 할 것인지 등 실제 이동제도를 운영하면서 나타나는 운영상의 이슈들을 해결하기 위한 원칙을 정해야 한다.

이동경로 설계

이동경로란 정해진 이동단위와 원칙에 따라 실제 이동이 가능한 동선(Career path)을 결정하는 단계이다.

이동경로 설계 사례

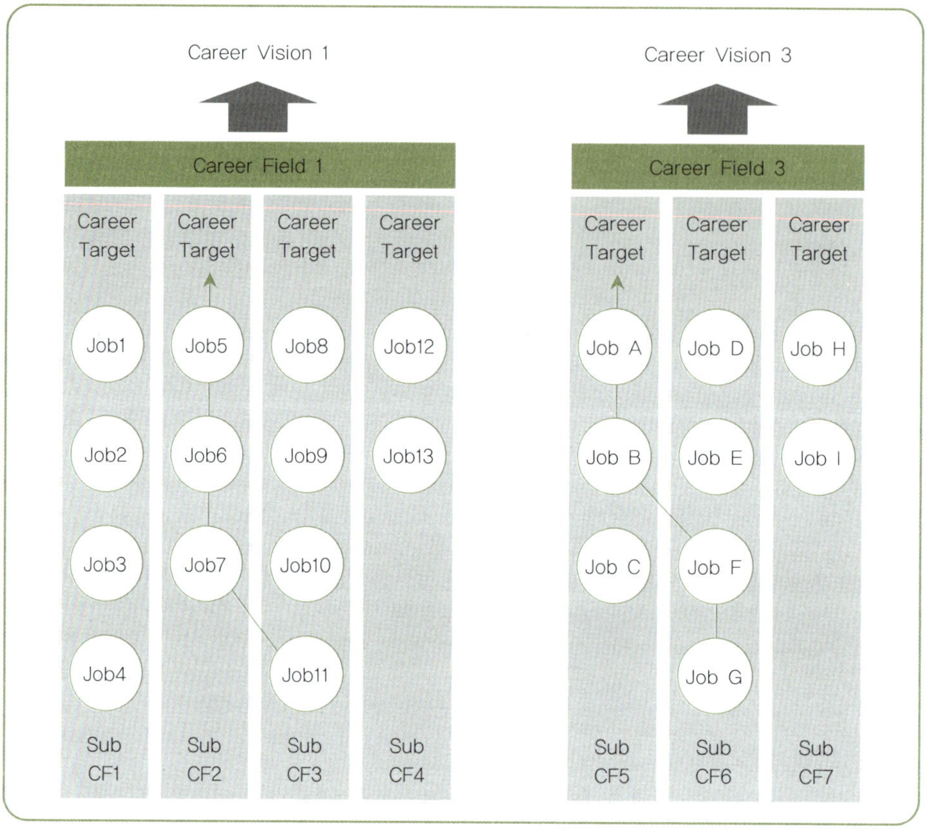

다수 직원의 니즈를 모두 반영하는 것은 현실적으로 불가능하다

경력개발제도가 이동제도나 Job rotation을 통해 실시되고 있으나 이러한 제도들이 가지는 한계로 인해 많은 직원들이 경력개발이라는 제도 내에서 동등한 혜택을 보기는 불가능하다. 또한 조직과 개인의 니즈에 있어 차이가 발생하는 경우 과연 어느 편에서 의사결정을 해야 할 것인가가 모호해진다. 이렇듯 많은 직원들의 이해관계를 동시에 반영하면서 개인과 조직의 니즈를 동시에 소화할 수 있도록 커리어 마켓(Career market)이라는 제도가 많은 기업들에서 도입되어 운영되고 있다.

커리어마켓이란 일반적인 상품이나 서비스 시장과 마찬가지로 인력을 가진 직원과 인력을 필요로 하는 조직이 기업 내부에서 만나 이동에 관한 의사결정을 하게 되는 장이라고 할 수 있다. 커리어마켓에서 직원은 Job bidding이라는 절차를 통해 내부시스템에서 자신이 원하는 직무나 직무군으로의 희망을 표시해두고, 이력서를 등록하는 절차를 진행하게 된다. 반면 부서나 팀은 공석이 발생한 경우, 내부시스템에 공석을 공지하고 지원자를 물색하게 된다. 이 과정을 Job posting이라고 하며 이 과정을 통해 외부 채용 이전에 내부적으로 적임자를 구하게 된다. 따라서 커리어마켓은 희망 인력에 대한 팀의 니즈(수요 측면)와 희망 직무에 대한 직원의 니즈(공급 측면)가 만나 인력이 운영되는 마치 인력시장과 같은 형태의 제도라 할 수 있다.

커리어마켓 개념

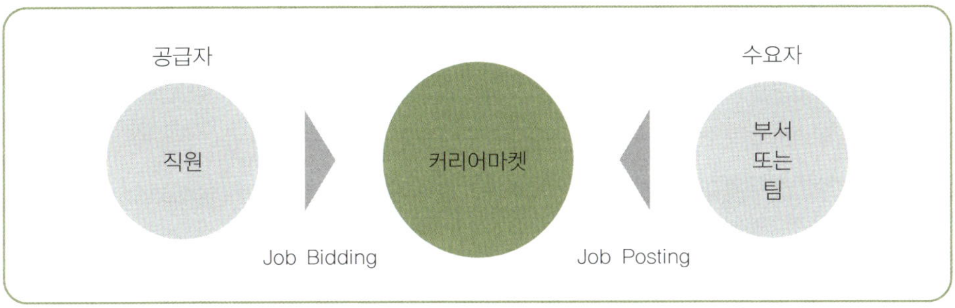

직원도 드래프트 제도로 선발한다

프로스포츠 세계에서나 볼법한 인사 드래프트제도(HR draft system)가 최근 공공기관을 중심으로 도입되어 운영되고 있다. 한국공항공사, 한국관광공사, 예금보험공사 등의 공기업들에서 운영하고 있는 인사 드래프트 제도는 양방향으로 이루어지는 제도이다. 인사 대상자가 자신이 원하는 보직에 대해 희망원을 제출하고, 해당 조직의 임원은 함께 일하고 싶은 부서장과 직원을 선발하는 형식이다.

만일 선발되지 못하는 경우 희망퇴직 등의 제도로 퇴사하는 경우로 제도를 설계하는 경우가 많기 때문에 드래프트 제도가 인력의 수요와 공급이라는 시장원리에는 충실하지만 고용의 안정이라는 측면에서는 다소 거부감이 있는 것이 사실이다. 따라서 이 제도가 장기적으로 자리를 잡을 수 있을 지는 지켜봐야 할 것이나, 동시에 인사 대상자에 대한 객관적인 성과 및 역량평가와 경력개발에 대한 계획이 체계적으로 운영되는 것이 드래프트 제도의 성공적 정착에 선행조건이라 할 수 있다.

이러한 드래프트 제도 역시 조직의 니즈와 개인의 니즈가 만나 인력운영에 대한 의사결정이 이루어진다는 측면에서 커리어마켓과 유사한 개념으로 볼 수 있다.

Career report로 개인의 경력을 관리한다

개인별 경력을 체계적으로 관리하기 위해서는 직무 및 개인에 대한 정보를 체계적으로 관리할 필요가 있다. 이때 활용할 수 있는 Career report인데, 직무정보, 인사정보 그리고 개인정보로 구성할 수 있다. 직무정보에는 직무별 역량, 요구스킬 등 직무 관련정보를 관리하고, 인사정보에는 개인별 과거 이동 및 교육 이력 그리고 자격증 등과 같은 개인별 역량을 검증할 수 있는 정보 및 과거 3년간 평가등급을 축적하여 인사이동시 활용할 수 있다. 마지막으로 개인정보에는 개인별로 희망하는 직무를 순위별로 적도록 하여 관리함과 동시에 개인별 경력 목표(Career goal)를 정하도록 해서 이에 대한 비전실현과 동기부여에 활용할 수 있다.

Career report의 구성

직무정보 | 인사정보 | 개인정보

직무명	해당조직

• 직무 Mission

• 직무역량

• 요구 지식/ 스킬

• 관련 교육 정보

• 관련 자격증

직무정보 | 인사정보 | 개인정보

• 과거 이동 이력

근무부서	직급	직무	기간
총 연차			

• 이수 교육이력

교육명	기간	결과

• 자격증 보유 현황

자격 증명	발급 일자	발급 기관

• 과거 3개년 평가등급

직무정보 | 인사정보 | 개인정보

• 이동 희망 직무

순위	직무명	가중치	희망 이동시기
1			
2			
3			

※직무명 : 직무정보를 참고하여 작성
가중치 : 상/중/하 선택
희망이동시기 : 즉시, 1년 후, 3년 후, 5년 후 선택

• Career Goal

Position 명

인더비즈 인사경영 Station

Career market

모든 구성원들의 니즈를 충족시킬 수 있는 경력개발제도를 설계 및 운영하는 것은 현실적으로 불가능하다. 이에 대한 해법으로 요즘 많이 사용되는 것이 Career market 제도인데, 이는 경력개발제도에 시장원리를 접목시킨 것으로 직원이 공급자가 되고 조직이나 팀이 수요자가 되어 시장에서 수요와 공급이 만나는 지점에서 가격이 정해지듯이 Career market에서도 수요와 공급이 만나는 경우 이동이 이루어지도록 하는 제도로서, 이를 통해 개개인의 이동배치 과정을 관리하고 기록함으로써 경력개발의 효과를 높일 수 있다.

09 인재유형별 경력개발을 차별화하다

20 : 70 : 10의 법칙에 따르다

핵심 인재의 경력개발로 유명한 GE는 조직활력곡선(Vitality Curve)을 통하여 조직 내 인력을 20 : 70 : 10으로 구분하고 있다. 성과나 역량기준으로서 상위 20%의 인력을 핵심인재(Key Talent)라고 하고 하위 10%를 저성과자(Underperformer)라고 한다. 다른 이름으로 상위 10%를 A−Player, 중위 70%를 B−Player 그리고 하위 10%를 C−Player라고 일컫기도 한다. GE의 조직 활력 곡선이 주는 시사점은 상위 20%와 하위 10%에 대한 차별적인 관리제도를 적용할 때 조직의 활력이 살아난다는 점이다.

GE의 조직 활력 곡선(Vitality curve)

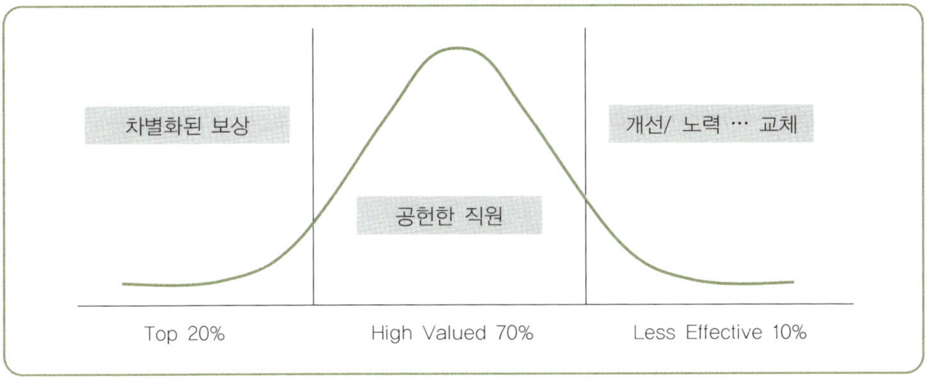

뿐만 아니라 GE는 Nine-box 모델을 적용하여 단기적인 성과에 따른 구분만을 하는 것이 아니라 장기적인 역량과 성장가능성에 대한 기준 역시 반영함으로써 직원을 9개 유형그룹으로 구분하여 관리하고 있다. 이러한 Nine-box 모델 역시 직원들의 역량과 성과의 차이를 무시한 획일적인 관리가 아닌 인재별로 차별화된 관리가 조직성과 창출의 밑거름이라는 점을 시사한다.

GE의 Nine-Box 모델

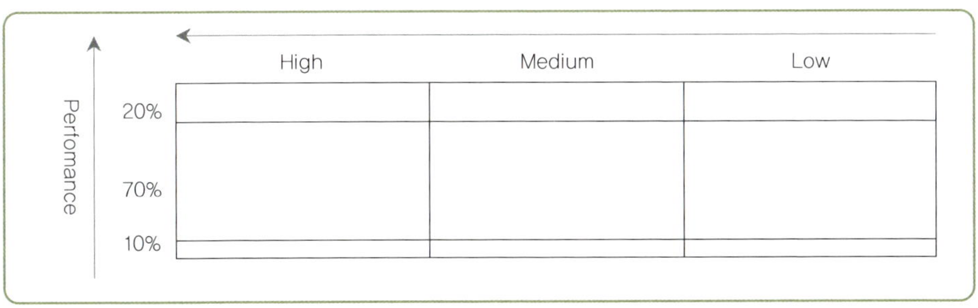

핵심인재를 통해 미래의 리더를 육성한다

핵심인재를 선발하여 관리하고 있는 많은 기업들이 유사한 기준을 적용하여 핵심인재를 선발하고 있는데 주로 성과와 역량 그리고 리더십이 적용되고 있는 기준이다. 성과는 과거 선발대상자가 보여준 능력이고, 역량은 대상자가 미래를 창출할 수 있는 성과를 그리고 리더십은 대상자가 향후 조직의 리더로서 보여줘야 할 구체적 역량이므로 이들 3가지 기준을 공통적으로 적용하는 것이 일반적이다.

주요 기업들의 핵심인재 선발기준

Company		Talent 선발요건
국내	POSCO	• 업무경력, 성과, 전문역량, 변화주도력 등을 고려
	SK Corp.	• 역량수준, 특수의 타 기업/기능 근무경험, Remarkable Performance
	LG Telecom	• 최근 3년간 인사평가 결과, 리더십평가 결과(Energy, Energize, Edge, Execution)
해외	Visa	• 성과평가 결과, 업무능력, 잠재력, 평판
	GE	• 성과평가, 리더십 평가 결과, 회사 가치관 평가결과(9 Value)
	Motorola	• 직무성과, 회사 가치 충성도, 커리어 비전, Skill, 리더십, 지식 및 경험
	Toyota	• 단기적 성과, 도전정신, 리더십 등의 행동특성
	Xerox	• 최근 3년간 인사평가 결과, Leader로서의 잠재능력, Loyalty, 업무에 대한 열정 등
	Electrolux	• 장기 근속 가능성 판단, 직무능력, 세계시장 적응능력, 소비재 산업경험, 리더십

여러 회사들로부터 핵심인재 관리의 벤치마킹 대상이 되어온 GE의 경우 Session C라는 이름으로 핵심인재를 선발하는 프로세스를 진행하는데 매년 4월 Session C가 실시된다. 주목할 만한 점은 Session C 시험을 위해 전년도 10월부터 대상자 선발을 위한 절차가 개시된다는 점이다. 핵심인재관리에서 앞서나가고 있는 GE의 제도에서 가장 핵심적인 사항은 바로 핵심인재의 선발을 위한 충분한 시간과 노력의 투입이다. 즉, 미래의 리더를 선발하고 육성하기 위한 핵심인재에 대해 그만큼 신중을 기하고 있는 것이다.

GE의 Session C

10월	12월	1월	2월	3월	4월
• 360도 리더십 서베이	• 개인별로 Employee Management System2 update • EMS3 기입	• EMS2 EMS3를 매니저에게 제출	• 사업부문 Session C Review	• 지역본사 Session C Review	• 전사차원Session C Review
–	–	• 매니저가 평가자에 대해 EMS3 (side 2) 작성	• 매니저와 상사에 의한 EMS3 Review	• EMS3의 평가결과 개인에게 피드백	–

이상의 내용을 감안하여 핵심인재를 선발할 때 사용할 수 있는 기준을 정리해보면 우선 역량과 성과를 기준으로 두 요소 모두 충족하는 대상자에게 최종적인 선발 프로세스로서 리더십 검증 과정을 거침으로써 핵심인재를 효과적으로 선발하고 있다고 볼 수 있다. 구체적으로 리더십의 경우 신뢰, 비전제시, 성과관리 그리고 혁신을 주된 내용으로 평가하는데, 각 리더십 세부 기준에 대해 적정한 검증방식은 [그림]에서 보는 바와 같다. 대체로 360 Degree Assessment와 Personality Test가 일반적으로 유효한 선발도구로 활용되고 있다.

핵심인재 선발기준

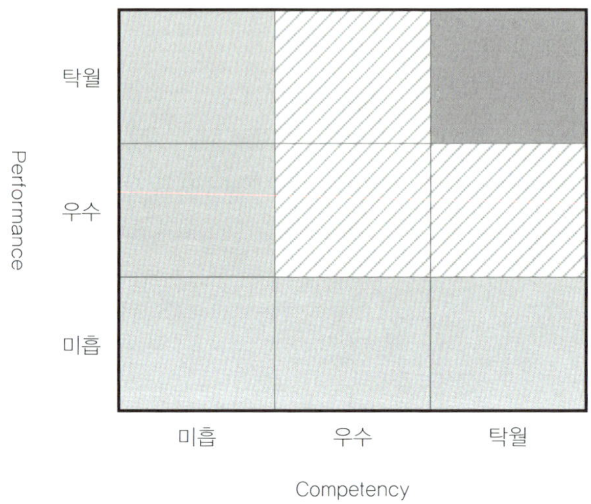

리더십 검증

	리더십역량			
	신뢰형성	비전 및 방향제시	성과관리	혁신 및 변화주도
In－depth Interview		√	√	
360 Degree Assessment	√	√	√	√
Group Discussion	√	√		√
Personality Test	√	√	√	√

저성과자 관리를 통해 조직의 성과를 향상시킨다

저성과자의 경우 조직의 역량과 성과에 대해 지장을 초래하게 되므로 무엇보다 지속적인 역량개발과 교육훈련을 통해 성과창출과 역량개선이 요구된다.

저성과자의 선발은 주로 3가지 기준을 적용하여 판단하는데, 첫 번째 기준은 저성과자 표현 그대로 성과의 부진 여부이다. 현재 및 과거의 직무경력을 종합적으로 검토해볼 때, 다른 구성원 또는 동료 대비 어느 정도로 성과가 현저하게 나타나는지 여부가 바로 대상자에게 적용되는 판단기준이다. 두 번째 기준은 업무성과의 향상가능성이다. 이를 다른 표현으로 하자면 역량이 될텐데, 현재의 저성과 현상이 향후 어느 정도로 개선될 수 있는지에 대한 기준이라고 할 수 있다. 마지막 기준은 직원의 결격사유이다. 이는 징계나 포상사유 등 직원으로서 기존의 공과를 감안하여 저성과자의 선발에 반영하겠다는 의미로 해석할 수 있다.

저성과자 선발 기준

기준	기준 별 평가내용	확인내용
성과부진 여부	• 현 직무와 과거 직무수행 시 타 구성원들에 비해 성과가 현저하게 열등한가?	• 성과평가 결과 및 평가자 종합의견 검토 : 평가자 종합의견을 통해 후보자 현재 성과 수준 확인
		• 과거 직무이력의 확인 : 후보자의 현 직무, 과거 직무이력, 업무성취 경험 등을 통해 지속적인 성과부진 여부 판단
업무성과 향상 가능성	• 향후 성과개선프로그램 수행시 업무성과가 향상될 가능성이 있는가?	• 역량평가 결과 및 평가자의 종합의견 확인 – 역량평가 항목 중 결여항목 Review – 평가자 종합의견을 통해 후보자의 역량 수준 및 향후 성장 잠재력 확인
결격사유 유무	• 직원으로서 심각한 결격사항이 있는가?	• 후보자의 상벌사항 확인 : 과거 징계 사항 존재여부 확인 및 판단(징계의 성격 및 정도 고려)

저성과자 관리제도의 적용 대상자가 결정된 경우 우선 운영되어야 하는 제도가 바로 성과개선 프로그램이다. 즉 저성과이기에 해당 프로그램이 적용되는 것이므로, 저성과라는 현상을 개선하여 성과창출을 위해 운영될 수 있도록 주로 2가지 측면에서 세부제도가 설계되는 것이 일반적이다. 첫 번째로 대상자의 성과를 지속

적으로 모니터링하기 위한 성과개선 계획수립인데, 이는 주로 MBO제도를 통해 운영된다. 다른 하나의 제도가 바로 교육훈련이다. 기업이 저성과라고 하는 기준을 통해 대상자를 선발하였다면 이들의 성과개선을 위해 기업이 할 수 있는 최고의 노력이 바로 대상자의 역량향상을 위한 교육훈련인 것이다.

또한 저성과자 관리 프로그램에서 고려해야 할 또 다른 요소는 프로그램 대상자에게 적용할 평가와 보상제도이다. 평가제도와 관련하여서는 정성평가보다는 정량평가 위주의 관리가 될 수 있도록 하는 것이 바람직하고, 보상제도에 있어서는 인센티브 적용 제외 등과 같은 불이익을 대상 직원들에게 단계적으로 확대하여 적용함이 법적인 측면에서는 바람직하다고 할 수 있다.

인더비즈 인사경영 Station

Session C

인재육성에 있어 전사적인 관심과 노력을 기울이고 있는 GE의 차세대 리더육성 프로그램으로 체스판에 놓을 말들을 고르듯이 상위 500개의 관리직에 후보자를 배치하고, 특정 자리가 공석이 되면, 그 후보자를 인력관리 담당자가 여러 가지 검증 과정을 거쳐 최종 선발한다.
Session C를 통해 직원 개인 맞춤식 리더십 교육프로그램이 설계, 운영되고, 참가직원은 아메리카, 아시아태평양, 유럽 등 각 지역별로 동일한 과정으로 교육을 받으며, 특히 경영진(임원) 리더를 위한 MDC, BMC, EDC 이 3가지 과정은 미국의 크로톤빌 연수원에서만 운영된다.
만일 Session C에서 A를 받은 인재가 퇴직하게 되면, 각 사업부문 사장들은 곧바로 회장의 질책을 받게 되는데, 이와 같은 인력관리 정책으로 인하여 A고과를 받은 인재가 GE를 떠나는 비율은 실제 1%가 안된다고 한다. 참고로, 현 GE 회장인 제프리 이멜트도 Session C 과정을 통하여 선발되었다.

10 전문인력의 경력개발은 Dual track에서 시작한다

팀장이 되면서 전문성을 상실하기 시작한다

R&D기능의 연구직이나 엔지니어 또는 이에 준하는 전문적 역량을 가지고 업무를 수행하는 종사자를 볼 때 한 가지 의문점이 든다. 즉, "만일 이들이 팀장이나 매니저로 승진하게 되면 과연 이들의 업무에는 어떤 변화가 생길까?"라는 점이다.

어느 조직에서 팀장이 된다는 것은 팀원에 대한 인사관리와 팀 예산 및 재무에 대한 관리책임이 부과됨을 의미한다. 이러한 역할을 전통적인 관리자의 역할이라고 할 수 있는데 이러한 관리기능에 대한 시간 투여가 많아질수록 상대적으로 전문인력으로서 발휘해야 할 전문성 활용기회가 줄어들게 된다.

즉, 전문인력도 조직 내에서 승진을 통해 관리자로 성장하게 되면 관리기능이 중심이 되어 결국 전문성에 대한 숙달 및 활용의 기회가 줄어들어 장기적으로는 전문역량의 퇴보로 이어질 수도 있다.

이러한 점을 감안하여 대다수 기업들이 전문인력에 대하여 복수경력제도(Dual track)를 도입하고 있다. 그럼 우선 전문인력의 경력개발을 위하여 취할 수 있는 대안부터 살펴보도록 하자.

Single track 또는 Dual track을 통해 전문역량을 개발한다

Single track의 경우, 전문인력의 입사 시점에 향후 경력 비전을 정하고 향후 인사관리를 그에 맞도록 하는 것을 말한다. Single track에 따르면 전문인력이 관리자 즉 Generalist로 성장하기를 원하는지 아니면 전문가 즉 Specialist로 성장하기를 원하는지를 입사시점에서 정하게 된다.

반면, Dual track은 전문인력의 입사시점에 향후 경력 경로를 미리 정하는 것이 아니라 입사 시점으로부터 일정 기간이 경과하여 업무와 조직에 적응이 되고 업무성과를 본격적으로 창출하기 시작하는 시기에 경력경로를 정하여 관리자 아니면 전문가 트랙 중 하나를 정해 운영하는 제도를 말한다.

전문인력을 보유하고 있는 기업들의 제도들을 살펴보면 Dual track으로 운영하는 경우가 다수인데 이는 입사 초기에 향후 경로를 미리 정하는 것보다 전문인력의 역량과 업무적성을 면밀하게 살펴보고 향후 경력 경로를 결정하는 것이 바람직하다는 경험에서 나온 결과이다. 이러한 Dual track 하에서 인력운영의 유연성이 보다 더 확보될 수 있는 것은 당연하므로 전문인력의 육성시 Dual track을 도입하여 운영하는 것이 바람직할 것이다.

Single track와 Dual track의 비교

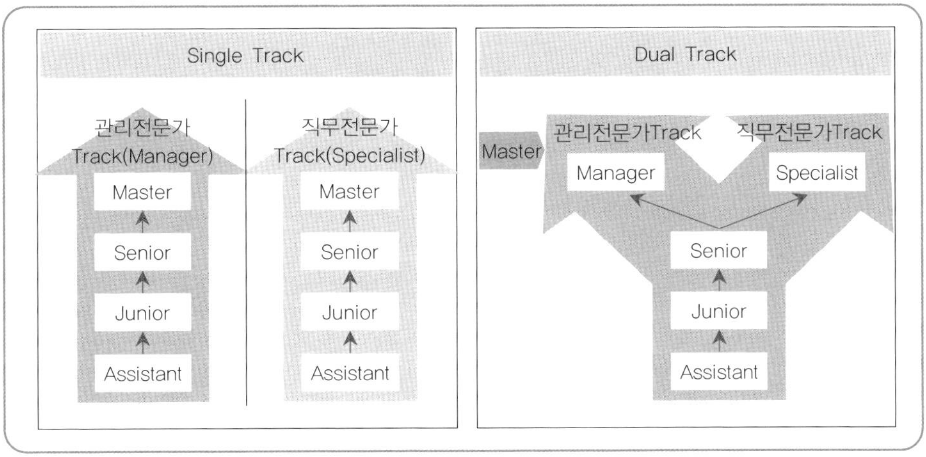

또한 이와 같은 경력관리는 각 Track에서 역량 수준에 따른 경력단계별로 적정한 관리가 필요한데, 통상 4 단계의 경력단계로 구분하여 각 단계에서 필요한 역량수준에 대한 정의를 내리고 이를 기준으로 하여 경력개발을 효과적으로 운영할 수 있다. 일반적인 경력단계는 Assistant－Junior－Senior－Master로 구분되고 각 단계별 필요 역량을 상세하게 정의하여 운영하는 것이 통상적인 경력개발제도의 모습이다.

경력단계별 필요 역량수준 정의

경력단계	단계설명	직급	직급명
Master	경력목표를 이루어 낸 구성원이 조직의 핵심 인적 자원으로써 활용될 수 있는 단계	2급 이상	부장이상
Senior	선택한 경력 목표에 필요한 전문적인 역량을 습득하여 전문가로의 성장을 완성하고 리더로서 필요한 역량을 함께 습득할 수 있도록 준비하는 단계	3~4급	과/차장
Junior	관심분야의 기초적인 직무를 경험함으로써 경력목표를 설정하고 설정한 목표에 필요한 역량을 직무 및 교육을 통해 습득하는 단계	5급	대리

경력단계	단계설명	직급	직급명
Assistant	입사 후 관심분야를 경험하면서 직무에 대해서 이해하고 기초적인 역량을 함양함으로써 넓은 범위에서 경력 목표를 설정하는 단계	7급~6급	사원

이미 많은 기업들이 Dual track을 운영하고 있다

[그림]에서 보는 바와 같이 글로벌기업과 국내 대기업의 대표라 할 수 있는 3M과 삼성전자도 Dual track제도를 운영하고 있다. 이들 기업의 공통점은 하위 직급에서 단일 트랙으로 운영하다가 특정 직급이나 경력연수가 되었을 때 향후 경력에 대한 의사결정을 한다는 것이다.

주로 입사 후 10년 경과 시점에서 많은 기업들이 트랙의 결정을 하는데 이는 근속 10년 이라는 기간이 업무적응이나 본격적인 성과창출에 적합한 시기임을 감안한 제도라고 볼 수 있다. 그리고 관리자 트랙(Generalist track)과 전문가 트랙(Specialist track)이 이 시점에 결정되더라도 향후 트랙간 이동이 가능하도록 한 제도도 있으니 염두에 두도록 하자. 결국 트랙간 이동을 통해 인사관리의 유연성이 보다 강화될 수 있으므로 두 트랙이 서로 체계적으로 연동되어 운영되도록 하는 것이 제도운영의 핵심성공요인이라 할 수 있다.

3M의 Dual track제도

<table>
<tr><td>Technical director</td><td>Corporate scientist</td></tr>
<tr><td>Lab manager</td><td>Division scientist</td></tr>
<tr><td>Manager</td><td>Senior specialist</td></tr>
<tr><td>Supervisor</td><td>Specialist</td></tr>
<tr><td colspan="2">T3</td></tr>
<tr><td colspan="2">T2</td></tr>
<tr><td colspan="2">T1</td></tr>
</table>

삼성전자의 Dual Tack제도

CTO	Fellow
Lab director	Master
Program director	Technical leader
Project leader	
전문연구원	
연구원	

인더비즈 **인사경영** Station

Dual track

R&D인력, 엔지니어 등과 같은 전문인력들과 같이 관리자형(Generalist)과 전문가형(Specialist) 인재로 육성되는 경력경로가 입사 이후 일정 시점이 경과한 이후에 이루어지는 경우를 의미하며, Dual track을 운영하는 경우, 경력경로(관리자형 vs. 전문가형)는 입사 후 약 10년 정도 경과한 시점에서 결정하도록 하는 것이 일반적이다.

11 승진제도의 투명성을 위해 승진포인트제도를 도입하다

승진기준이 연공에서 성과로 이동하고 있다

일반적인 승진제도의 운영프로세스를 살펴보면, 사전에 정해진 기준에 따라 승진후보자 명부를 작성하는 것이 최초 단계이다. 이때 승진 후보자를 어떤 기준에 따라 선발하여 최종 심사를 할 것인지를 결정하여야 하는데, 만일 연공중심의 인사제도를 가진 기업은 연공 및 근속에 따라 심사대상자를 선발하게 되고 성과중심의 인사제도를 운영하는 기업은 평가결과를 기준으로 대상자를 선발한다.

과거 기업들의 승진제도를 살펴보면 성과나 역량보다는 연공이라는 기준이 보다 일반적으로 적용되어 왔다. 이는 당시의 내외부적인 경영환경의 차이에서 시사점을 찾아볼 수 있다. 과거에는 소위 종신고용(Lifetime employment)을 통해 개인의 의사에 따른 사직의 경우가 아니면 정년까지 이르러서 정년퇴직하는 것이 일반적인 과정으로 받아들여졌다. 즉, 누구나 원하면 정년까지 갈 것이니 굳이 먼저 승진하고자 하는 니즈도 강하지 않았다.

그러나 IMF나 2008년 글로벌 금융위기를 거치면서 종신고용이라는 개념이 무너지기 시작하면서 고용의 유연성이라는 경영가치가 점증적으로 대두되기 시작하였다. 이제는 정년이 보장되지 않으니 그 이전에 본인의 승진기회를 극대화하자는 인식이 확산되기 시작한 것이다.

이렇듯 종신고용 제도 하에서 연공위주의 승진제도가 유효했다고 하면 실제 정년이 단축되면서 평균 근속이 짧아지고 있는 상황 하에서는 연공보다 객관적인 승진 기준에 대한 니즈가 증가하게 된다. 또한 성과주의 인사관리라는 트렌드와 맞물리면서 승진 기준으로서 성과의 반영이 필수적인 요소로 자리잡아 가고 있다.

승진 기준의 변화

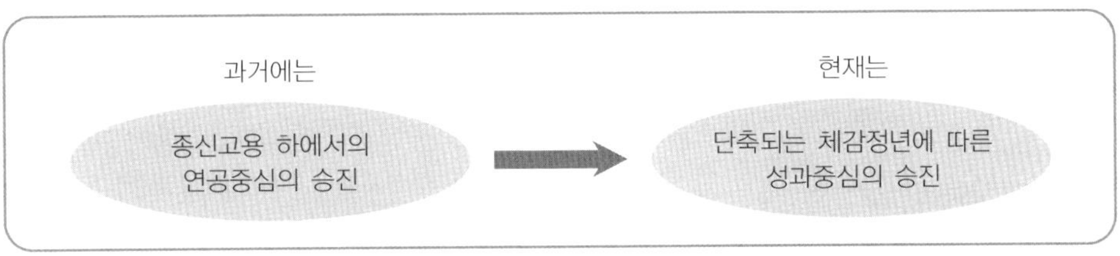

마일리지를 쌓듯 승진을 위한 포인트를 적립한다

그럼 과연 성과라는 요소를 어떻게 승진기준에 반영할 것인가가 문제가 된다. 성과 결과를 체계적으로 반영하기 위해 가장 일반적으로 도입된 제도가 바로 승진포인트제도(Promotion point system)이다. 각 직급에서의 포인트 축적기준과 승진을 위한 최저 수준을 정하여 승진대상자를 결정하는 제도를 승진포인트 제도라 한다.

이렇게 승진포인트제도를 운영하는 경우 과거 대비 승진제도의 운영에 투명성이 높아진다고 할 수 있다. 즉, 승진대상자 입장에서 보면 현재 나의 포인트가 얼마이고 얼마나 더 포인트를 모으면 승진후보자가 될 수 있는지가 가시적으로 보이기 시작하면서 제도 자체의 투명성도 그만큼 올라가게 되는 것이다.

동시에 해당 포인트를 쌓기 위해 성과에 대한 요구수준이 대상자에게 전달되므로 개인의 성과창출과 역량개발에 보다 높은 관심이 생기게 되어 기업의 입장에서는 추가적인 혜택이 있는 것이라 할 수 있다.

승진포인트 제도 사례

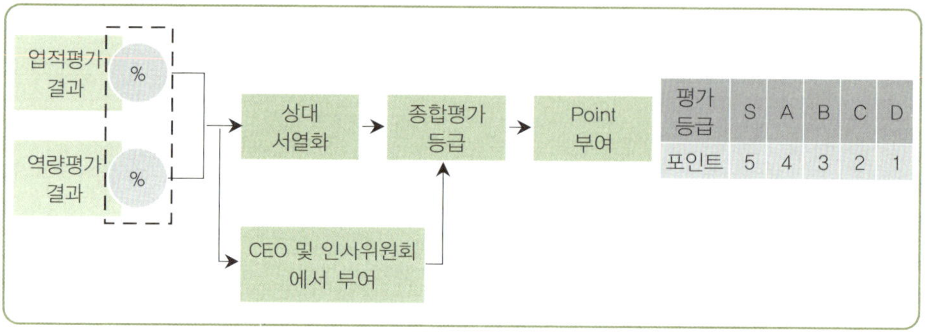

성과와 교육을 통해 승진포인트를 축적한다

승진심사기준은 일반적으로 4가지의 기준을 적용한다. 근속, 평가, 교육 그리고 상벌이다. 근속이라는 요인도 성과주의라 하여 완전히 배제하는 편보다는 적정한 가중치를 가지고 반영되는 것이 제도의 실행력에 도움이 될 수 있다. 그리고 평가포인트는 성과와 역량을 포함하여 산출되며 승진포인트제도에서 가장 중요한 요인이라 할 수 있다.

그리고 최근 개인의 역량개발이 가장 중요한 화두가 되는 만큼 교육을 통한 역량개발을 도모하기 위해 교육이수포인트를 승진기준에 반영하여 교육에 대한 중요성을 직원과 커뮤니케이션할 수 있고, 실제적으로도 교육을 강화함으로써 역량 개발로 이어질 수 있다. 마지막 기준은 상벌포인트이다. 기업에서 공식적으로 직원의 공헌과 기여를 인정하고 비위행위를 징계하는 과정을 상벌이라 할 수 있다. 따라서, 승진후보자가 보여준 업적에 대한 그리고 후보자가 범한 과오에 대한 책임과 인정을 명확히 하기 위해 상벌포인트를 도입하는 것이 바람직하다.

승진 심사기준 및 기대효과

승진 심사 기준

심사기준	
근속 포인트	
평가 포인트	성과 평가
	역량 평가
교육이수 포인트	
상벌 포인트	

기대효과
평가포인트 반영을 통한 성과주의 인사제도 강화
교육이수 포인트 반영을 통한 개인/조직 역량 강화 유도
우수인력에 대한 조기 승진 기회 부여 및 동기부여
계량화를 통한 공정성 및 투명성 제고

4가지 요소를 모두 반영은 하되 각 요소별 가중치에서 차이가 나게 된다. 요소별 적정한 가중치를 보면 아무래도 평가포인트의 비중이 70~80% 정도 되도록 설계 및 운영하는 것이 필요하다. 나머지 20~30%에 대해 근속과 교육이수가 반영되도록 해야 성과주의 중심의 승진포인트제도라 할 수 있을 것이다.

승진포인트 설계 사례

심사기준	개념	세부포인트 부여기준
근속 포인트	• 현 직급 내 근속(체류)연수	• 해당 직급 내 근속(체류)연수 1년마다 1점 부여 • 단, 장기 근속자의 고득점 방지 위해 최대 10점으로 제한(장기 근속에 따른 고득점 방지와 TO부족에 따른 승진정체 가능성을 종합적으로 고려하여 최대 10점으로 설정)
평가 포인트	• 직급 별 기준 체류 연한 내 평가점수	• 평가점수를 5등급으로 구분하여, 등급별 점수 부여 —S등급 : 5점 —A등급 : 4점 —B등급 : 3점 —C등급 : 2점 —D등급 : 1점

심사기준	개념	세부포인트 부여기준
		• 단, 장기 근속자의 고득점 방지 위해 기준 체류연한(Junior 직급 6년, Senior 직급 8년) 내 최근 평가결과만 반영
교육이수 포인트	• 현 직급 내 교육 이수여부 및 교육 결과	• 1일 8시간 기준 1학점(4시간 이하는 0.5점) 부여 원칙 • 1년 간 5학점 이수 시 1점 부여
상벌 포인트	• 현 직급 내 포상 또는 징계 이력	• 포상 시 가점 부여 －훈/포상, 대통령 표창 : 3점 －국무총리, 장관급 이상 포상 : 2점 －차관급 이상 포상 : 1점 • 징계 시 감점 부여 －감봉 : －1점 －정직 3개월 미만 : －2점 －정직 3개월 이상/강임 : －3점 • 봉사활동 시 가점 부여(단, Senior→Leader승진 시에만 적용) －1년 간 사회봉사활동 30시간 이상 시 1점 부여 －단, 성과 및 역량 중심의 승진제도 구축을 위해 최고점을 5점으로 제한

승진프로세스 사례

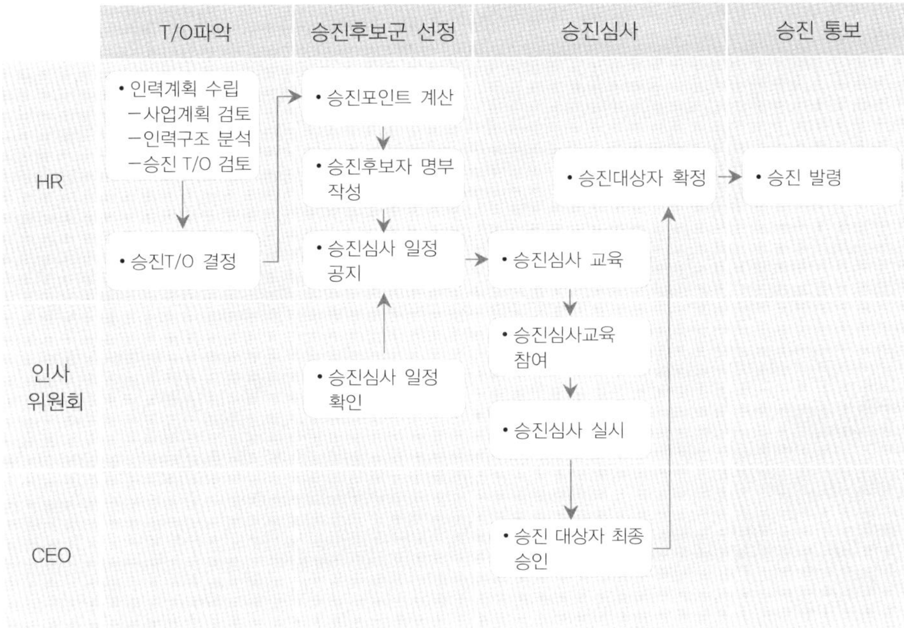

기간형으로 할것인가 아니면 축적형으로 할 것인가

과연 승진포인트에 유효기간이란 있는 것일까? 만일 유효기간이 있다고 하면 인정되는 승진포인트가 특정기간으로 한정될 수밖에 없을 것이고 없다면 동일 직급 내에서는 지속적으로 축적되게 된다.

승진포인트제도의 유형과 장단점

구분	기간형	축적형
정의	• 승진 의사결정 시점에서 과거 몇 개년에 대한 포인트만 인정하는 제도	• 해당 직급으로 승진된 이후 축적된 일체의 포인트를 인정하는 제도

구분	기간형	축적형
Pros and Cons	• 특정 직급 장기체류자에게 불리 • 성과주의 강화형의 제도 • 근속에 상반되는 승진서열 가능 • 수직적 조직문화와의 충돌 가능	• 장기체류자에게 유리 • 근속과 승진서열과의 정(+)의 관계 • 수직적 조직문화에 적합

만일 승진포인트제도를 기간형으로 운영하게 되면 성과주의를 보다 강하게 반영하는 제도가 되어 기존의 연공중심의 문화를 가진 조직에는 부적합하다고 할 수 있고, 축적형의 경우 연공에 대한 요소가 강하게 반영되면서 실행력이 제고되는 반면, 특정 직급에서의 장기체류자에게 혜택을 주는 결과가 양산되기 쉽다.

인더비즈 인사경영 Station

승진포인트제도

승진의 객관성 확보와 공정성 제고를 위하여 많은 기업들이 승진포인트제도를 도입하고 있고, 일반화되어 가고 있는 추세이다.
승진포인트제도가 갖는 장점이 많이 있지만, 아래와 같이 단점도 있기에 승진포인트제도 운영의 성패 여부는 단점을 얼마나 효과적으로 극복하느냐에 달려있다고 할 수 있다.

구분	세부내용
장점	승진제도의 투명성 확보 승진 여부의 예측가능성 제고 직원의 주도에 의한 승진 포인트 관리 승진심사자의 주관의 개입 배제
단점	인사고과시 포인트 미달자에게 몰아주기 현상 발생 승진포인트의 인플레이션 현상 심화 인사권자의 자율적 판단의 과도한 제약 인사위원회 운영의 형식화 직원들 간 승진포인트 공유현상

12 직급 Broadband를 통해 인사관리의 유연성을 강화한다

역할, 연공 그리고 직무가치에 따라 직급을 설계하다

직급은 인사관리를 운영하는 가장 기본이 되는 요소이며, 동일 혹은 유사 수준의 직원들을 그룹화하여 관리하는 체계를 의미한다. 직급은 보상제도 운영의 근간이 된다는 측면에서 호칭제도와 구분되고, 조직관리에서 중심이 되는 직책과도 구분된다.

이러한 직급제도 역시 직급을 설정하는 기준에 따라 3가지 유형으로 구분하게 되는데, 역할중심의 직급, 연공중심의 직급 그리고 직무중심의 직급제도가 바로 그것이다. 우선 역할중심의 직급제도란 직원들이 수행하는 역할(Roles)을 기준으로 유사한 수준을 3~4가지로 구분하여 운영하는 것이다. 역할을 중심으로 직급을 구성하다 보니 해당 직급에서 어떠한 역할을 수행해야 하는지 또는 조직에서 어떠한 역할을 기대하는지에 대한 커뮤니케이션이 명확하게 될 수 있다.

역할중심의 직급제도

직급	기능			
	HR	Finance	GA	PR
Manager	HR manager	Finance manager	GA manager	PR manager
Senior Specialist	HR Sr. specialist	Finance Sr. specialist	GA Sr. specialist	PR Sr. specialist
Junior Specialist	HR Jr. specialist	Finance Jr. specialist	GA Jr. specialist	PR Jr. specialist
Assistant	HR assistant	Finance assistant	GA assistant	PR assistant

역할중심의 직급제도에서 직급별 R&R 사례

구분	직급	개념	역할(Roles)	책임(Responsibilities)
Level 1	리더 (Leader)	• 팀장 이상의 직책을 가진 자로서, 해당 직무와 관련된 전문적인 지식과 풍부한 경험을 바탕으로, 해당 직무를 총괄 및 리딩함	• 해당 직무 관련 전문 지식과 경험을 바탕으로, 조직 비전과 전략을 고려한 장기적으로 중요한 프로젝트 및 Task를 계획하고, 이를 위한 자원 배분 및 결과 평가를 수행함 • 해당 직무 및 인접 직무 수행과 관련된 전반적인 계획 및 관리에 있어, 팀원들에게 방향을 제시하고, 지속적인 육성을 담당함 • 조직 전체를 고려하여 의견을 제시하고, 타 부문과의 협의를 통해 의견을 조율함	• 해당 직무 관련 일상적인 업무수행 과정의 적절성과 업무수행 결과의 효과성/효율성에 대해 책임을 부담함 • 계획된 프로젝트 및 Task의 적정성 및 프로젝트 수행결과에 대한 책임을 부담함 • 조직 내 리더로서 전사 차원의 생산성 향상에 대한 책임을 부담함

Level 2	시니어 (Senior)	• 팀원으로서, 독립적으로 해당 직무에 대한 지식/기능을 지속적으로 심화하며, 경험을 쌓아감으로써 해당 직무를 주도적으로 수행함	• 해당 직무의 숙련된 지식과 경험을 바탕으로 전문적인 가이드를 제시하고, 과제 해결함 • 보다 독립적인 문제 해결은 물론 정해진 직무운영의 목표나 업무 수행의 기준 내에서 자율적으로 업무를 수행함 • 다른 팀원에 대해 코칭하고 업무를 분배하는 등 자신의 전문적인 노하우를 자신의 직접적인 직무 이외에 해당 팀을 위해 활용함 • 연계부서 업무를 잘 이해하고 있으며, 다른 직무의 사람들과 정기적인 커뮤니케이션을 하고, 조직 내/외부의 사람들에게 업무 정보나 정책 등을 설명하고, 합의를 이끌어 냄	• 기본적으로 실무 담당자로서 해당 직무의 원활한 운영에 대한 책임을 부담함 • 해당 직무 내 독립적인 업무수행 및 문제해결 노력의 결과에 대한 책임을 부담함 • 다른 팀원에 대해 적극적으로 코칭을 실시하여 부하직원을 육성할 책임을 부담함 • 팀 내 상사와 부하직원 간은 물론 타 직무와의 업무 협조 및 원활한 커뮤니케이션에 대한 책임을 부담함
Level 3	주니어 (Junior)	• 팀원으로서, 해당 직무에서 요구하는 업무 지식에 대한 가이드라인을 따라 기본적이고 표준화되어 있는 일상 직무를 수행함	• 해당 직무분야에 대한 기본적인 지식과 노하우를 바탕으로, 자신의 직무에 시스템과 절차에 대한 기초지식을 적용함 • 정해진 계획 또는 업무 지침, 규정 및 프로세스에 의거 하여 상사의 지시 및 모니터링하에 업무를 수행함	• 해당 직무 관련 계획, 지침, 규정 등에 의한 상사의 지시 등을 준수할 책임을 부담함 • 상사 지시 등에 따라 직무를 책임감 있게 수행하고, 지속적인 학습을 하기 위한 책임을 부담함

반면 연공중심의 직급제도에서는 근속 혹은 연공에 따라 직급이 운영되어 성과나

역량과는 거리가 있고, 직원 입장에서 볼 때 향후 승진의 시기 등에 대한 예측가능성이 높아지게 된다. 한편 이러한 높은 예측가능성으로 인해 낮은 연공의 고성과자에 대한 동기부여요인이 강하지 않다는 것이 절대적인 약점일 수 있다. 또한 연공중심으로 직급을 설정하다 보니 해당 직급에서 무엇을 해야 하는지 조직에서 기대하는 바가 무엇인지에 대한 직원들의 낮은 이해도 역시 문제점이라 할 수 있다.

연공중심의 직급제도

	직급	Function				
		HR	Finance			
			FIN	GOV	SCM	IT
	부장					
	차장					
3년	과장					
3년	대리					
2년	주임					
3년	사원					

직무중심의 직급제도란 직무별 직무가치에 따라 그룹을 구분하여 직급을 설정하는 방식이다. 주로 외국계회사에서 사용하는 방식으로 인사제도 전반이 직무중심으로 운영되는 경우에 적합한 유형이다. 직무중심의 직급제도는 직무별로 중요도나 난이도 혹은 기여도에 따라 직무들이 직급을 이루게 되므로 가장 합리적인 방식의 직급제도라 할 수 있다. 그러나 직무중심의 인사관리가 초기 단계이니 우리 기업들에게는 아직은 시기상조라 할 수 있으며, 중장기적 접근을 통해 점진적으로 직무중심의 직급을 구성해 나가는 것이 바람직한 HR 로드맵이라고 할 수 있을 것이다.

직무중심의 직급제도

<table>
<tr><th rowspan="2">Job Band</th><th colspan="4">Function</th></tr>
<tr><th>HR</th><th>Finance</th><th>GA</th><th>Sales</th></tr>
<tr><td>Band 6</td><td>Director</td><td>Director</td><td></td><td>Director</td></tr>
<tr><td>Band 5</td><td>Manager</td><td>Manager</td><td></td><td>SLSM</td></tr>
<tr><td>Band 4</td><td>Senior Specialist</td><td>Senior Specialist</td><td></td><td rowspan="2">FLSM</td></tr>
<tr><td>Band 3</td><td>Junior Specialist</td><td>Junior Specialist</td><td>Manager</td></tr>
<tr><td>Band 2</td><td>Associate Specialist</td><td>Associate Specialist</td><td>Specialist</td><td rowspan="2">MR</td></tr>
<tr><td>Band 1</td><td></td><td></td><td>Assistant</td></tr>
</table>

Narrowband로 수직적 직급체계를 관리하다

직급을 구성할 때 직급의 수나 직급 내 보상수준의 범위에 따라 두 가지 유형으로 구분하는 데 그 중 하나가 Narrowband이다. Narrowband는 직급의 수가 5개 이상이며 직급별 보상수준의 범위가 넓지 않은 유형을 말한다.

Narrowband형의 직급제도는 다수의 직급으로 세분화하여 운영하는 제도이므로 인력 구성이 복잡하거나 수직적인 조직문화와 잘 어울릴 수 있는 특성이 있다. 주로 연공 위주의 직급을 가지고 있는 기업들에서 나타나는 유형인데, 평균근속이 낮아지고 높은 고용유연성이 요구되는 요즘 시기에 있어 제도의 유효성에 대해 전반적인 재검토가 필요할 것으로 보인다.

Narrowband 설계 사례

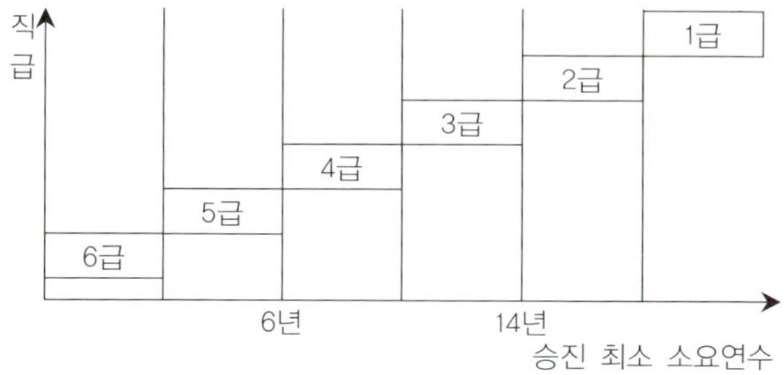

인사관리의 유연성을 위해 Broadband를 도입하다

Narrowband 대신 최근 추세로 자리잡아가고 있는 유형이 바로 Broadband이다. Broadband는 세분화된 Narrowband들을 합쳐서 물리적으로 넓은 직급으로 구성하는 방식을 말한다. 아래에서 이러한 Broadband의 주요 특성에 대해 살펴보도록 하자.

유연한 이동관리(Flexible movement)

Broadband 하에서는 이동관리가 보다 유연하게 이루어질 수 있다. 기본적으로 이동이 동일직급 내에서 이루어지는 인사명령이라고 할 때, 직급이 수가 많고 세분화되어 있는 Narrowband 하에서 보다 제한적으로 이루어질 수밖에 없다. 반면 Broadband에서는 직급의 수가 축소되고 동일 직급에 포함되는 직무의 범위가 넓어져 이동의 폭이 그만큼 늘어난다고 할 수 있다.

직급체계의 축소

직급의 수가 많고 세분화되어 있는 Narrowband를 통합하여 Broadband를 구성하다 보니 직급의 수가 축소되게 된다. 직급의 수가 감소하는 것은 결국 직급간 이동에 해당하는 승진의 횟수가 축소되는 것으로 이해할 수 있다. 즉, 직급체계의 축소를 통해 유연한 인사관리는 물론 승진이 아닌 일상적인 성과관리를 통해 직원들의 동기부여를 강화할 수 있다는 점이 장점 중의 하나라고 할 수 있다.

조직단계의 축소(De - layering)

직급의 수는 결국 조직단계에 일치하게 된다. 조직단계가 수직적일수록 다단계일수록 의사결정의 흐름이 그만큼 더디게 되어 조직의 적응능력을 제한할 수 있게 된다. 따라서 최근 급변하는 경영환경에 적극적으로 대응하기 위한 기업들의 노력이 조직단계의 축소를 통한 대응능력의 제고이다. 이러한 측면에서 볼 때 조직단계는 축소되는 것이 필요하고 따라서 직급 역시 Broadband 형으로 설계하는 것이 바람직하다.

현업부서에 보다 높은 재량권 부여

수직적인 Narrowband에서는 복잡한 관리의 필요성 등으로 인해 평가나 보상 등 주요한 인사관리의 기능들이 집권화되어 HR팀에서 수행되는 것이 일반적이었다. 반면 Broadband 하에서는 HR팀이 아니라 현업의 팀장이나 부서장들이 승진, 보상 그리고 평가에 대해 권한을 부여받는 것이 일반화되게 된다. 이러한 팀장에의 임파워먼트(Empowerment)를 통해 효율적이고 유연한 인사관리가 한층 제고되는 것이다.

Broadband 설계 사례

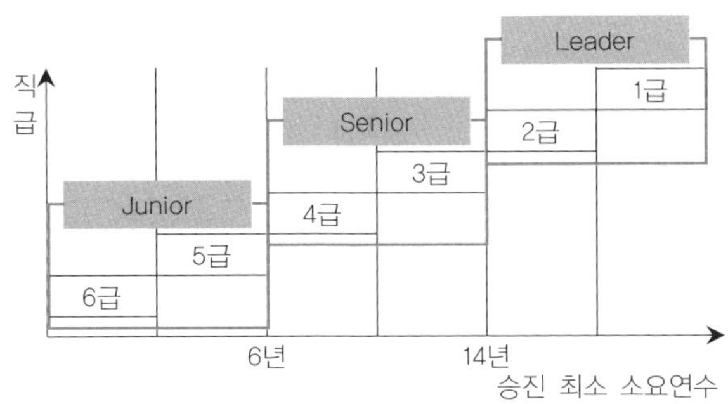

Broadband 직급체계를 인사관리와 연계하다

Broadband 직급을 운영하는 경우 다른 인사제도와의 유기적 연계가 필요하고 이러한 통합적 관리를 통해 인사관리의 수준이 향상되게 된다.

우선 직무관리에 있어서는 해당 직무별 역할단계를 구분하여 각 직무에서 요구되는 R&R을 정립할 수 있고, 이를 바탕으로 채용시에도 채용 대상이 되는 직무의 역할을 채용과정에 반영함으로써 채용제도의 효과성을 강화할 수 있다.

뿐만 아니라 직급별 R&R(Role & Responsibility)이 명확해지다 보니 이를 어떻게 강화할 것인가에 대한 교육훈련도 보다 체계적으로 운영될 수 있다. 또한 평가시에도 해당 직급별 R&R을 고려하여 MBO를 실행함으로써 평가제도의 객관성을 강화할 수 있게 된다. 반면 승진의 경우 직급별 평균 승진연한이 증가하게 되어 직원들의 만족도에 다소 부정적인 영향을 미칠 수 있으므로 Broadband의 취지와 장점을 적극적으로 커뮤니케이션 할 필요가 있다. 마지막으로 보상의 경우, 상위직급으로 갈수록 변동급의 비중도 늘리는 변화가 필요하고 동시에 넓은 Pay Range를 통해 유연한 연봉제도의 관리가 충분히 가능해지게 된다.

Broadband와 인사제도의 연계

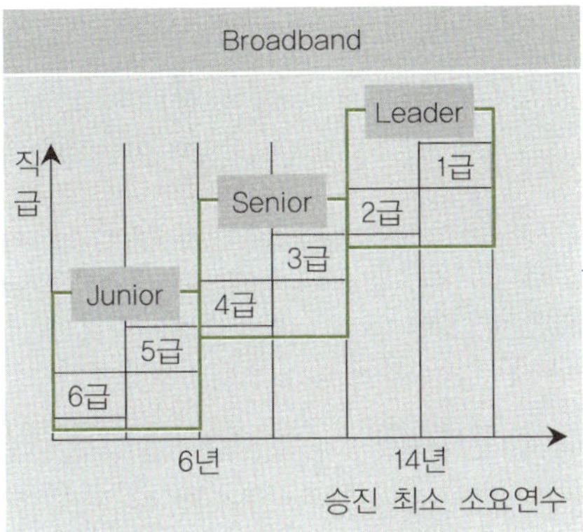

직무	• 직급별 역할 및 책임(R&R)정립 • 직급별 R&R을 반영한 직무관리체계 구축 • 직급별 R&R에 근거한 직무기술서 작성
채용	• 채용 공고 시 직급체계 정보 제공 • 신입 및 경력 채용 시, 직급 별 R&R 및 필요 역량 고려
교육훈련	• 직급별 맞춤 교육 실시 –Leader : 프리젠테이션, 리더십 심화 등 –Senior : 직무심화, 리더십 기초 등 –Junior : 직무기초, 일반 교육 등
승진	• 승진 소요연한 개선 • 직급체계와 호칭제도 분리
평가	• 직급 별 R&R을 고려한 평가 실시 • 개인 MBO 및 프로젝트평가 시, 해당 직급의 R&R 참조
보상	• 보상제도 개선안과 연계 • 상위직급의 변동급(성과상여금)비중 차별화

인더비즈 인사경영 Station

Broadband

Broadband는 유연한 이동관리를 가능케 하고, 조직 및 직급단계의 축소라는 유연한 경영방식의 니즈와 맞물리면서 최근 확산되고 있는 직급 운영방식이다.
한편, 많은 기업들은 단지 브로드밴드가 새로운 개념이고 다른 기업들이 도입하니까 그 유행에 따라 도입하기도 하는데, 종업원에게 직무와 경험 그리고 역할에 있어서 유연성을 주는 브로드밴드의 장점이 조직의 직장문화와 조화를 이루지 못할 때는 제대로 발휘될 수 없게 되며, 조직환경을 무시하고 단순히 보상시스템의 개선으로 브로드밴드를 도입하는 경우 오히려 브로드밴드의 부작용만 가중시키는 결과가 나타날 수 있다.

13 호칭파괴를 통해 인사관리의 유연성을 강화한다

호칭은 조직 내에서의 직무전문성과 의사결정력을 나타낸다

외국의 인사제도에서는 찾아볼 수 없고 한국 기업들에서만 찾아볼 수 있는 제도가 바로 호칭제도이다. 가장 일반적인 호칭구조는 사원－대리－과장－차장－부장일 것이다. 이러한 호칭제도가 한국에서만 존재한다고 하여 영어로는 코리안타이틀(Korean title)로 표현하기도 한다.

과연 이러한 호칭제도은 왜 우리에게만 존재하는 것일까? 필자는 이유를 수직적인 조직문화, 집단적인 업무분장은 물론 서열화를 중시하는 사회적 특성 등에서 찾을 수 있다고 본다. 수직적인 조직문화에서는 서열이 중요해지므로 이러한 서열을 내부적 관계에서 표현해주는 것이 바로 호칭이다. 또한 개별적으로 업무를 수행하는 경우보다 많은 경우 집단적으로 업무를 수행하고 업무분장 역시 팀단위로 이루어져 있는 현상 역시 호칭제도가 필요하게끔 하는 요인들이라 할 수 있겠다.

그럼에도 호칭제도가 가지는 순기능 역시 있다고 할 수 있는데, 우선 대외적 커뮤니케이션시 호칭별로 가지는 직무전문성이나 의사결정력에 대해 어느 정도 공감대가 구축되어 있어 직무전문성 및 의사결정력에 대한 오해를 줄이고 커뮤니케이션을 원활하게 하는 기능을 하게 된다. 즉, 부장이라는 호칭으로 상대방과 커뮤니케이션을 하는 경우 상대방이 부장이라는 호칭에 대한 기본정보를 가지고 커뮤니케이션에 임하게 되는데 이러한 기본정보가 사회적으로 어느 정도의 일관성을 가지고 있는 점이 가장 중요한 특성중 하나이다.

국내 주요 그룹사의 호칭제도

두산그룹	LG그룹	SK그룹
부장 ↕ 3년 차장 ↕ 3년 과장 ↕ 3년 대리 ↕ 4년 사원	Leader ↕ 8년 Senior / 과,차,부 ↕ 6년(대졸) Junior (대졸) / 사,대 ↕ 3년(초대졸) 7년(고졸) Assitant / 사원	(SK에너지 / SK㈜ / SKT) L5(A)* 팀장 / 팀장 / 팀장 L4(B4) 부장 L3(B3) 과장 / Project Leader (PL) / Mana-ger L2(B2) 사원
• 전 계열사간 직급체계 및 호칭을 동일하게 운영 두산중공업, 두산인프라코어, ㈜두산, 두산건설, 두산메카텍, 두산엔진 등 • 직급과 호칭은 분리 운영하지 않음	• 전 계열사별 직급체계 통일 • 계열사별 직무 특성에 따라 직군별 호칭체계는 별도 운영 일부 계열사 연구직의 경우 연구원－주임－선임－책임 호칭 부여 • 직급과 호칭을 분리하여 운영 Senior직급에 과장, 차장, 부장 공존	• 그룹 차원의 직급체계 통일 Guideline→주요 계열사는 그룹 기준에 준하여 운영 • 표준체류연한 폐지→필수교육 이수 후 승진 후보자 선정 • 계열사 별 산업특성에 따라 호칭체계 별도 운영 • 직급과 호칭을 분리하여 운영

빠른 의사결정과 수평적 조직문화를 위해 호칭을 파괴하다

IMF 이후 팀제라는 제도가 기업들의 일상을 파고들어 지금은 대다수의 기업들이 팀제를 운영하고 있다. 팀제에서 가장 중요한 기능은 수평적 조직문화와 신속한 의사결정이다. 공식적으로 팀제에서는 팀장과 팀원만이 존재한다. 팀원들간의 대등성이 보장되는 것이 팀제의 기본적인 속성이므로 빠른 의사결정이 보장되게 되는 것이다.

그러나 현실에서는 호칭제도가 엄연히 존재하고 있어 부장인 팀원과 대리인 팀원간 보이지 않는 수직적 보고관계 및 상하관계가 형성되게 된다. 이러한 보이지 않는 보고라인으로 인해 실제 팀제가 보여주어야 할 신속성이라는 특성이 살아나지 못하는 경우가 많아지게 된 것이다. 호칭제도를 제거하는 많은 기업들이 찾는 첫 번째 이유가 바로 수평적 조직문화이다. 경험적으로 볼 때도 호칭을 제거하고 났더니 이전 대비 수평적인 조직문화가 살아나기 시작했다는 기업들이 다수 있다. 예를 들어 CJ그룹에서는 2000년대 초반부터 호칭을 제거하고 내부 구성원간 '~님'이라는 호칭을 사용하기 시작했고, 이후 SK그룹에서는 주요 계열사에서 '~매니저'라는 호칭을 사용하기 시작하였다. 이렇게 팀원간 호칭을 서열이 표현되지 않는 공통된 것으로 사용하다 보니 팀원간의 대등성 및 수평성이 강화되고 있는 것이다.

호칭파괴가 항상 옳은 선택은 아니다

그러나 신속한 의사결정과 수평적 조직문화를 위한 호칭파괴가 항상 옳은 선택만은 아니다. 현장에서의 안전이나 산업의 특성에 따라 위계질서라는 것이 중요한 경우가 있으며, 이러한 경우 수직적인 호칭제도의 유지가 필수적이라고 할 수 있다. 또한 호칭을 파괴하게 되면 내부구성원간 대등성이 강화되어 기존에 직군제를 도입한 기업에서 간혹 핵심이 아닌 직군이 핵심직군과의 통합을 요구하는 경우도 간혹 발생하고 있다.

뿐만 아니라 팀원간 대등성이 확보되면서 소위 고참팀원의 업무나 태도에 있어서의 모범을 보여주고자 하는 의지가 줄어들게 된다. 이는 전 팀원들 역량의 하향평준화로 이어질 수 있는데 이 역시도 호칭제도의 변화시 감안해야 할 요소이다. 그리고 가장 중요하면서 현실적인 이유를 찾아보면 조직관리에서 그 답을 찾아볼 수 있다. 한국 기업의 경우 직무전문성에 대해 부족한 측면이 있었던 반면, 일사불란한 조직적인 업무수행이 큰 강점 중 하나였다. 이러한 조직적인 업무 수행을 위해서는 팀장의 체계적인 조직관리가 필요한데 호칭제도가 파괴되는 경우 팀장들이 조직관리에 어려움을 경험하는 경우가 많다. 따라서 호칭이라는 것이 해당기업에 적당한지는 개별 기업의 사정을 충분히 감안해야 판단할 수 있는 사안으로 보아야 할 듯하다.

호칭제도는 많은 요소들을 동시에 고려해 설계해야 한다

호칭제도는 호칭간 간격을 중심으로 3가지 유형으로 구분해볼 수 있다. 우선 서비스업이나 외국계회사에서 나타나는 4-4-4-4형이다. 이는 평균 근속이 높지 않은 산업이나 기업에서 직원들의 동기부여를 위해 도입할 수 있는 제도이고 금융업이나 공공기관과 같이 평균 근속이 긴 조직에서는 5-5-5-5형이 가장 적합한 형태라고 할 수 있다.

호칭제도 설계 유형

구분	서비스업/MNC형 : 16년 (4-4-4-4형)	제조업형 : 18년 (4-4-5-5형)	금융업형 : 20년 (5-5-5-5형)
내용	• 하위직급과 상위직급에서 모두 체류연한을 짧게 운영함 • 서비스업 및 외국계 기업에서 많이 활용(예 : 4-3-3-3, 4-3-3-4 등)	• 하위직급에서는 체류연한을 짧게 운영하고 상위직급에서는 상대적으로 길게 운영 • 제조업체에서 많이 활용	• 하위직급과 상위직급 모두에서 체류연한을 길게 운영함 • 일반 금융업체에서 많이 활용(은행, 보험 등)
장점	• 소규모의 인력규모 및 수평적 조직에 적합 • 하위직급과 상위직급 모두에서 승격에 의한 동기부여 효과가 가장 큼	• 하위직급 체류 인력에 대해서는 승격에 의한 동기부여 효과가 있음 • 상위직급에서 인력구조를 tight하게 운영할 수 있음	• 대규모 조직에 적합 • 하위직급과 상위직급 모두에서 인력구조를 tight하게 관리할 수 있음

구분	서비스업/MNC형 : 16년 (4-4-4-4형)	제조업형 : 18년 (4-4-5-5형)	금융업형 : 20년 (5-5-5-5형)
단점	• 조직문화적 측면에서 상위직급에 체류 인력이 비대한 조직에는 부적합	• 상위직급에서 승진에 의한 동기부여 효과가 적게 나타남	• 하위직급 및 상위직급 모두에서 승진에 의한 동기부여 효과가 상대적으로 적음

그리고 호칭제도를 설계할 때는 3가지 사항을 결정함으로써 운영할 수 있는데 그 중 첫 번째 사항이 바로 호칭의 사용여부이다. 호칭을 미사용하기로 하면 직급만을 가지고 인사관리에 연계할 수 있고 호칭을 사용하기로 한 경우에는 직급과 연계할 것인지 아니면 분리할 것인지에 대해 의사결정을 하여야 한다. 마지막 사항으로 호칭을 사용하더라도 외부적으로 사용할 것인지 아니면 내부적으로 사용할 것인지 여부를 결정하게 된다.

호칭제도 설계프로세스

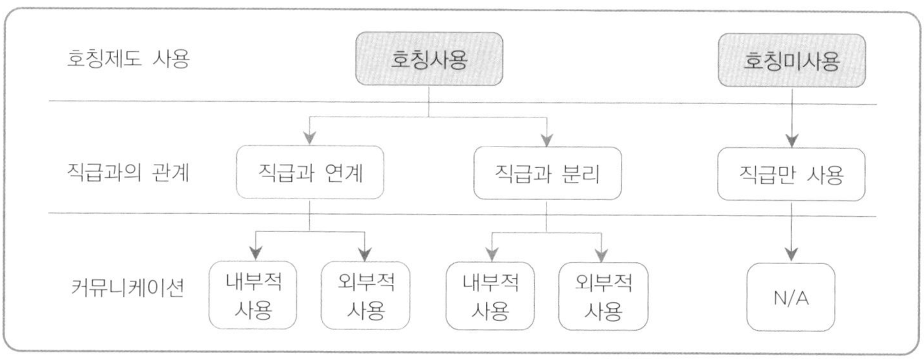

호칭제도 설계 사례

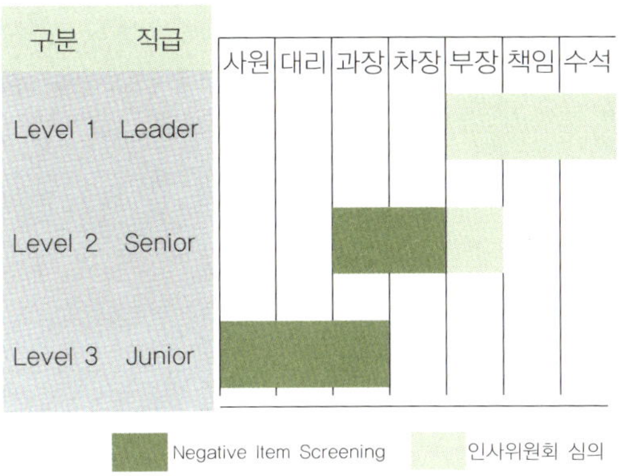

호칭 변경기준	
1. 직급 내 호칭 변경	2. 승진에 의한 호칭상승
부장 이상의 호칭 상승 • 인사위원회 의결 및 CEO 승인에 의해 결정 차장 이하의 호칭 상승 • 각 호칭 별 최소 소요연수 충족 시 상위 호칭 자동부여 원칙 • 단, 호칭 상승 부적격자를 배제할 수 있는 Negative items screening 활용 • 인사위원회는 사후 검토 역할 담당	• 상위 직급으로 승진시, 해당 직급 내 최 하위 호칭 부여 원칙 –예 1) Junior직급 5년차 대리 Senior직급 승진 시, 과장으로 호칭상승 –예 2) Senior직급 9년차 차장 Leader직급 승진 시, 부장으로 호칭상승

인더비즈 인사경영 Station

Gore & Associates의 4無 정책

Gore사의 창업자 Bill Gore는 직원에 대한 절대적인 신뢰를 바탕으로 회사 운영에 4無호원칙을 적용하고 있다.

우선, Gore사에는 공식적인 '직급'이 없고는 대신 직원들의 명함에는 'Associated(동료)'라는 명칭만 있다. 또한 'Sponsor'라 불리우는 멘토제도를 통하여 신입사원이 입사하는 경우 담당 Sponsor가 따라 붙어 조직과 새로운 직무에의 적응을 돕게 된다.

두 번째로 '직책'도 없다. 직원이 각자 고유한 직무영역을 담당하기는 하지만 이러한 사업영역이 명확하게 나눠지지 않는다. 신입사원은 회사에 입사하여 다양한 직무를 경험한 이후 스스로 자기와 가장 적합한 직무를 찾아가게 된다.

세 번째로 '큰 조직'이 없다. Bill Gore는 직원들에게 'Divide, so we can multiply'라는 주문을 함으로써 조직의 비대화를 경계하였고, 회사 규모가 커짐에 따라 직원 간 관계가 사무적으로 변하거나 조직이 경직되는 것을 옳지 않다고 여겼다.

네 번째로 '명령'이 없다. 직급과 직책이 없다보니 자연스럽게 명령도 없다. 그러나 동료직원들이 업무수행 과정에서의 필요성에 따라 자연스럽게 'Leader'를 지정하게 되고 Leader의 계획과 방침에 자발적으로 따르게 된다. 실제 Gore사에서 Leader 호칭을 달고 있는 비율은 약 10% 정도이다.

14 교육훈련은 역량개발을 통해 성과로 이어진다

교육훈련은 조직의 비전과 미션에서 시작한다

교육훈련의 운영은 기업의 Mission과 Vision에서 시작한다. 기업의 Mission은 기업의 사명감 혹은 존재가치라고 통상 표현하고 Vision이란 기업이 향후 도달하고자 하는 방향 혹은 미래의 목표를 의미한다고 한다. Mission과 Vision이 가지는 중요한 전략적 의미는 기업이 최종적으로 달성하거나 성취하고자 하는 결과물이라는 점이다. 따라서 기업의 교육훈련도 기업의 Mission과 Vision에 연계되어 설계되고 운영되는 것이 필수적이며, 이렇게 함으로써 기업 내부 제도간 유기적 연계성(Organic alignment)이 높아진다고 할 수 있다.

Mission 및 Vision과 교육훈련의 연계도

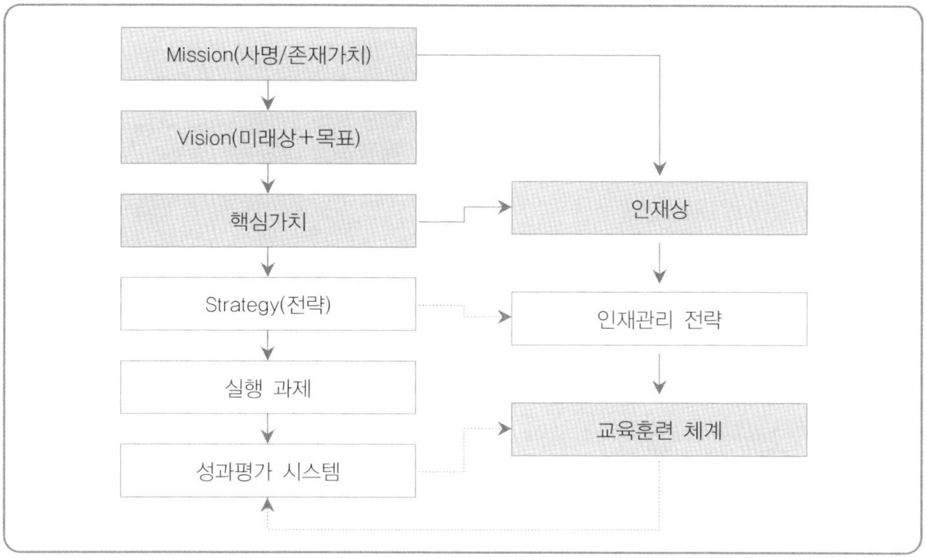

기업의 Mission과 Vision의 달성을 위해 가장 중요하게 고려하는 요소를 바로 핵심가치(Values 혹은 Credo)라고 한다. 즉, 핵심가치란 Mission과 Vision의 달성을 위해 조직 내부적으로 중요하고 모든 구성원들에게 공유되어야 할 가치체계를 의미한다. 이러한 핵심가치에서 인재상이라는 개념이 탄생하게 되는데, 인재상은 개별 기업에서 가장 바람직하게 생각하는 직원의 이상적인 모습이라 할 수 있다. 따라서 인재상은 조직의 핵심가치를 비롯하여 Mission과 Vision으로부터 나오며 인재관리 전략으로 연결되므로 전략과 인사관리를 연결하는 중요한 교두보 중의 하나라고 할 수 있다. 이와 관련한 사례로 채용을 들 수 있다. 인재상이 조직에서 이상적으로 생각하는 구성원의 모습이고 채용은 결국 이러한 이상적인 구성원을 선발하는 과정이므로 인재상을 통해 채용과 기업의 Mission과 Vision이 연계되는 것이다.

한편 기업의 Vision은 이를 달성하기 위한 전략과 실행과제로 이어지게 되는데, 이러한 실행과제가 적절하게 달성되는가에 대한 모니터링이 결국 성과평가 시스템이라고 말할 수 있다. 만일 기업이 원하는 수준의 성과가 달성되지 않는 경우, 이를 보완하기 위해 교육훈련이 이루어지게 된다.

요약해 보면, 교육훈련이란 조직의 Mission과 Vision을 달성하기 위한 What과 How를 가능케 하는 요소(Enabler)라고 할 수 있다. 즉, 성과관리체계를 통해 성과달성을 위한 지원과 모니터링 역할(What)을 담당하고 동시에 기업이 바라는 인재상을 전 구성원에게 전파하고 개개인이 이를 인식할 수 있도록 하는 기능(How)을 수행하게 된다.

교육훈련을 통해 3단 역량을 개발하고 성과를 창출한다

교육훈련이 최종적으로 추구해야 할 결과물은 조직의 성과창출이다. 이를 위해 교육훈련이 기여하는 것이 바로 역량의 개발 및 향상이라 할 수 있다. 다시 말해, 조직의 성과(What)를 창출하기 위한 역량(How)을 개발하고 향상시키는 과정이 교육훈련이며 교육훈련은 역량개발을 통해 조직의 성과창출로 이어지도록 하는 기능을 한다.

기업들은 일반적으로 역량을 공통역량, 리더역량 그리고 직무역량으로 구분하고, 이를 개발하기 위하여 세부적인 교육훈련 프로그램을 구축한다.

- 공통역량 교육 : 구성원 모두가 갖추어야할 기본적인 자질 및 공유가치를 교육하는 과정이다. 이를 통해 조직의 효과성(Organizational Excellence Track)을 강화할 수 있다.
- 리더역량 교육 : 리더들의 조직 및 인력관리 역량을 극대화하기 위한 교육 과정이다. 주로 신임리더 교육과정 등의 형태로 운영되며 결과적으로 팀장이나 경영진의 리더십의 향상(Leadership Excellence Track)이 가장 중요한 목적이다.
- 직무역량 교육 : 직무별 전문가로서의 역량을 개발하고 향상시키는 과정이다. 이를 통해 직무별 전문가를 육성(Professional excellence track)하는 것이 주된 목적이다.

역량중심의 교육훈련체계

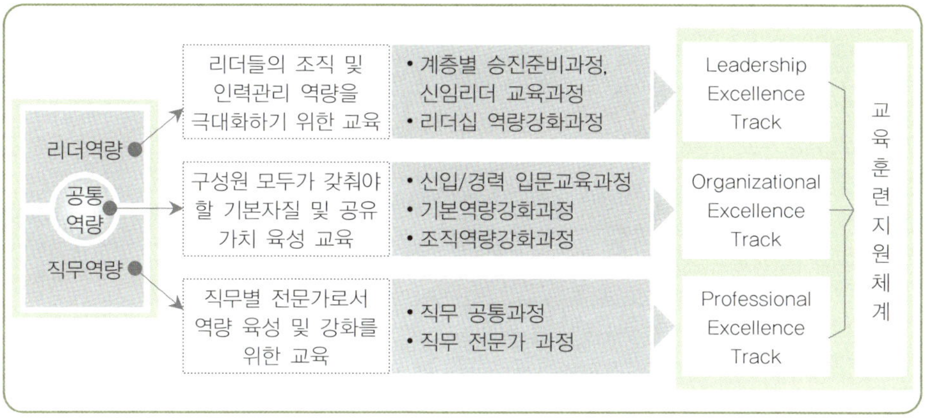

이러한 역량중심의 교육훈련을 통해 기업의 공통가치, 리더십 그리고 직무전문성을 구성원들에게 배양하게 되고 이러한 역량들이 모여서 각각의 역할을 하면서 결국 조직의 성과를 창출하게 된다.

교육훈련체계는 역량과 경력단계를 고려하여 수립된다

교육훈련체계는 앞서 본 바와 같이 역량의 유형별로 차별화되어 설계되어야 하며 동시에 CDP상의 경력단계에 따라 각 역량유형이 요구하는 수준을 명확히 하여 설계할 수 있다. 즉, 각 경력단계(Assistant－Junior－Senior－Master)에서 역량의 유형(공통－리더－직무역량)별로 필요한 수준을 파악하여 체계적으로 운영하는 것이 필요하다.

A기업의 교육훈련체계

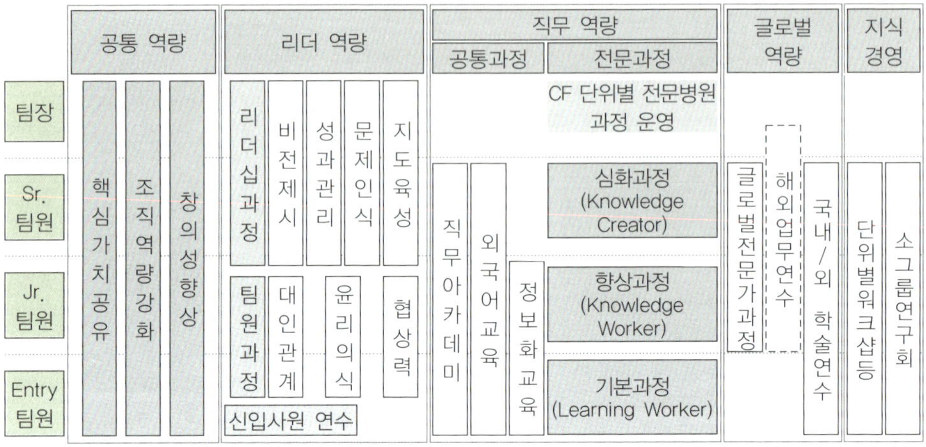

이러한 방법에 따른 교육훈련체계를 통해 교육훈련이 개인별 CDP를 지원하게 되고 역량을 향상시키게 되어 결과적으로 개인과 조직의 성과창출이라는 결과에 다다를 수 있게 되는 것이다.

LG인화원의 직무별 및 경력단계별 교육훈련체계

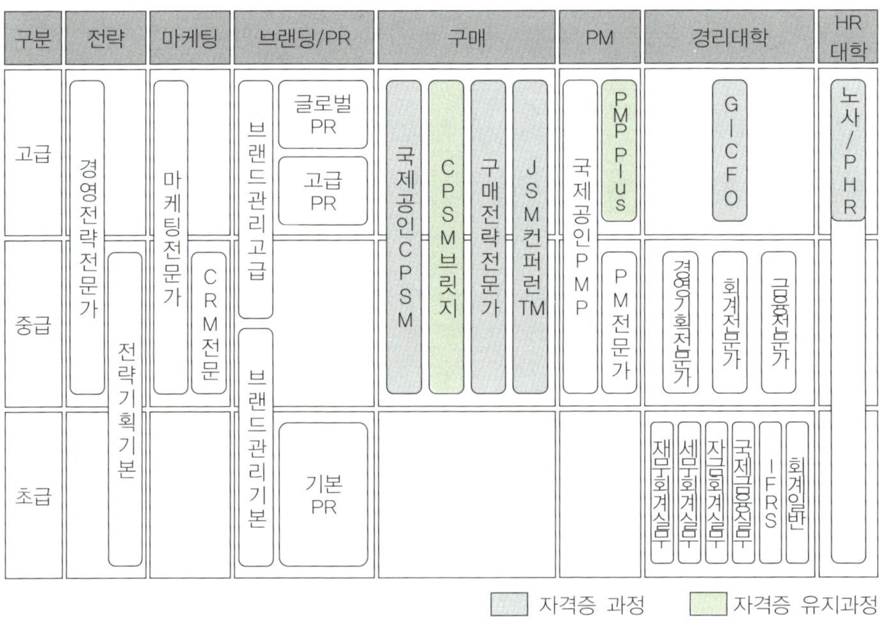

KT의 교육훈련체계

역량단계	사업영역 / 주요 Function					
	핵심사업	컨버젼스	…	Delivery		
				영업	고객서비스	네트워크
5단계 (Master)	전문가 인증과정					
4단계 (전문가)	…			• 상품기획	• 선로시설 설계 및 관리	• 교환기 긴급복구
3단계 (실무자)	…			• 마케팅 전략 및 고객유지	• 전송 및 전용 시설 유지/보수	• BcN 유지보수 • A-G/W 유지보수
2단계 (학습자)	…			• 판매영업	• 서비스 개통 및 A/S	• BcN운용 • A-G/W 운용
1단계 (초보자)	입문교육과정					

인더비즈 인사경영 Station

조직의 목표(Mission, Vision) 공유

모든 기업들이 웅대하고 이상적인 목표를 설정하고 있지만, 그 목표를 이루어서 성과를 창출하는 기업은 소수에 지나지 않는다. 이러한 원인은 어디에 있을까? 지속적인 성과를 창출함으로써 영속성 있는 조직을 구축하기 위한 조직의 노력은 목표 설정 자체 보다는 '목표의 공유'에서 그 차별성이 나타난다고 볼 수 있다. 목표의 공유노력이 사소하게 비칠 수도 있지만, 시간이 축적될수록 그 결과의 차이는 점점 커지게 된다. 실제로 주요 글로벌 기업들은 다음과 같은 방법으로 조직의 목표를 구성원들에게 공유하기 위한 노력을 기울이고 있다.

회사	목표 공유방법
Southwest Airlines	미션헌장을 과자상자나 머그잔에 담아 사원들에게 보내기
IBM	원칙을 처음 소개할 때 회사 출판물을 활용, 전세계 모든 IBM 사무실에 걸 수 있도록 미션 헌장의 제작, 배포
Merck	전략계획발표문을 배포할 때 450명의 임원이 서명한 실제 발표문을 이용
Kellogg	미션 헌장 책자 작게 만들어 늘 휴대, 조금 크게 만들어 책상에 늘 비치
Honda America	고위 경영진이 한 달에 한번씩 15명 사원 대상으로 교육, 회의실 및 사무실 벽면에 부착

Hanna Andersson	간부들이 복도에서 사원을 만나면 암송시킴 암송 완료하면, "나는 알고 있습니다"라고 적혀 있는 쿠폰 받음 쿠폰은 사내에서 5달러짜리 현금 대용으로 사용 가능
Leo Burnett	전등 스위치 오른쪽 바로 위에 미션 현장 부착 (일의 처음과 끝에 항상 볼 수 있도록)
Delta Airlines	비디오 활용

15 ADDIE 모델로 교육훈련을 설계하다

ADDIE 모델에 따라 교육훈련을 설계하고 운영한다

ADDIE 모델이란 교육훈련을 설계하는 프로세스를 모델화한 것을 말한다. 통상적으로 교육훈련과 개발을 포괄적으로 설계하고 운영하나 이에 대해 구분하는 것도 필요하니 개념적으로 구분해 보도록 하자.

우선 교육훈련(Training)은 개인이나 조직에서 필요로 하는 지식, 기술 그리고 능력을 배양하고 강화하는 과정을 의미하고, 개발(Development)이란 장기적인 관점에서 인재를 육성하는 차세대 리더나 직무전문가를 길러내는 과정이라고 할 수 있다.

교육훈련과 개발의 구분

구분	교육훈련(Training)	개발(Development)
Timeframe	단기 관점	중장기 관점
목표	개인이나 조직에 필요한 지식, 기술 및 능력을 강화하는 과정	차세대 직무전문가나 리더를 육성해 나가는 전체적인 과정
관련제도	평가, 직원수요조사, IDP	CDP, 핵심인재, Succession Planning

이러한 교육훈련을 설계하고 운영하는 과정을 아래와 같이 ADDIE 과정으로 설명할 수 있다.

- 1단계 : 니즈 조사단계(Needs Assessment)
- 2단계 : 교육훈련 설계단계(Program Design)
- 3단계 : 교육훈련 개발단계(Program Development)
- 4단계 : 실행단계(Program Implementation)
- 5단계 : 평가단계(Evaluation)

1단계 : 니즈 조사단계(Needs assessment)

교육훈련의 니즈는 세 단위에서 구분해서 조사할 수 있다. 가장 상위단위인 조직차원에서의 조사(Organizational assessment)이다. 이 단위에서는 조직이나 개인차원에서 장래 필요한 지식, 기술 및 능력을 갖추고 있는지를 판단하는 단계이다. 만일 향후 조직의 성과를 창출하고 목표를 달성하기 위해 필요한 수준의 지식, 기술 및 능력을 갖추고 있지 못하다면 조직단위에서의 교육훈련 니즈가 발생한다고 볼 수 있다. 그리고 직무단위(Task assessment)에서도 니즈를 조사할 수 있다. 이는 직무기술서에서 요구하는 역량의 수준을 직무담당자가 갖추고 있느냐하는 관점에서 교육훈련의 니즈를 파악하게 된다. 마지막으로 개인별 수준(Individual assessment)에서도 니즈를 조사하는데 이는 주로 개인별 성과평가를 통해 실행되며 목표 수준에 미달하는 개별 직원에 대한 교육니즈를 발굴할 수 있다.

교육훈련의 니즈를 조사하는 방법론은 설문조사나 인터뷰 등이 주로 활용되고 있으며, 이외에도 성과평가, 관찰 그리고 Assessment Center를 통해서도 니즈를 분석하고 있다.

니즈분석 방법론의 비교

구분	Pros	Cons
설문조사	• 많은 직원에게 동시 실시 가능 • 쉽게 정리 및 분석	• 설문지 개발이 어려움 • 때로는 문제의 정확한 원인을 찾기 어려움
인터뷰	• 문제나 이슈의 정확한 원인 파악 가능 • 즉각적인 피드백	• 장시간 소요 • 인터뷰 스킬이 중요
관찰	• 실제 업무수행과정에서 파악	• 피관찰자의 불편한 심리상태 • 노련한 관찰자 필수적
Assessment Center	• 객관적이고 오류가 적음	• 고비용과 많은 시간 투여가 불가피

2단계 : 교육훈련 설계단계(Program Design)

교육훈련의 설계단계에서는 교육훈련의 목적을 명확히 하는 것이 필요하다. 이때 교육훈련을 통해 달성코자 하는 목적을 소위 SMART 원칙에 따라 분명히 한 후, 실제 교육훈련의 설계를 어떻게 할 것인지를 결정하게 되는데 기업들이 선택할 수 있는 대안은 내부개발(In-house design)방법과 외부위탁(Off-the-shelf design)방법이 있다.

내부개발과 외부위탁의 비교

구분	Pros	Cons
In-house	• 조직문화에 대한 높은 정합성 • 구체적인 교육 니즈에 부합	• 개발기간이 장시간 소요 • 프로그램 설계에 대한 지식이 부족한 경우 발생 가능
Off-the-shelf	• 즉시 교육훈련 실시 가능 • 교육훈련 전문가의 설계로 전문지식 반영 가능	• 구체적인 교육 니즈에 부적합 가능 • 기업별 Customization 불가능시 효과성 낮음

3단계 : 교육훈련 개발단계(Program development)

교육훈련의 개발단계는 실제 교육훈련을 어떠한 방식으로 직원들에게 전달할 것인가를 결정하는 단계이다. 일반적으로 사용되는 방식은 Classroom training이나 E-learning이 대표적이다. 과거에는 Classroom training이 일반적이었으나, ICT (Information and Communications Technology)의 발달에 따라 E-learning이 점진적으로 비중을 높여가고 있는 것이 최근의 트렌드라고 할 수 있다.

교육훈련 전달방법론의 비교

구분	Types	Pros	Cons
Classroom training	• 프리젠테이션 • 사례연구 • 시뮬레이션 • 그룹 토의	• 높은 교육이수율 • 초기 투자비용 낮음	• 지리적인 한계 극복 불가능 • 대규모 교육생에 대해 비효율적
E-learning	• Distance learning • Synchronous learning	• 넓은 지역과 교육생에 전파 가능 • 교육일정이 유연함 • 면대면 교육대비 낮은 투자비용	• 낮은 교육이수율 • 초기 구축단계시 높은 비용 발생가능

4단계 : 실행단계(Program Implementation)

설계된 교육훈련제도를 본격적으로 실행하기에 앞서 실험적으로 실시해 보는 경우가 있는데 이를 Pilot program이라고 한다. Pilot program을 소규모 교육생에 우선적으로 적용해보고 시행착오를 줄여나가는 것이 바람직하다.

또한 실행단계에서는 강사진을 어떻게 구성할 것인지, 교육시설은 어디로 할 것이며, 교육장의 레이아웃은 어떻게 설정할 것인지 등에 대한 아주 구체적이고 상세한 내용에 대한 의사결정이 필요한 단계이다.

5단계 : 평가단계(Evaluation)

Kirkpatrick에 따르면 교육훈련은 4가지 단계에 따라 평가해야 한다고 한다.

- 반응(Reaction) : 교육 현장에서 교육생이 보여주는 즉각적인 반응에 대한 평가이다. 이는 교육평가 설문이나 인터뷰를 통해 평가할 수 있다.
- 학습(Learning) : 교육훈련이 전달하고자 한 사실, 아이디어 그리고 개념 등에 대해 교육생이 어느 정도 학습을 하였는가에 대한 평가이다. 이는 해당 교육을 받지 않은 그룹과의 비교 평가를 통해 검증이 가능하다.
- 행동(Behavior) : 교육훈련이 교육생에게 궁극적으로 바라는 행동을 측정하는 단계이며 가장 측정하기 어려운 요소라고 할 수 있다. 이 단계는 주로 성과평가 결과를 토대로 평가하는 방법이 가장 일반적이다.
- 성과(Results) : 교육훈련이 조직 전체에 미치는 영향력을 분석하는 단계이다. ROI 또는 비용편익분석을 통해 교육훈련의 성과를 측정하게 된다.

Crotonville 연수원의 성공비법

인재육성의 Bible로 불리우는 GE의 Crotonville 연수원의 성공적인 인재육성의 성공비법을 요약하면, 아래와 같이 정리할 수 있다.

첫째, CEO의 강력한 지원과 열정이 있다. 잭 웰치 전회장은 재임 당시 1주일에 1번 이상 연수원을 방문하여 사내 연수프로그램에 직원들과 함께 참가하고 GE의 경영철학과 핵심가치를 공유하기 위하여 노력하였다.

둘째, 연수결과를 적극 활용하였다. 보통 기업들은 연수과정을 하나의 모의연습과정 simulation 과정으로 생각하는 경향이 강하지만 GE는 연수과정에서 나타나는 결과를 곧바로 인사에 적용하였다. 실제 연수과정에서 훌륭한 presentation을 하는 자에게 발탁인사 후보 명단에 올려주기도 하였다.

연수과정을 실전과 동일하게 적용하였다. 연수과정 대부분이 실무에서 발생하는 직접적인 문제해결과정으로 이루어져 있으며, 일률적인 사고방식에 의한 해결이 아닌 직원들 개기인의 창의적인 idea로 문제를 해결하도록 주문한다.

셋째, 개인의 가치와 조직의 가치를 융합하였다. 크로톤빌 연수원은 조직과 개인의 비전과 가치를 하나로 묶는 역할을 하였다. 실제로 잭웰치 회장은 "자신을 희생자라고 생각하는 사원은 회사를 떠나라."고 주문하며, 조직의 가치를 자신의 가치로 동일시함으로써 GE에의 재직 자체가 그만큼의 가치가 있는 것임을 느끼도록 하여 결국 조직에 대한 만족도로 연결되도록 하였다.

16 해고보다는 권고사직을 통해 legal risk를 해소할 수 있다

퇴직사유는 해고, 사직 또는 정년으로 구분된다

소위 정규직이라는 직원 그룹의 법적인 정의는 법적으로 명확하지 않다. 다만, 사회적인 사용이나 상식적으로 공감하고 있는 내용을 토대로 볼 때, 고용기간이 정해지지 않은 근로계약의 당사자를 무기계약직 혹은 정규직이라 부를 수 있을 듯하다.

기간의 정함이 없는 경우, 과연 어느 시점에서 근로계약이 종료될 것인가가 이슈가 될 수 있는데 대부분 기업의 취업규칙에서 명시하고 있는 정년의 적용을 받아 근로계약이 종료된다고 할 수 있다. 이러한 정년의 경우 고용상 연령차별금지 및 고령자고용촉진법 개정에 따라 법정 정년이 적용되게 된다. 법적 정년은 단계적으로 기업들에게 적용되는데, 300인 이상 기업 및 공공기관은 2016년부터, 300인 이상 기업은 2017년부터 의무적으로 정년을 60세 이상으로 설정하여 운영하여야 한다.

법적 정년 적용시기 및 대상기업

적용시기	대상 기업
2016년	• 300인 이상 기업 • 공공기관 • 지방공사 • 지방공단
2017년	• 300인 미만 기업

그럼 정년에 도달하기 이전에 근로계약이 종료되는 경우는 어떻게 될까? 3 가지 경우로 나누어 볼 수 있다. 바로 해고, 사직 그리고 자동종료이다. 해고는 다시 정리해고와 징계해고로 구분되고, 사직은 자진사직과 권고사직으로 구분된다. 마지막으로 자동종료의 경우 근로계약의 당사자 일방 혹은 쌍방이 소멸되는 경우 자동적으로 근로계약이 종료되는 것을 말하며, 구체적으로는 직원의 사망 또는 회사의 도산 등의 경우에 근로계약은 자동적으로 소멸된다.

근로계약의 종료사유

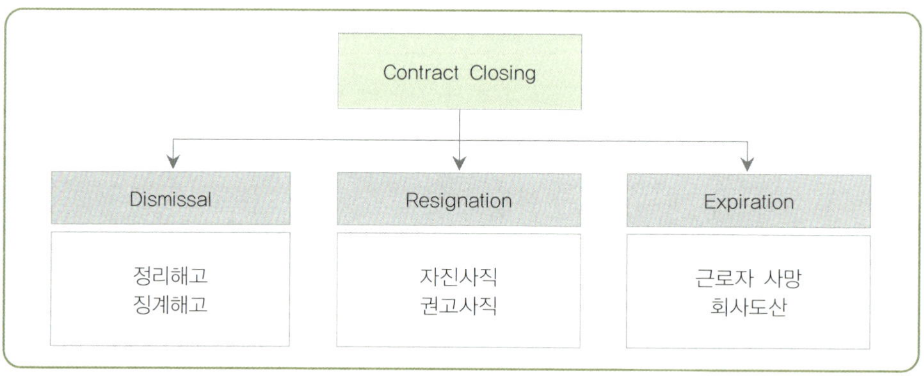

해고와 사직 모두 법적 요건을 갖추어야 한다

해고와 사직이라는 절차 모두 법적 의미를 가지는 행위이므로 법에서 정한 절차나 요건을 구비하는 것이 필수적이다.

우선 해고의 경우 절차적 요건과 실질적 요건을 구비해야 한다. 절차적 요건이란, 해고 30일 전 예고 및 해고시기와 사유의 서면통지 뿐만 아니라 징계위원회나 인사위원회의 절차적인 요건이 사규에 명시되어 있다면 이를 준수하는 것도 절차적 요건에 해당한다. 한편, 실질적 요건이란 과연 해고할 만큼의 중대한 사유가 발생했는가에 대한 요건이라고 할 수 있다. 법적인 측면에서 볼 때 실질적 요건이 무엇보다 중요하며, 이와 더불어 절차적 요건 역시 동시에 준수되어야 한다.

반면, 사직의 경우 두 가지 요건이 충족되어야 하는데, 사직하고자 하는 직원의 자필서명이 들어간 사직서가 형식적 요건이다. 그리고 사직을 결정함에 있어 강압이나 회유없이 본인의 자유의지에 따라 이루어 졌음을 실질적 요건으로 하고 있다.

해고절차의 부담을 줄이기 위해 권고사직을 활용한다

해고는 직원에게 있어 치명적이므로 제한적으로 그리고 보수적으로 판단되고 결정되어야 한다. 그럼에도 불구하고 해고가 불가피한 경우에는 부득이 이를 실행해야 하는데 이 경우 기업과 해고대상자 모두 해고 절차로부터 부담을 가지게 된다. 즉, 기업의 경우 해고가 추후 법적 구제의 대상이 되어 법률적 비용이나 불확실성이 증가하게 된다. 한국의 경우 해고에 대한 보호 및 규제가 OECD 국가 중 단연 높은 나라에 해당하므로 그만큼 해고로부터 나오는 리스크가 높다고 할 수 있다.

한편 해고의 대상이 되는 직원 역시 해고절차에 대한 부담이 있다고 할 수 있다. 해고로 기업을 퇴사하게 되는 경우 평판에 치명적인 오점을 남기게 되어 이직에 제한이 생길 수 있다. 최근 평판조회(Reference check)가 활발히 이루어지는 것이 일반적이므로 성공적인 이직에 걸림돌이 될 수밖에 없다.

쌍방에 대한 이러한 부담을 최소화하기 위해 권고사직으로 퇴직절차를 진행할 수 있다. 이 경우 통상적으로 추가적인 퇴직위로금을 주는 것이 일반적이므로 기업의 입장에서는 해고로부터 나오는 법률적 리스크를 줄이고, 개인의 입장에서는 추가적인 퇴직금 이외에 개인의 평판에도 오점을 남기지 않게 되어 성공적인 이직의 가능성을 높일 수 있게 된다. 또한 고용보험상의 실업급여 역시 권고사직의 경우에 적용되므로 이에 대한 혜택을 누릴 수 있음은 물론이다.

인더비즈 **인사경영** Station

사직서의 철회

사직서를 제출한 직원이 며칠 만에 생각이 변경된 경우 사직서 제출을 철회할 수 있을까? 만일 직원이 자발적으로 사직서를 제출하였고, 해당 사직서에 대하여 회사측의 수리통보가 이루어지지 않았다면, 해당 직원은 유효하게 사직의사를 철회할 수 있으나, 만일 회사측의 사직서 수리통보가 이루어진 후라면 직원이 일방적으로 사직의사를 철회하는 것은 불가능하다.
한편, 회사와 직원의 합의로 근로관계를 종료시키기로 하고 그에 따라 직원이 사직서를 제출한 경우에는 별도의 사직서 수리통보가 없더라도 직원의 일방적인 사직의사 철회는 불가능하게 된다.

17 C−Player 관리를 통해 인력의 유출의 효과성을 강화하다

C−Palyer 관리 프로세스

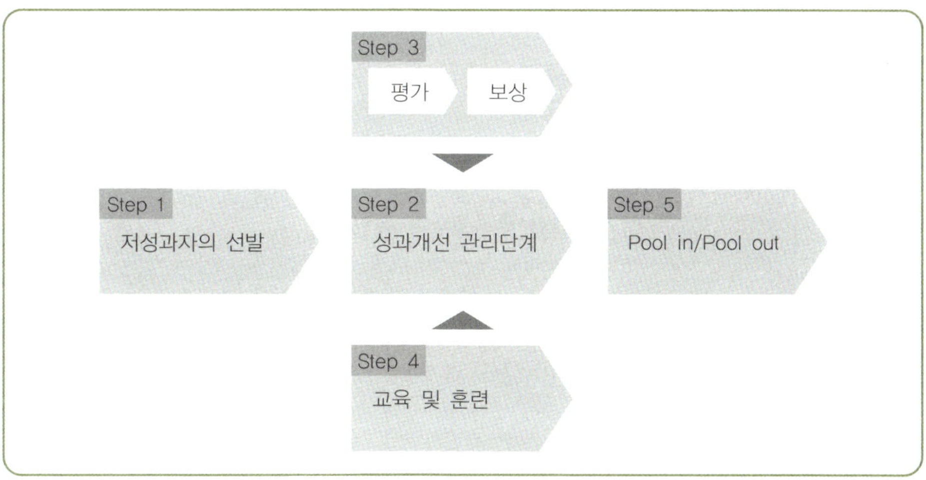

Step 1 : C－Player는 객관적으로 선발해야 한다

C－Player 관리를 위해서는 무엇보다도 우선, 저성과자 직원을 과연 어떻게 선발할 것인지를 고려하여야 한다. 저성과자 관리제도의 첫 번째 단계로서 선발단계에서 저성과자로 구분이 되면 이후의 관리제도에 따른 여러 제약조건과 프로그램의 적용을 받게 된다. 이 단계에서 가장 중요한 요소는 바로 공정성과 형평성이라 할 수 있다. 성과의 측정을 이론의 여지없이 객관적으로 실시할 수 있다면 선발의 공정성에 대한 부담이 줄어들게 된다. 현실적으로 그런 완벽한 평가제도나 지표의 개발 및 운영이 불가능하다는 전제를 가지고 본다면 선발과정에서 보다 체계적이면서 세심한 선발도구와 프로세스를 적용해서 공정성과 형평성을 강화하는 것이 필수적이라 하겠다.

저성과자의 선발기준의 유형

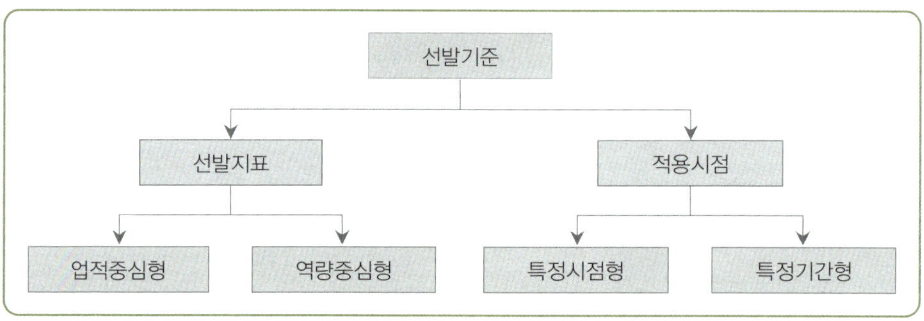

선발 프로세스의 유형

구분	심사 유형	자동선발 유형
주요 내용	• 저성과자의 최종 선발을 통해 평가결과를 종합해서 심사 과정을 거치는 유형	• 사전에 정해둔 기준에 부합하는 경우
사례	• 과거 3개년간 평가 하위 20%에 해당하는 자 중 저성과자선발위원회가 선정한 자	• 과거 3개년간 평가 하위 20%에 해당 자 • 과거 5개년간 평가등급 D가 2회

		이상인 자
Pros	• 저성과자의 선발에 신중을 기할 수 있음 • 선발의 객관성 및 공정성 강화	• 낮은 선발기준 • 기준에 부합하면 선발되므로 형평성 이슈 제거 • 선발의 주관성 배제 • 형평성에 대한 이슈 배제
Cons	• 높은 선발비용 • 주관적 심사시 내부적인 이슈발생 가능 • 형평성에 대한 이슈 제기 가능	• 선발의 객관성 및 공정성 저하 가능 • 후보군의 개별적인 사정 감안 불가능
선발비용	High	Low
법률적 정합성	High	Low

Step 2 : C－Player의 성과를 개선하다

저성과자 관리제도는 육성중심형 혹은 퇴출중심형으로 그 운영의 목적을 구분해서 살펴볼 수 있다. 어느 유형으로 운영하더라도 2단계인 성과개선 관리단계의 중요성은 동일하게 인정될 수 있다고 볼 수 있다. 성과개선 관리단계에서 주로 논의되는 이슈는 어느 정도의 기간을 설정할 것인지 여부와 해당 기간 동안 어떻게 지원과 개입을 병행해서 성과를 제고하고 역량을 개발할 것인지 여부이다.

실질적인 관점에서 본다면, 관리단계의 기간이 길면 길수록 법률적 안정성이 올라간다고 볼 수 있으나, 단기간으로 관리제도를 운영하고자 하는 많은 기업들의 니즈 역시 고려해야 할 요소라 할 수 있다. 아울러 회사에서 성과와 역량의 개발을 위해 어떠한 지원을 해줄 것인지에 대한 것 역시 이 단계에서 설계되어야 할 요소이다.

성과개선 관리단계

성과개선 관리 단계	단계 별 세부내용	프로그램	평가제도
Pre-Step	• 성과개선 프로그램 참가 동의	• 성과개선 프로그램 참가 동의서 작성	
Step 1 (1년)	• 성과개선 프로그램 동의 후 즉시 성과개선 프로그램의 Step 1단계 진입 • 1년 후 종합평가 등급 C이하는 Step 2단계 진입	• 본인 희망 직무로의 배치 • 일반직원과 동일한 일반 인사관리체계 하에 교육 중심의 성과개선 프로그램 참여	• 기존 직원과 동일한 평가제도 • 상대평가 기반
Step 2 (1년)	• Step 2단계 평가결과 1년간 평가결과 절대점수 60점 미만은 Step 3단계 진입	• 성과개선 전담 직무로 배치 • 성과개선 교육 프로그램 병행	• 저성과자 관리대상만을 대상으로 한 평가제도 • 절대평가 기반
Step 3 (1년)	• Step 3단계 평가결과 1년간 평가결과 절대점수 3점 미만은 Outplacement Program 적용		

Step 3 : C-Player에 대한 평가보상제도를 설계하다

저성과자 관리제도의 궁극적 목적은 성과와 역량의 개선이다. 따라서 저성과에서 고성과로 전환되는지 여부가 가장 중요한 요소라 할 수 있으며, 결국 성과의 개선에 대한 체계적인 모니터링을 가능하게 해주는 평가제도가 필요하다고 할 수 있다. 이 단계에서의 평가제도는 저성과자 관리제도의 취지에 부합하도록 절대평가를 지향하는 것이 바람직한데, 경우에 따라 절대평가와 상대평가를 함께 반영하여 저성과자에 대한 평가제도로서 활용할 수도 있을 것이다.

저성과자 관리제도 운영시의 보상제도의 핵심은 저성과자에 대하여 금전적인 불이익을 어느 정도로 부여할 것인지이다. 저성과자로 구분된 직원에게 다른 직원과의 보상적 차등없이 제도를 운영하는 것보다 저성과자 관리제도의 중요성을 알려주고, 저성과에 대한 금전적 패널티로써 일정 수준까지는 차등을 실시하는 것이 바람직하다.

보상 요소를 기본급, 제수당, 성과급으로 구분해 볼 때, 생활보장적 기능을 하게 되는 기본급 보다는 성과급과 수당을 점진적으로 줄여나가서 회사에서 저성과자 관리제도를 운영하는 취지를 적극적으로 알려주는 것이 필요하다.

저성과자 관리제도와의 연계성

구분	기본급	개인인센티브	집단인센티브	장기인센티브	복리후생
연계성	Medium	High	Medium	Medium	Low

Step 4 : 교육을 통해 C-Player의 역량을 향상시키다

저성과자의 역량개발과 성과향상을 위해 회사에서 지원할 수 있는 제도는 결국 교육과 훈련제도라고 할 수 있다. 저성과자에 대한 교육훈련제도는 두 가지 측면의 의미를 가지게 된다. 우선 저성과자에 대한 선별 이후, 회사에서 제공할 수 있는 최선의 노력을 다해 직원의 역량 개발을 도모한다는 측면과 더불어 저성과자에 대한 교육과 훈련은 저성과자의 개발을 위해 회사가 제공하는 노력을 입증해주는 역할을 하게 되므로 결과적으로 법률적 안정성을 제고하는 효과가 나타나게 된다.

이 단계에서의 교육과 훈련은 저성과자 그룹의 전문역량과 행동역량 모두에 적용되는 개념으로 회사가 저성과자 관리제도를 도입한 취지나 직무의 특성 등에 따라 달라지기는 하나, 기본적으로는 두 가지 역량 모두 개발의 대상이 되는 것이 바람직하다.

또한 교육훈련의 중요한 측면은 저성과자 관리제도 내에서 직무이동을 수반하게 되는 경우 신규 직무로의 이동 이후에 신규 직무의 수행에 필요한 역량을 개발할 수 있도록 하는 시간과 지원을 감안하는 것이 필수적이라 하겠다.

저성과자 평가지표의 구성

구분	구분	지표	평가 내용
업적 측면	성과평가	실적/손익	부여된 직무 내 Task 별로 목표를 설정하고 목표대비 달성도 평가
역량 측면	전사공통역량	공통역량 지표	전사 공통역량 보유도
	성과개선 태도평가	적극성	요구되는 역량 개발활동의 참여 횟수 및 내용, 현업 복귀 의지 등을 통해 평가
		협조성	회사의 정책 및 시책에 대한 협조 수준, 회사에 대한 태도 및 언행 등을 토대로 평가
		성실성	목표 이행 노력도 및 출퇴근 및 약속 이행 수준 등을 토대로 평가
교육 측면	프로그램 참여도	교육 프로그램 참여	• 교육 프로그램 참여도 • 평가결과
	프로그램 결과평가	결과 평가	• Test • 인터뷰 • 성과개선 정도

Step 5 : C－Player 관리프로세스로부터 유입 및 유출을 관리하다

앞서 1단계에서 살펴본 저성과자의 구분이 중요하다고 하면 마찬가지 원리로 저성과자 관리단계에서 역량 개발이 되었고, 성과의 향상이 있는 직원에 대하여는 저성과 인력의 Pool로부터 제외시키는 것이 필요하다.

즉, 저성과 직원의 Pool로 유입되고 성과 개선을 통해 유출되는 경우에 대한 조건을 명시적으로 정해 사전에 직원 커뮤니케이션을 실행함으로써 각 단계에서의 유출입 조건을 고지하는 것이 필요하다.

저성과자 관리제도는 저성과자로 구분된 인력에 대해 해고의 명분만을 찾는 제도가 아니라 해당 직원들에 대하여 적절한 지원과 보조를 통해 재기의 기회를 부여하고 역량과 성과개선을 도모하는 제도라 보아야 할 것이다. 따라서 어떤 경우에 저성과자 그룹에서 제외되게 되는지는 해당 직원에게 중요한 정보라 할 수 있다.

이러한 Pool in/out 조건을 어느 정도로 까다롭게 설계하는지 역시 저성과자 관리 제도에서 고려해야할 요소라 할 수 있다. 단계적으로 유출될 수 있도록 하는 방안(Phase out plan)과 특정 조건 충족시 즉각적으로 유출되는 방안(One shot plan)으로 나누어 볼 수 있다.

인더비즈 **인사경영** Station

PIP의 정당성 판단 근거

저성과자 프로그램이 정당한 것으로 인정받기 위해서는 다음과 같은 요건들이 갖추는 것이 바람직하다.
우선, 평가결과가 지속적으로(1~2회 저성과를 받은 경우는 제외) 저성과가 나타나야 하며 평가항목 및 직무의 난이도가 적정수준 이상이 되어야 한다.
또한 평가결과 산출방법이 상대평가 또는 등급별 일정비율씩 강제할당하는 방법에 의하기 보다는 절대평가 또는 각 등급별 임의분포 방법을 사용하거나 양자를 혼용하는 것이 바람직하다. 상대평가 또는 강제할당에 의할 경우 사실상 피평가자간 우열차이가 없음에도 불구하고 불가피하게 최저등급을 받을 수도 있기 때문이다.
더욱이 회사는 성과목표를 하향 조정해 주거나, 교육기회 등을 부여함으로써 저성과자로 하여금 저성과상태를 벗어날 수 있도록 지원해주어야 하며, 이와 같은 저성과자 관리제도가 인사규정에 명시되거나 일관된 제도로 정립되어 저성과자로 하여금 이에 대한 예측이 가능하도록 해주는 것이 바람직하다.

18 높은 이직률은 조직의 건강에 치명적이다

높은 이직률은 적절하게 관리되어야 한다

이직률이란 말그대로 조직에서 퇴직을 원인으로 이탈하는 직원의 비율을 의미한다. 만일 직원이 100명인 회사에서 특정 해에 10명이 퇴사를 하였다면 이직률이 10%로 나오게 된다. 이직률이 극히 낮아 인력의 순환이 잘 되지 않는 경우도 문제일 수 있으나, 너무 높은 이직률이 있는 경우에도 조직의 건강한 운영에는 치명적인 부작용이 발생하게 된다. 우선 높은 이직률로 인해 조직이 노출되는 리스크에 대해 살펴보도록 하자.

- **채용비용** : 기업입장에서 채용과정은 고비용의 인력관리 프로세스다. 공고를 내고 서류를 중심으로 지원자들에 대한 1차 선별작업을 진행하여 이후 인터뷰나 채용시험 등의 선발절차를 진행하게 되는 것이 일반적이다. 이렇게 채용된 인력이 채용 이후 이탈하게 되면 다시 동일한 절차를 반복해야 하므로 동일한 비용이 재차 소요된다.

- **업무공백** : 이직하는 직원이 수행하던 업무의 공백은 불가피하다. 만일 대기업의 경우라면 수행 업무의 범위가 넓지 않아 단기적으로는 충분히 공백을 메울 수 있을 것이나, 중소기업의 경우 업무 수행범위가 넓어 이에 대한 업무 공백이 심각한 문제로 제기될 수 있다.
- **조직문화** : 이직률이 높은 기업을 가보면 직원들의 만족도나 몰입도가 낮게 나타나는 것을 목격할 수 있다. 주위의 동료나 상사 그리고 부하의 유출입이 높다면 본인에게도 부정적인 영향이 미치게 된다. 즉, "내가 이 회사에 오래 다니겠어?"라는 식의 사고가 영향을 미치게 되면 결국 회사에 대한 충성도가 낮아지게 되고 이는 결국 낮은 조직몰입도로 이어져 결국 바람직하지 못한 조직문화로 연결될 수 있다.

이직의 원인부터 분석해야 이직률을 줄인다

이직률을 줄이기 위해서는 이직의 근본적인 원인부터 파악하여 각각에 대한 대응책을 고안하는 것이 필수적이다. 다양한 이직의 원인이 분석될 수 있으나, 체계적으로 원인들을 종합해보면 3가지 정도의 유형이 나타나게 된다.

- **근로조건 유형** : 연봉과 복리후생 등과 같은 근로조건에 대한 불만으로 이직률이 높게 나타나는 경우이다. 즉 이직하는 직원들의 동기가 보다 높은 수준의 연봉 그리고 나은 복리후생을 원하는 경우에 해당한다. 이러한 유형의 경우 재무적으로 접근하여 예산만 따라준다면 충분히 개선이 가능한 유형이다.
- **관계 유형** : 직장 내 또는 팀 내에서의 관계로 인해 갈등이 생기고 결국 이직으로 이어지는 유형이다. 수직적이면서 집단적인 조직문화를 가지고 있는 우리의 기업정서를 감안할 때 가장 중요한 이직원인이자 유형으로 분석된다. 이직률 관리를 위해 중요한 요소이나 막상 개선방안을 도입하고자 하면 어디서부터 시작을 해야 할 지 막막한 경우가 일반적이다.
- **직무 유형** : 수행하는 직무에 대한 불만이 제거되지 않는 경우 발생하는 이직

유형이다. 이는 직무재설계를 통해 개선할 수 있으나, 이 역시 관계 유형의 경우와 같이 실행방안을 도출하기가 만만치 않다. 그럼에도 불구하고 기업들이 본 유형의 이직을 관리하기 위해 즉시 실행가능한 것은 직무별 비전을 만들고 이를 CDP에 연계하여 개별 직원들로 하여금 장래 직무 측면에서의 안정감을 가질 수 있도록 하는 방안이 있다.

이직요인별 주요 특성과 사례

이직 요인	주요 특성	사례
근로조건 유형	-제도개선시 예산 소요 -실무적으로 가장 빈번하게 사용하는 방안 -단기적 효과	연봉, 복리후생, 성과급, 작업환경, 근로시간, 휴가 등
직장내 관계 유형	-장기적인 방안이나, 실행방안 모색에 대한 어려움 -장시간 소요 -Action plan의 효과성 모호	상사와의 관계, 팀웍, 팀동료와의 관계, 승진경쟁 등
직무 유형	-직무재설계를 통한 개선 -직무재설계시 높은 직간접적 비용 발생 -근본적인 방안이나 실무적으로 흔하지 않은 접근 방식	직무비전, 승진 기회, 직무특성, 직무의 범위 등

이직사유에 대한 설문조사 결과

(단위 : %, 개수)

항목	전체 (130)	규모	
		대기업(34)	중소기업(96)
금전적인 보수에 대한 불만	34.6	38.3	33.4
자기개발 기회의 부족	17.7	14.7	18.7
과도한 야근 및 휴일 근무 등 근무조건에 대한 불만	13.0	17.6	11.4
상명하복 등 조직문화에 대한 실망	10.7	5.9	12.5

승진에 대한 불만	9.2	8.8	9.4
직속상사와의 갈등	6.3	8.8	5.2
기타	8.5	5.9	9.4
합계	100	100	100

* source : 대한상공회의소, 기업의 핵심인력난 실태 및 대응방안 조사

퇴직면담으로 미래의 이직률을 줄인다

모든 기업들은 적정한 수준의 이직률을 통해 건강한 인력의 유출입을 강화하고, 높은 이직률로 인한 비용을 줄이고자 한다. 이를 위해 즉각적으로 실행할 수 있는 1차적 Action plan 중의 하나가 바로 퇴직면담(Exit interview)이다.

퇴직면담은 2가지 중요한 목적을 가지고 실행된다. 우선 이직의 원인을 파악하는 것이다. 이는 결국 회사나 제도에 대한 불만요소를 파악하는 것으로 향후 이직률을 관리하기 위해 과연 무엇이 문제인가에 대한 해답을 줄 수 있게 된다.

다른 한 가지 퇴직면담의 목적은 이직자에 대한 기업의 이미지 관리이다. 이직하는 직원이 회사에 대한 불만을 가지고 이직을 하였고 외부에서도 계속 해당 기업에 대한 불만과 부정적인 표현들만 쏟아낸다면 결코 기업의 고용브랜드(Employment brand)에 좋은 영향을 미치지 못하게 된다. 따라서 이직하는 직원들에 대하여 마지막 인상을 긍정적으로 형성하고 또한 이후 재입사의 기회를 언급함으로써 불만을 가지고 이직을 준비해왔던 직원일지라도 이 순간만큼은 마음의 문을 열고 회사에 대한 인상을 긍정적으로 개선하는 경우가 적지 않다.

이직률을 줄이기 위한 실행방안들을 살펴보자

- **공정한 업무지시**(Consistent job expectation) : 상사의 업무지시가 공정하지 못하고 편파적일 때 이직이 높아진다.
- **일관적인 직무수행 요구**(Clear and fair supervision) : 직원들이 어떤 업무에서 어떤 역할을 해야 하는지가 명료하게 전달되어야 한다.
- **교육훈련**(Training) : 모든 직원들은 교육훈련에 대한 니즈를 가지고 있다. 이 니즈를 충족시켜야 한다.
- **성장에 대한 기회**(Opportunities for growth) : 장래 해당 조직에서 성장할 수 있는 기회와 비전을 제시해야 한다.
- **인정**(Recognition) : 동기부여를 위해 긍정적인 태도나 성과에 대해서는 반드시 인정해야 한다.
- **공경**(Respect) : 일상 생활이나 업무 속에서 항상 상사는 부하를 공경하고 감정적으로 대하여선 안된다.
- **공정성**(Perceived equity) : 다른 직원과 비교하였을 때 과연 공정하게 연봉 등 근로조건들이 결정되는가에 대한 검토는 필수적이다.

[서식] 퇴직면담표(Exit interview)

Exit Interview Report－Employee Comments

아래의 정보는 HR의 퇴직경향 및 원인분석 그리고 GWP 환경을 구축하는 목적으로만 사용하게 됩니다.

성 명 : ______________ 작성일자 : ______________

Level : ______________ 재직기간 : ______________

Group : ______________ 퇴직일자 : ______________

1. 회사를 떠나는 가장 큰 요인은 무엇이었는가?
   a. 승진
   b. work and life balance
   c. 급여 및 복리후생
   d. 계약기간 종료
   e. 경영진 또는 리더십
   f. 업종 변경

2a. 당신의 장래 계획은 무엇인가 ? (당신의 새로운 위치에서와 현재의 모습과의 차이를 자세하게 적어주십시오)

2b. 새 직장은 어떤 방식으로 얻게 되었습니까?
   a. 헤드헌터
   b. 모집광고를 보고
   c. 기타

3. 아래 항목에서 만족하는 레벨을 체크해주시기 바랍니다.

a. TEAMWORK－팀원관계 및 사기 및 동기부여 등

아주 좋음	좋음	보통	나쁨	아주 나쁨
개선 필요사항				

b. CLIENT INVOLVEMENT－고객의 과제물, 고객과의 상호관계, 고객의 지식 등

아주 좋음	좋음	보통	나쁨	아주 나쁨
개선 필요사항				

c. PEOPLE LEADERSHIP－지도력 및 지원사항, counselling and mentoring

아주 좋음	좋음	보통	나쁨	아주 나쁨
개선 필요사항				

d. LEARNING AND DEVELOPMENT－교육기회 및 경력 개발의 기회

아주 좋음	좋음	보통	나쁨	아주 나쁨
개선 필요사항				

e. PERFORMANCE REVIEWS－평가의 공정성, 시기, 정확한 프로세스

아주 좋음	좋음	보통	나쁨	아주 나쁨
개선 필요사항				

f. SALARY REVIEWS－연봉의 만족도, Market 대비

아주 좋음	좋음	보통	나쁨	아주 나쁨
개선 필요사항				

g. COMMUNICATION－업무 진행에 있어서 의사소통의 빈도수 및 질, 채널의 적절성

아주 좋음	좋음	보통	나쁨	아주 나쁨
개선 필요사항				

h. RECOGNITION－당신이 정말 노력한 부분에 있어 그 것이 정당하게 평가되고 그 부분에 있어 어떤 형태로던 상사로부터 인정이 되었다고 생각하십니까?

아주 좋음	좋음	보통	나쁨	아주 나쁨
개선 필요사항				

i. ADMINISTRATIVE PROCESSES－업무진행 시 어려움 없이 진행이 되도록 지원부서의 협조가 원만하게 이루어졌다고 생각하십니까?

아주 좋음	좋음	보통	나쁨	아주 나쁨
개선 필요사항				

4. 회사에서 즐거웠던 일은 무엇이었나요?

5. 회사에서 반대로 즐겁지 못했던 일은 무엇이었나요?

6. 만약 다시 조인할 기회가 생긴다면 조인할 의향은 있나요?

7. 당신이 퇴사를 결심하는 것을 막기 위해 우리가 무엇을 해야 했었나요?

이직 원인

직장인들이 이직을 결심하게 되는 원인에는 여러 가지가 있는데, 최근 채용전문포털 잡코리아에서 직장인 567명을 대상으로 조사한 결과에 따르면 '회사에 더 이상 비전이 보이지 않을 때'(36.6%), '낮은 연봉'(30.5%), '상사와 동료와의 인간관계'(13.4%), '업무와 업종의 부적합'(12.9%) 순으로 나타나고 있으며, 조직 내에서 팀장이 이와 같은 요인들을 감안하여 팀원들을 관리할 때보다 효과적으로 인재를 보유하고 육성할 수 있을 것이다.

19 인센티브의 목적은 동기부여다

인센티브 제도는 조직 성과와 목표의 달성을 위해 존재한다

생활안정적 기능을 중심으로 하는 기본급제도와는 달리 성과급제도 혹은 인센티브제도는 기업, 팀 혹은 개인의 성과 창출에 대한 대가로서 지급되는 보상항목을 말한다. 따라서 성과창출 여부가 인센티브의 지급조건이므로 사전에 합의된 성과가 창출되지 않거나 목표수준에 미달하게 되는 경우 인센티브가 지급되지 않고, 목표수준을 달성 또는 상회하는 경우 지급된다. 결국 인센티브는 기업이 원하는 소기의 성과를 달성할 수 있도록 지원해주는 보상제도라 할 수 있다. 이렇듯 기업 입장에서는 기업의 성과를 달성할 수 있도록 해주고, 직원 입장에서는 금전적인 보상을 통해 동기부여 효과를 극대화 해주는 것이 바로 인센티브제도의 작동원리라 할 수 있다.

인센티브는 성과의 산정 단위에 따라 단기성과급과 장기성과급으로 구분된다

성과급제도는 그 성과의 산출시기에 따라 단기성과급과 장기성과급으로 나뉜다. 단기성과급제도는 성과의 산출 및 측정시기가 1년 혹은 1년 이하인 경우를 의미하며, 장기성과급은 1년을 초과하는 시간을 대상으로 하는 성과급을 말한다. 단기성과급제도에는 일반적으로 목표인센티브제도(Target Incentive scheme), 경영성과급제도(Profit sharing), 이익공유제도(Gain sharing), 특별포상(Spot award) 등으로 나뉘며 장기인센티브는 우리사주제도와 스톡옵션 등이 대표적이다. 성과급이 성과창출 혹은 목표수준 달성에 대한 금전적 보상이므로, 단기성과급은 매출, 영업이익, 당기순이익 등 단기적 경영전략목표나 경영지표에 연동되어 설계 및 운영된다. 반면 장기성과급은 매년 산출되는 지표보다는 장기적인 관점에서의 지표가 주를 이룬다. 즉, 기업가치의 증대 혹은 주식가치 등이 장기성과급의 주요 지표가 되는 것이 특징이다.

인센티브 설계시 기업 성과와의 연관성과 성과창출의 가시성(line of sight)이 고려되어야 한다

성과급의 작동원리가 기업이 추구하는 목표나 전략의 달성을 위해 필요한 성과의 창출을 금전적인 보상을 통해 유도하는 것이므로 성과급제도가 창출하고자 하는 성과와 기업의 목표간 연관성이 높아야 한다. 즉, 성과급제도가 추구하는 목표와 조직의 방향간 연관성이 낮으면 성과급제도를 통한 제도 효과성이 낮아지게 되는 것이다.

동시에 직원 입장에서는 성과창출의 가시성을 고려해야 한다. 성과창출의 가시성을 물리적으로 해석하면, 성과급제도의 적용대상이 되는 직원이 성과창출을 어느 정도 본인의 가시권 이내에 두느냐로 이는 성과창출의 가능성에 대해 직원이 가지는 해석 및 성과창출시 본인에게 주어지는 보상의 가치에 대한 해석이라고도

할 수 있다. 즉, 성과창출의 가시성이 높지 않은 경우에는, 적용대상인 직원이 성과창출의 가능성에 대해 낮게 보고 있다든지 아니면 성과를 창출한다 하더라도 성과에 대한 보상이 본인이 원하는 수준과 맞지 않아 성과창출에 대한 노력 및 기여도가 낮아지게 되는 것이다.

이러한 성과창출의 가시성은 동기부여 이론 중 Vroom의 기대이론(Expectancy theory)을 통해 잘 설명될 수 있다.

Vroom의 기대이론에 따르면, 성과창출이 가능하고, 성과창출에 대한 보상이 존재하며, 그 보상이 업무수행자의 가치체계와 부합하는 경우 성과급제도가 제대로 기능하게 되는 것이다.

Vroom의 기대이론

- 1단계 Expectancy : 본인이 노력하면 성과창출이 가능한 정도
- 2단계 Instrumentality : 성과창출시 본인에게 보상이 주어지는지 여부
- 3단계 Valence : 성과창출로 주어진 보상이 본인의 가치체계와 부합하는 정도

집단 인센티브제도의 대표 주자는 경영성과급제도(Profit sharing)와 이익공유제도(Gain sharing)다

단기성과급 중 가장 많은 논의와 도입의 대상이 되는 제도는 단연 경영성과급제도와 이익공유제도라 할 수 있다. 우선 이익공유제도는 전사의 재무적 성과를 개인과 공유하는 제도를 말하며 전사 재무적 성과보다 보다 구체적인 성과지표를 기준으로 성과급을 지급하는 제도를 경영성과급제도라 한다. 경영성과급제도는 전사재무성과를 기준으로 하므로 직원의 참여나 제도의 가시성이 낮게 나타난다고 할 수 있고, 이익공유제도의 경우 경영성과급 대비 직원의 참여나 제도의 가시성이 높아 동기부여 효과가 큰 은 물론 제도 도입으로 인한 직원 행동의 긍정적 변화 및 조직의 생산적인 변화관리에도 긍정적인 측면이 있다고 할 수 있다.

경영성과급과 이익공유제도의 비교

구분	이익공유제도	경영성과급제도
개념	조직의 재무적 성과를 직원들과 공유하는 제도	전사의 재무적 성과가 아닌 보다 통제가능한 지표인 성과지표(생산비절감, 고객만족도, 생산성 등)의 달성으로 부터 나온 이익을 직원들과 공유하는 제도
적용범위	전사 사업장	개별 공장 혹은 사업장
지급주기	매 회계연도 말	월/분기/반기별
제도 설계	직원 참여 불필요	직원 참여가 필수적
지급형태	• 주로 이연보상(미국) • 미이연 보상(한국)	미이연 보상
직원에의 영향	직원의 행동과 전사성과간 연계성이 낮아 일반적으로 직접적 영향이 없음	직원의 참여를 통해 제도가 설계되었고 직원의 행동과 이익창출이 연계되어 있어 성과향상을 위한 행동의 변화가 생김

인센티브제도의 유형 분석

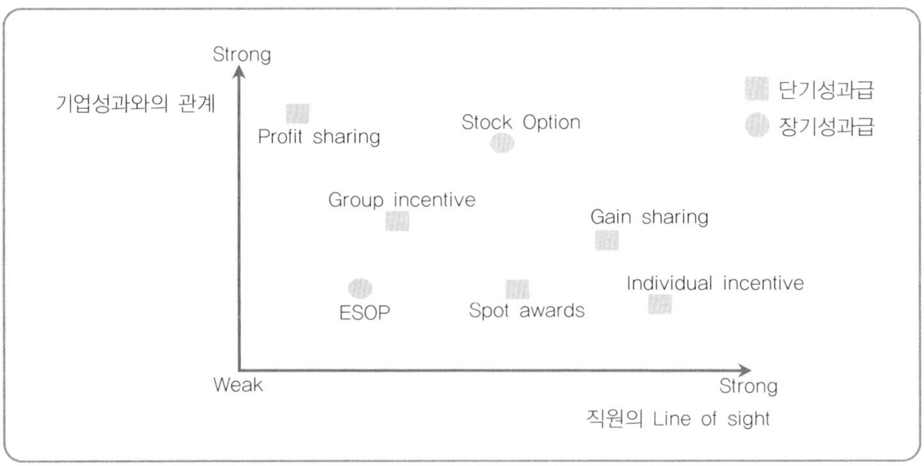

인센티브 제도는 조직과 개인의 이해관계를 한 방향으로 정렬시켜 준다

장기성과급에 해당하는 우리사주제도와 스톡옵션제도는 자사주를 취득하거나 특정 가격에 취득하도록 하는 권리를 부여하는 제도이다. 즉, 소속 회사의 주식가치가 장기성과급의 가치를 결정하게 되는 것이다. 따라서 우리사주제도와 스톡옵션 제도 하에서는 직원의 주주화가 이루어지는 것이다. 따라서 본인-대리인 관계(Principal-agent relations)에서 나타날 수 있는 도덕적 해이(Moral hazard) 등의 부정적 현상이 최소화될 수 있다.

즉, 기업의 성과가 단기적은 물론 중장기적으로도 존재해야만 주식가치에 긍정적인 영향을 미칠 수 있다는 점으로 인해 조직성과의 향상이 곧 자신의 이익에 부합한다는 인식이 직원의 동기부여 효과를 극대화하게 되는 것이다.

다만, 우리사주제도와 스톡옵션제도는 1년 이하의 단기간의 성과에 대한 보상이 아니라 장기간의 성과에 대한 보상이라는 점에서 성과급제도의 가시성이 높지 않은 것이 단점이라고 할 수 있으나, 궁극적으로 조직과 개인의 이해관계를 한 방향으로 정렬하여 직원의 몰입과 기여도를 극대화할 수 있다는 점이 제도적 장점이라고 할 수 있을 것이다.

인더비즈 인사경영 Station

내재적 보상

인센티브와 같은 직접적 보상 또는 외재적 보상도 중요하지만, 최근 들어 조직 내에서의 인정과 칭찬 및 자기개발기회 부여 등과 같은 '내재적 보상'에 대한 기업들의 관심이 늘어나고 있다. 실제로 자신이 흥미를 느끼는 일에 대하여 금전적인 보상이 주어지게 되면, 그때부터 일 자체에서 느끼는 즐거움을 상실하게 되는 역효과가 발생한다는 것은 실험으로도 검증된 바 있다. 이와 같은 맥락에서 Starbucks 전 CEO Jim Donald는 'Surprise Phone Call' 제도를 운영하여 매일 무작위로 자사 직원에게 전화를 걸어 따뜻한 격려의 말을 전달함으로써 금전적 지출 없이 상당한 직원들의 동기부여 효과를 거두었다.

20 Pay mix전략을 통해 직무의 성격과 역할의 차이를 반영하다

총보상전략은 한정된 재원을 효과적으로 활용할 수 있도록 도와준다

만일 보상제도의 재원이 무한하다고 가정하는 경우, 보상전략이나 전략적인 측면이 가미된 제도의 필요가 현격히 떨어지게 된다. 반면, 현대의 모든 기업들은 한정된 재원을 기준으로 효과적으로 사용해야만 하는 과제를 안고 있다고 볼 수 있다.

과거에는 보상수준에만 초점이 맞추어져 보상제도의 경쟁력이 논의되었다면 현재에 이르러서는 보상수준 뿐만 아니라 보상제도의 비용대비 효과성에 대한 관심이 높아지고 있는 것이 현실이다. 비용대비 효과성을 높이기 위해서는 회사가 추구하는 제도의 방향성에 부합하도록 제도가 설계되어야 할 것이다.

총보상전략은 인재유인형, 인재유지형 그리고 동기부여형으로 나뉜다

보상제도가 주로 기능하는 세 가지 영역은 인재를 외부에서 유인하는 경우와 내부의 핵심인재를 유지하는 경우 그리고 현재의 인력에 대해 동기부여하는 경우이다. 이러한 세 가지 모두에서 효과적으로 기능하면 완벽한 보상제도라 하겠지만, 현실적으로 그런 이상적인 제도는 흔하지 않다. 다시 말해, 세 가지 영역 모두 충실할 수 없다면 각 기업에서 필요한 영역 중심으로 보상제도의 효과성을 강화하면 차선의 대안이 될 수 있을 것이다.

즉, 인재의 유인이 필요한 신생기업이나 성장세를 탄 기업의 경우 인재유인의 효과를 반영하고, 성장형 기업이나 성숙형 기업의 경우 핵심인재의 이탈을 방지할 수 있도록 인재 유지의 효과를 감안하여 설계하며, 새로운 성장모멘텀이 필요하거나 직원들의 높은 참여와 성과가 필요한 기업에서는 동기부여 효과를 우선으로 하는 보상제도를 설계하면 될 것이다.

보상항목을 기본급, 복리후생, 단기인센티브 그리고 장기인센티브로 나누어 볼 때 인재의 유인, 유지 그리고 동기부여에 가장 효과적인 항목을 잘 구분하여 해당 항목 중심으로 보상제도를 재편하고 인건비의 비중을 높여 반영하면 될 것이다.

보상요소별 효과성 분석

보상 요소	효과성		
	인재유인 (Attraction)	인재유지 (Retention)	동기부여 (Motivation)
기본급	HIGH	MEDIUM	LOW
복리후생	LOW	LOW	LOW
단기인센티브	HIGH	MEDIUM	HIGH
장기인센티브	HIGH	HIGH	MEDIUM

보상제도의 전략방향

	의의 및 특성	조직 발전 단계*
인재유인형	• 보상제도의 주된 목적이 인재의 유인인 경우를 의미함 • 인재의 유인에 가장 효과적인 보상항목인 기본급을 중심으로 보상제도를 설계하는 것이 바람직함	도입단계에서 주로 필요한 전략
인재유지형	• 인재의 이직률이 높게 나타나거나 핵심인재의 유지를 통해 조직효과성을 강화하는 것이 필요한 경우 필요한 전략임 • 장기인센티브가 인재의 유지에 가장 효과적이므로, 장기인센티브를 도입하여 이직률을 경감시킬 수 있음	성장단계에서 주로 필요한 전략
동기부여형	• 인재의 유인이나 유지보다 현 인력의 고성과창출을 위해 직원들의 동기부여가 필요한 경우 사용가능한 전략임 • 단기인센티브가 가장 효과적이며, 인센티브 산정 주기를 짧게 설계할수록 동기부여효과가 극대화됨	성숙 혹은 쇠퇴단계에서 주로 필요한 전략

*조직의 발전단계 : 도입(introduction) – 성장(growth) – 성숙(maturity) – 쇠퇴(declination)

Pay mix전략을 통해 성과창출과 동기부여 효과를 극대화할 수 있다

Pay mix라 함은 총보상 중 고정형 보상과 변동형 보상간의 비율을 말한다. 고정형 보상이라 함은 성과 등에 연동되어 지급여부가 불확정적인 보상이 아닌, 지급이 확정된 것을 말한다. 고정형 보상의 주된 기능은 직원의 생활보정적 기능이다. 즉 지급이 고정된 보상을 통해 생활안정적 기능이 강화될 수 있는 것이다. 반면 변동급이라 함은 그 지급여부가 사전에 확정되지 않고, 정해진 조건의 충족 또는 상황실현을 전제로 지급되는 보상을 말한다. 따라서 변동급은 성과창출을 위한 동기부여 기능을 위해 주로 도입되고 운영되게 된다.

이러한 고정급과 변동급간의 비율을 Pay mix라 하는데, 대체로 직급이 높을수록, 역할이 다양해지거나 고도화 될수록 직무가 성과중심적일수록 변동급의 비중이 높아지게 된다. 즉, 성과창출에 대한 책임이나 기여도가 높은 직무나 직급일수록 성과창출에 대한 동기부여를 극대화하기 위해 변동급의 비중을 높이는 Pay mix전략을 구사하게 되는 것이다.

반면, 직급이나 역할이 낮거나, 직무의 특성 역시 안정적이고 지원업무적 성격이어서 성과 창출에의 기여도나 책임을 측정하기 어려운 경우 위와 반대로 고정급의 비중을 높이는 Pay mix 전략을 구사해야 한다.

고정급과 변동급의 기능 비교

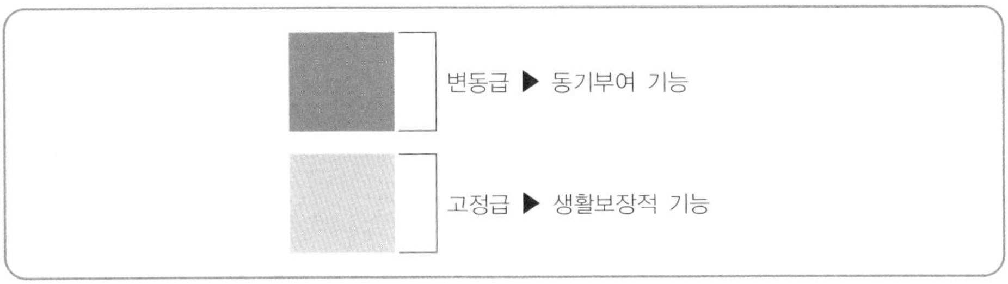

조직의 유연성과 경쟁력을 위해 변동급 위주의 보상전략이 필수적이다

만일 호봉제와 같이 고정급 중심으로 보상제도가 설계되어 있다면, 조직이 외부 환경변화에 대처할 수 있는 유연성(Adaptation)과 경쟁력이 크게 낮아질 수밖에 없다. 최근 세계화로 인한 무한 경쟁시대에 진입하면서 조직에 요구되어지는 첫번째 기능이 바로 유연성이라 할 수 있음에도 고정급 중심으로 보상제도가 설계되어 유연성이 확보되지 않는 경우 기업의 경쟁력에 큰 부담이 될 것이고, 중장기적 측면에서 경쟁사 대비 경쟁우위를 창출하거나 유지하기 어려운 상황에 놓이게 될 것이다.

또한 변동급 혹은 성과급 중심의 보상제도는 기업과 개인의 이해관계를 한방향으로 정렬하는 효과를 가지게 된다. 조직의 성과창출을 통한 목표의 달성이 결국 개인의 연봉을 결정하게 된다는 점으로 인해 성과급 중심으로 보상제도를 설계하는 경우 개인의 동기부여가 극대화 되는 효과를 누릴 수 있게 된다.

예를 들면, 기업이 성과창출과 더불어 성장하는 경우 개인의 성과급에도 영향을 미쳐 개인의 연봉수준이 자동적으로 올라가게 되고, 반대로 기업의 성장이 정체기에 들어서거나 일시적으로 어려움을 겪게 되는 경우 개인의 연봉수준도 줄게 되어 기업입장에서는 재무적 부담을 경감할 수 있는 장점을 가질 수 있다.

인더비즈 인사경영 Station

Pay mix

총보상 중 고정급(Fixed pay)과 변동급(Variable pay)의 비율을 Pay mix라고 하는데, 직급이나 역할이 높아지거나 중요해질수록 변동급의 비중이 높은 Pay mix전략을 구사해야 하고, 반대의 경우 고정급의 비중을 높이는 것이 바람직하다.

한편, 직무의 성격이 안정적인 경우 고정급의 비중을 높이는 것이 필요하고 반대의 경우 변동급의 비중을 높이는 것이 필요하다.

최근의 추세는 조직과 재무적 유연성을 강화하기 위해 변동급 위주의 보상전략을 펴는 것이 일반적이다.

21 복리후생제도를 재조명하다

동기부여 요소로서의 복리후생제도을 재조명하다

과연 복리후생제도가 비용대비 효과성이 있을까에 대한 의문은 항상 기업들의 복리후생의 도입과 추가를 주저하게 하는 요인이다. 우선 일반적인 복리후생제도에 대한 시각을 살펴보자. 복리후생의 가장 큰 특징은 지급의 간접성이다. 소위 간접적 보상(Indirect reward)으로 직접적 보상(Direct reward)과는 달리 현금으로 직접 지급되는 것이 아니다 보니 직원들은 복리후생을 받고 있다는 인식을 하지 못하는 것이 문제다. 즉 기업 입장에서는 비용을 투입했으나 직원 입장에서는 그에 대한 인식이 낮아 결국 효과성에 대한 의문이 들기 마련이다.

반면 장기근속의 기업 정서 하에서 직원에 대한 기업의 가부장적 역할을 요구하는 목소리 때문에 복리후생제도를 통한 직원과 가족들의 생활에 대한 보조 역시 소홀히 할 수 없는 측면이 있다.

최근 일하기 좋은 직장(GWP : Great Workplace)에 관한 조사 중 직원의 만족도가 높게 나타나는 기업들의 공통점 중 하나가 높은 수준의 복리후생제도를 가지고 있다는 것이다.

이와 같은 조사결과를 볼 때, 복지후생제도를 성과창출에 대한 직접적인 동기부여 요인으로 보기보다 직원들에게 정서적인 안정감을 부여해서 직장에 대한 만족도와 몰입도를 높이는 효과를 가지는 것으로 볼 수 있으며, 이러한 만족과 몰입이 결국 고성과 창출에 연결된다는 점은 기업에서 주목할 만한 점이다.

복리후생은 Life cycle에 연동되어 운영되었다

오랫동안 장기근속을 당연시 해 온 기업 정서 때문에 한국 기업들의 복리후생제도는 연령대별 니즈를 반영하여 설계 및 운영하되 장기근속자들의 주요 니즈인 학자금 등에 대한 비중이 높게 나타나는 것이 일반적이다. [그림]에서 보는 바와 같이 20대와 30대에는 여가와 결혼이 주요 니즈이고 40대를 넘어가면서 자녀와 노후에 대한 니즈로 변하게 된다.

Life cycle에 따른 복리수행제도에 대한 니즈

	신입~	20대 후반~ 30대 초반	30대 초반~ 30대 후반	40대 초반~ 40대 후반	50대 이후
	성장기		활동기	성숙기	장년기
특징	• 신세대적 사고 • 사회/직장 생활 시작 • 가족의 형성(결혼)		• 주택마련 등 • 생활기반 구축 • 자녀 출산 및 양육 • 왕성한 직장생활	• 자녀의 성장 및 교육비 지원 • 건강, 의료비 지원 • 자녀교육비 지원 • 노후 생활 대비	• 자녀의 사회진출(대학, 취직, 결혼) • 건강관리 • 퇴직 후 생활
시사점	• 다양한 취미, 문화활동 • 교육 중심의 자기개발(어학, 컴퓨터 등) • 결혼준비, 혼수품 지원		• 주택 마련 및 재테크 • 직무관련보조(자기개발 및 교육 등) • 육아 및 가족 레저	• 자녀 교육 중심 • 건강/의료 관심 • 재테크 • 보험 및 노후 대비	• 퇴직 후 제2의 인생 • 건강관리 및 노후생활 준비
	여가선용 중심	결혼준비 중심	가족/자녀 중심		노후/장기근속 중심
적용 제도 예시	• 동호회 지원 • 자기개발비 • 문화생활비	• 휴가 • 본인결혼자금 대출	• 상해보험 • 건강진단 • 휴양소 제공 • 주택자금 지원 • 육아/유치원 지원 • 가족진료비 보조	• 학자금 지원 • 건강진단 확대 • 상해보험 보장액 증액 • 자녀 상해보험 가입 • 체력단련비 • 이사비 지원(현장 근무)	• 장기근속 포상 • Outplacement program • 건강유지비(체력단련) • 취미 및 문화생활

[표]에서 보는 바와 같이 일반적으로 가장 높은 비중을 차지하는 복리후생 항목은 학자금이다. 학자금에 대한 니즈가 생기는 연령대는 40대 부터이므로 많은 비중의 복리후생 비용이 40대 이상의 장기근속자에게 집중된다고 할 수 있다. 이는 동시에 20대와 30대 직원들이 복리후생제도에 대해 가지는 불만족 요인으로도 볼 수 있는데, 이러한 연령대간 차이를 해소하고 전직원에 대하여 고른 혜택 부여를 도모하기 위해 나오게 된 것이 선택적 복리후생제도이다.

제조업체 A사의 복리후생제도 내역

구분	지급기준	연간 지출비용 (단위 : 천원)
경 조 금	경조사시, 화환 포함	72,810
학 자 금	대학/고교 지원	743,061
건 강 진 단	계약직포함 년1회 진단	266,172
상 해 보 험	암·중대질병 등 보험료 지원	339,540
장기근속포상	10년, 20년, 30년 포상	145,139
동 호 회	실비용×50% 지원	15,345
창 립 기 념 품	1인 20Kg×2포쌀 배송	137,917
생 일 자	임원 : 난, 케이크/직원 : 상품권	7,242
총 계		1,727,226

제3세대 복리후생의 핵심은 건강과 노후 보장이다

2000년대 이전의 복리후생에서는 직원의 생활보조적 기능이 강조되어 왔으나 2000년대에 들어서면서 소위 여가와 삶의 질에 대한 관심이 올라가고 직원의 니즈가 집중되면서 동호회에 대한 지원 등과 같은 여가선용 관련한 복리후생 제도들이 강조되기 시작하였다. 2010년을 넘어서면서 저출산·고령화 사회 진입이라는 사회적 분위기로 인해 건강과 노후생활 보장에 대한 니즈가 분출하게 되는데, 이러한 목소리는 현재의 저출산 고령화 이슈가 지속되는 한 끊임없이 제기되리라 생각한다.

복리후생의 변천 과정

구분	시기	핵심요인	주요 사례
제1세대 복리후생	2000년대 이전	생활보조적 기능	경조금
제2세대 복리후생	2010년 이전	여가선용 및 삶의 질	동호회
제3세대 복리후생	2010년 이후	건강과 노후보장	건강검진과 단체실손보험

미국의 복리후생을 보면 향후 한국 기업들이 거쳐가게 될 복리후생제도의 방향을 가늠할 수 있는데, 미국 복리후생제도의 핵심 요소 두 가지가 바로 노후보장(Retirement security)과 건강관리(Health care)이다.

미국의 복리후생제도

■ Government Mandated　□ Employer Voluntary

Security

- Workers'compensation (Government Mandated)
- Unemployment Compensation (Government Mandated)
- Supplemental unemployment benefits(SUB)
- Severance pay

Retirement security

- Social Security (Government Mandated)
- Early Retirement options
- Pre-retirement counseling
- Disability retirement benefits
- Health care for retirees
- Individual retirement accounts(IRAs)
- 401(k) and 403(b) plans

Health Care

- COBRA and HIPAA provisions (Government Mandated)
- Medical and dental
- HMO or PPO healthy-care plans
- Long-term care
- Vision care
- Prescription drugs
- Psychiatric counseling
- Wellness programs

Financial, Insurance and Related

- Life insurance
- Legal insurance
- Disability insurance
- Financial counseling
- company-provided car and expense account
- Life insurance
- Educational assistance

Family-Oriented

- Family and Medical Leave Act (Government Mandated)
- Dependent care
- Alternative work arrangements

Time Off

- Military reserve time off (Government Mandated)
- Election and jury leaves (Government Mandated)
- Lunch and rest breaks
- Holidays and vacations
- Funeral and bereavement leaves
- Sick leave and paid time off

Social and Recreational

- Tennis courts
- Bowling leagues
- Service awards
- Sponsored events(athletic and social)
- Cafeteria and food services
- Recreational programs

Cafeteria(선택적 복리후생) 제도로 직원의 개별 니즈를 반영하고 동기부여한다

앞서 본 바와 같이 전통적인 복리후생제도에서는 연령대별 니즈가 반영되기는 하나 장기근속자에게 많은 혜택이 돌아가고 비용이 집중되는 구조로 되어 있다. 따라서 한정된 재원으로 보다 많은 직원들에 대한 동기부여효과를 누리기 위해 카페테리아 제도를 도입하기 시작하였다.

카페테리아 제도란 직원이 자신의 의지에 따라 복리후생의 유형이나 수준을 선택하는 제도로서 각자의 주머니 사정과 입맛에 맞게 반찬을 골라 자신의 점심식사 메뉴를 결정하는 것에 비유하여 'Cafeteria' 복리후생제도라고도 한다.

복리후생 제도는 다음의 4가지 설계 대안을 중심으로 세부제도를 설계할 수 있다.

- 공통항목형(Common benefit plan) : 전통적인 복리후생 유형으로서 모든 항목에 대해 자격요건을 충족하면 부여하는 유형
- 추가선택형(Core benefit plan) : 최소한의 항목을 공통적으로 제공하고 개인의 니즈에 따라 추가 항목을 선택토록 하는 유형
- 패키지형(Package plan) : 다양한 패키지를 유형별로 구성해 놓고 직원이 니즈에 따라 패키지만 선택하도록 하는 유형
- 소비계정형(Flexible spending account) : 직원이 사용가능한 포인트를 부여하고 포인트 한도 내에서 직원의 선택에 따라 소비하도록 하는 유형

상기 유형중 가장 일반적인 유형은 공통항목형과 소비계정형을 혼합하여 사용하는 제도인데, 기본적인 항목은 공통으로 부여하고, 추가적인 항목에 대해서는 포인트를 개별적으로 부여하여 사용토록 하는 제도가 최근의 추세에 부합하는 유형이다.

카페테리아제도 설계 대안

구분	공동항목형 (Common Benefit Plan)	추가선택형 (Core-Benefit Plan)	패키지형 (Package Plan)	소비계정형 (Flexible Spending Account)
내용	* 단, 자격요건 충족시			

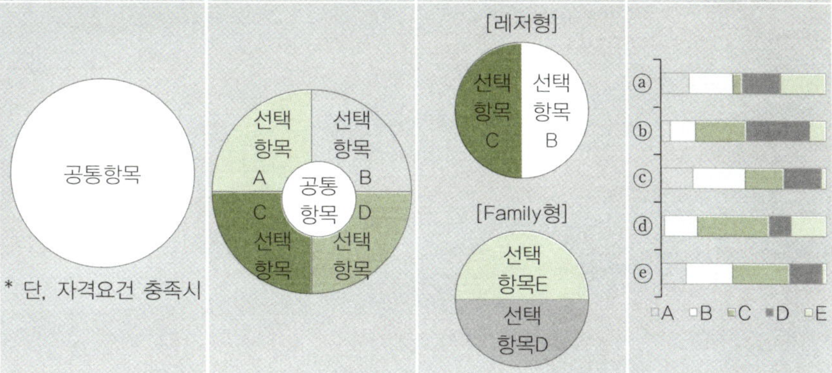

인더비즈 인사경영 Station

GWP(Great Workplace)

GWP는 Levering과 Moscowitz(1993)의 일하기 훌륭한 일터에 대한 연구를 통해 정립된 개념으로 문언 그대로 일하기 좋은 일터, 일하기 훌륭한 직장을 가리키는 말로, 조직구성원들이 자신의 상사와 경영진을 신뢰하고, 자기 일과 조직에 자부심을 가지며, 함께 일하는 구성원들간 일하는 재미가 넘치는 일터를 말한다.

GWP에 대한 연구는 미국의 경제불황시기인 1980년대에 시작되어 여러 가지 평가지표들을 참고로 초일류기업이라고 할 만한 기업들을 분류하고 이들 기업의 근로조건, 조직문화, 가치관 등을 비교하면서 발달되어 왔다.

이후, 미국의 대표 경제전문지인 Fortune지에서 GWP에 대한 관심을 가지면서 이를 기반으로 1988년부터 '일하기 좋은 가장 훌륭한 100대기업'을 선정하여 발표하기 시작하면서 전세계로 확산되었다.

22 퇴직연금은 선택이 아닌 필수다

초고속 고령화 시대에 접어들면서 100세 시대가 다가오고 있다

통계에 따르면 한국이 OECD 국가 중 고령화 진행이 가장 빠르게 진행되고 있는 국가 중 하나다. 그리고 저출산 문제는 우리에게 어제오늘의 문제가 아니다. 높아진 육아비용에 대한 부담 등으로 인해 출산율 하락이 지속적으로 나타나고 있다. 소위 100세 시대에 접어들면서 낮은 출산율로 인해 은퇴 이후의 부양을 스스로 준비해야 하는 상황이 이미 도래하였다.

이와 같이 고령화 저출산 두 가지 요소가 동시에 발생함에 따라 은퇴 이후의 노후준비가 그 어느 때보다 중요해졌다. 반면 상당수 직장인들의 은퇴 이후 노후에 대한 준비는 취약한 것으로 나타나고 있어 은퇴 이후의 재무적 안정성 강화가 절실하다. 이를 위해 개인 차원에서의 준비뿐만 아니라 정부차원에서의 지원과 인식 제고에 대한 역할이 필요한 시점이다.

2005년 퇴직연금의 시대를 열다

이러한 시대적 상황과 요구를 반영하여 2005년 드디어 한국에도 퇴직금의 시대가 저물고 퇴직연금 시대의 막이 올랐다. 2005년 12월 근로자퇴직급여보장법이 재정된 이래 지금까지 퇴직연금의 역사와 함께 진화하고 있다. 2005년 도입 시점에는 미국의 퇴직연금제도가 주로 벤치마킹 대상이 되어 그대로 적용되었으나, 점차 한국형 퇴직연금제도로 서서히 변모하고 있다.

퇴직연금은 확정급여형과 확정기여형으로 나뉜다

퇴직연금은 확정급여형(Defined benefits)과 확정기여형(Defined contribution)으로 나누어진다. 우선 DB형이라고도 불리는 확정급여형은 퇴직시점에서 지급받을 퇴직급액의 공식이 사전에 정해져 있는 유형을 말한다. 현행 퇴직금제도와 가장 유사한 형태의 연금제도라고 하겠다.

반면 DC형이라고도 불리는 확정기여형은 퇴직 시점 지급받을 퇴직급여의 공식이 정해져 있는 것이 아니라 매년 회사가 직원에게 불입해 줄 기여금의 공식이 정해져 있는 유형을 말한다.

즉, 퇴직시점에 지급받을 급여 또는 급여를 산정하는 공식이 정해져 있다고 하여 확정급여형, 매년 회사가 지급할 기여금을 정해 놓는다 하여 확정기여형이라고 부른다.

확정급여형의 퇴직급여

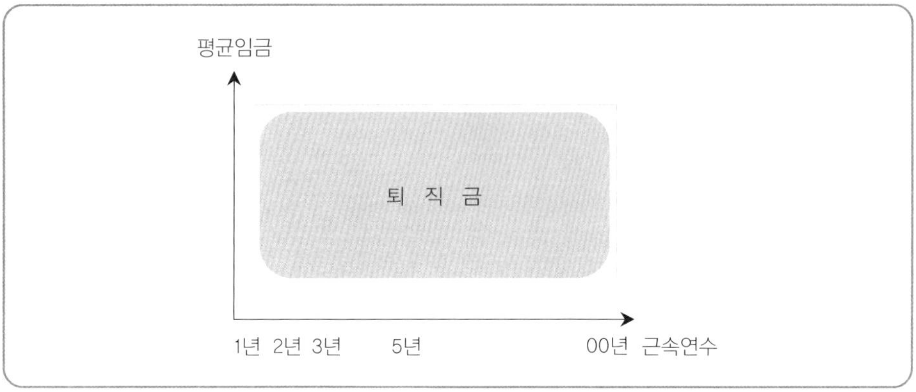

확정기여형의 퇴직급여

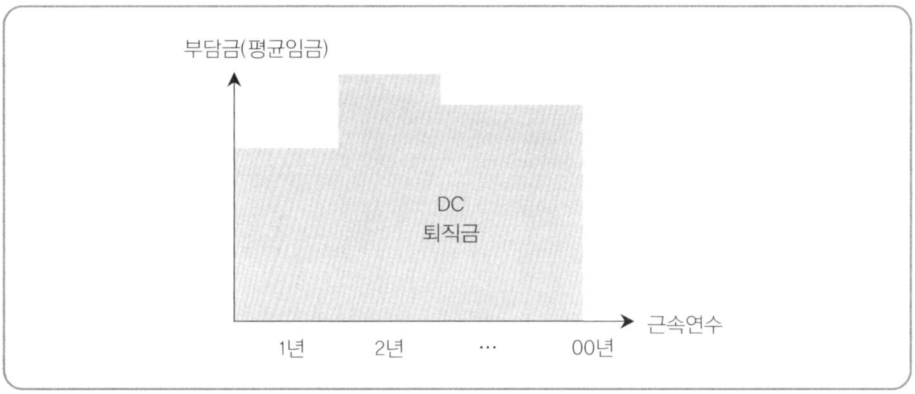

확정급여형의 퇴직급여 산정 사례

기 준	내 용
최초 월급여	100만원
임금인상률	5%
근속기간	5년
5년차 월급여	122만원
퇴직급여	122만원×5년=610만원

확정기여형의 퇴직급여 산정 사례

기 준	내 용
최초 월급여	100만원
임금인상률	5%
근속기간	5년
5년차 월급여	122만원
퇴직급여	553만원(매년 기여금)+투자손익

DC와 DB의 차이는 자산운용에 따른 Risk-taking의 차이다

과거 퇴직금 제도와 퇴직연금 제도간 가장 큰 차이는 바로 적립자산의 운용여부이다. 과거 퇴직금 제도에서는 적립자산의 운용이 중요하지 않았다. 회사의 선택에 따라 사외예치(External funding)가 되어 운영되기도 하고 또는 사외예치 없이 부채만 관리하는 경우도 허다했다. 그러나 퇴직연금의 가장 큰 특징 중 하나는 사외예치를 통해 자산이 운용된다는 점이다. 자산의 운용은 결국 운영결과에 대한 위험을 누가 떠안느냐의 문제이기도 한다. 확정급여형의 경우, 자산운용에 대한 위험을 회사가 안게 되고, 확정기여형은 직원이 개별투자자로서 모든 위험을 떠안게 되는 것이다.

확정급여형과 확정기여형의 비교

구분	확정급여형(DB형)	확정기여형(DC형)
자산운용 리스크 주체	회사	직원
퇴직부채	있음	없음(매년 정산 개념)
연금수리(Valuation)	필요	불필요
비용절감 가능	초과수익시 가능	불가능
cash out	사외예치율에 따라 다름	매년 발생(총인건비의 8.33%)
이전성(Portability)	낮음	높음

반면 확정기여형의 경우, 매년 중간정산을 실시해서 연봉의 1/12만큼(연봉의 8.33%)을 직원에게 기여금으로 지급하고 지급받은 기여금을 직원이 자신의 책임 하에 운영하는 유형이므로 회사의 재무제표에는 퇴직부채라든지 퇴직급여충당금 등의 계정이 불필요하게 된다. 그러나 확정급여형이라면 퇴직 시점이라야 퇴직하는 직원의 퇴직급여가 청산될 수 있으므로 부채에 대해 사외예치를 통해 충당하되 지속적인 관리를 해야 한다. 이렇게 미래의 부채를 산정하고 관리하는 것을 연금수리라고 하는데, 확정기여형에서는 불필요한 업무라 하겠다.

확정급여형의 경우 회사의 책임 하에 자산운용을 하면서 초과수익이 발생하게 되면, 초과수익 만큼 향후 회사가 부담해야 할 부채를 경감하는 효과가 발생하게 되어 비용절감이 가능하다. 그리고 회사 이직시 퇴직연금을 종료시키지 않고 연속적으로 이어주는 이전성의 경우, 확정기여형이 그 성격상 확정급여형보다 높다고 할 수 있다.

DC와 DB 중 무엇이 올바른 선택인가

확정급여형과 확정기여형은 확연히 구분되는 제도이다. 그러면 두 제도 중 어떤 유형을 선택하는 것이 올바른 선택일 것인가에 대해 살펴보도록 하자.

우선 개인적으로 투자에 대한 관심이나 노력을 아끼지 않는 스타일이라면 당연히 확정기여형이 우선적으로 고려될 수 있을 것이며, 그렇지 않고 금융투자에 다소 둔감하거나 관심이 없는 유형이라면 확정급여형이 보다 적합하다.

한편, 개인적 성향을 고려하지 않고 퇴직급여의 수준으로만 비교하게 되면 결과는 달라진다. 제도 선택에 영향을 미치는 요소는 바로 임금인상률과 투자수익률이다. 임금인상률은 매년 자신의 연봉이 인상되는 비율을 의미하고 투자수익률은 쉽게 은행에서의 정기예금 이율로 보면 된다.

만일 임금인상률이 투자수익률보다 크다면 확정급여형에서의 급여가 확정기여형 보다 크게 되고, 반대의 경우라면 확정기여형의 급여가 보다 높게 된다.

확정급여형과 확정기여형의 선택 기준

구분	적합한 유형
임금인상률 > 투자수익율	확정급여형
임금인상률 < 투자수익율	확정기여형
임금인상률 = 투자수익율	퇴직급여 동일

2012년 12월 기준 약 40%의 근로자가 가입하다

2012년 12월 말 기준으로 약 전체 상용근로자 수의 38.3%인 총 3,493,700명이 가입했으며, 사업장 규모로 나누어 보면, 5인 이상 사업장의 가입률이 월등히 높게 나타난다. 5인 이상 사업장은 41.5%의 가입률을 보이는 반면, 4인 이하 사업장은 13.5%로 다소 낮게 나타난다.

한편, 도입된 제도의 유형에서는 DB형이 다소 높게 나타나는데 약 68%의 근로자가 DB형을 선택하였고, 약 28%의 근로자가 DC형을 선택한 것으로 조사되고 있다. 또한 소규모 사업장에 적용되는 IRA 특례도 약 2%정도로 나타나고 있다.

인더비즈 **인사경영** Station

퇴직금 중간정산

법률에서 허용하는 퇴직금 중간정산 사유는 아래와 같다.

1. 무주택자인 근로자가 본인 명의로 주택을 구입하는 경우
2. 무주택자인 근로자가 주거를 목적으로 전세 또는 임대 보증금을 부담하는 경우
3. 근로자, 근로자의 배우자 또는 생계를 같이하는 부양가족이 질병 또는 부상으로 6개월 이상 요양을 하는 경우
4. 퇴직금 중간정산을 신청일부터 과거 5년 이내에 파산선고를 받은 경우
5. 퇴직금 중간정산을 신청일부터 과거 5년 이내에 개인회생절차개시 결정을 받은 경우
6. 고용보험법 시행령에 따른 임금피크제를 실시하여 임금이 줄어드는 경우
7. 그 밖에 천재지변 등으로 피해를 입는 등 고용노동부장관이 정하여 고시하는 사유와 요건에 해당하는 경우

23 일시금과 연금 무엇을 선택해야 하는가?

일시금과 연금, 개인의 선택에 따라 정해진다

퇴직연금제도에 대한 가장 흔한 오해가 바로 지급시점에서 연금으로만 수령할 수 있다는 것이다. 비록 제도의 이름이 퇴직연금이기는 하나, 지급시점에서는 연금과 일시금 두 가지 중 개인의 선택에 따라 지급방식이 결정된다.

퇴직시점에서 총액을 한 번에 받게 되는 퇴직일시금과 정해진 기간 혹은 생존시점까지 받게 되는 연금 두 가지의 지급 방식 중 과연 어떤 방식을 선택해야 하는가에 대해 살펴보도록 하자.

우선 연금은 두 가지 종류로 나뉜다. 정기연금과 종신연금이 바로 그것인데, 사전에 정한 일정 기간에 대해 총액을 나누어 지급하는 방식을 정기연금이라고 하고, 기간의 제한없이 생존시점까지 지급하는 방식을 종신연금이라고 한다. 금융회사에서도 정기연금과 종신연금을 설계할 때 일시금을 기준으로 사망률, 사고율 등을 감안하여 연금액을 설계하게 된다. 따라서 다소의 차이는 있겠으나, 편의상 연금과 일시금의 차이는 금액의 차이라기보다 지급받는 방식의 차이로 이해하면 된다.

적용되는 세금의 유형에 따라 유리한 제도가 달라진다

만일 일시금과 연금의 금액 차이가 크지 않다면 과연 팀원의 입장에서는 일시금과 연금 중 어느 것을 선택해야 하는가? 간단하게 보면 '세금이 바로 답이다'라고 할 수 있다. 즉, 많은 세금이 과세될수록 실질 수령금액을 낮추게 되므로 개인에게 불리해질 수밖에 없기 때문이다. 그리고 개인의 입장에서도 최대한 절세를 하는 것이 개인의 실질소득의 증가로 이어지므로 두 유형 중 세제 측면에서 유리한 유형이 무엇인지 사전에 알아두는 것이 필요하다.

팀원이 연금을 선택하게 되면 연금소득세를 부담하게 되고 만일 일시금을 선택하면 퇴직소득세가 적용된다. 그러면 아래에서 두 가지 세제의 특성을 함께 알아보자.

퇴직소득세는 연분연승으로 산출해 실질세율이 낮다

퇴직소득세는 수령시점에서 한번만 납부하게 되면 모든 세제 절차가 마무리된다. 즉, 연금소득세와는 달리 지속적으로 납부하지 않으므로 이 점은 납세자인 팀원에게 유리한 측면이라 할 수 있다.

퇴직소득세의 가장 중요한 특성은 연분연승법이 적용된다는 점이다. 가령 예를 들어 근속기간이 20년이고 퇴직일시금 금액이 1억원이라고 가정할 때, 1억원이라는 높은 금액에 대해서는 누진 세제의 특성상 높은 세율이 적용될 수밖에 없다. 따라서 누진 세제의 단점을 극복하기 위해 연분연승법을 적용한다. 위 사례에서 1억원이 20년의 근속에 걸친 소득임을 감안하여, 총액의 1/20에 해당하는 500만원을 기준으로 세율을 적용하여 각 년도의 세금을 산출하여(연분) 다시 각 세금을 합하게 되면(연승), 최종적인 퇴직소득세가 산출되게 되는 것이다.

또한 퇴직소득세는 공제항목이 월등하여 실질 과세율이 낮아지는 것이 또 하나의 중요한 특징이다. 우선 기본공제로서 40%는 비과세로 공제하게 된다. 즉, 1억원 중 4천만원은 비과세되고 나머지 6천만원에 대해서만 퇴직소득세를 적용하게 된다.

또한 근속연수에 대해 추가로 공제하게 되는데 이를 근속연수 공제라 한다. 아래의 표에서 보는 바와 같이 근속기간이 길수록 공제금액이 점차 증가하게 된다.

퇴직일시금 근속연수 공제표

구분	공제금액
5년 이하	30만원×근속연수
5년 초과 10년 이하	150만원+50만원×(근속연수−5년)
10년 초과 20년 이하	400만원+80만원×(근속연수−10년)
20년 초과	1,200만원+120만원×(근속연수−20년)

퇴직소득세 산정방식

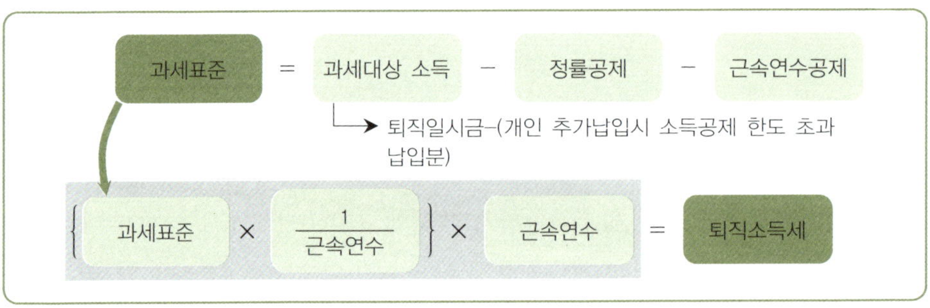

연금소득세는 수령시점까지 매년 납부한다

수령시점에 한번에 납부하는 퇴직소득세와는 달리 연금소득세는 연금수령기간 동안 매년 부담해야 하는 것이 특징이다. 따라서 세금의 유불리를 퇴직소득세와 비교하기 위해서는 퇴직소득세 총액과 연금소득세 전체 금액의 현재 가치를 비교하는 것이 필요하다.

절세의 가장 큰 원칙 중 하나가 항목의 분산인데, 연금소득이 불리한 점이 분산효과가 제한된다는 점이다. 노후의 3층체계라고 흔히 일컬어지는 국민연금, 퇴직연금, 개인연금이 모두 연금소득세로 묶이게 되어 함께 과세되므로 분산의 원칙에는 부합하지 않게 된다.

또한 분류과세에 해당하는 퇴직소득세는 어떠한 경우에도 타 세금과 합산되어 누진되는 경우가 없다. 그러나 연금소득세는 종합소득세 중 하나여서 연간 600만원 이상이면 타 종합소득세 항목과 합산되어 과세되므로 이 역시 팀원에게 불리한 측면이라고 할 수 있다. 반면 연간 900만원까지는 연금소득공제가 제공되므로 국민, 퇴직, 개인연금을 합산하여 연간 900만원을 초과하지 않는다면 실질적으로 납부해야 할 연금소득세는 없다고 할 수 있다.

연금소득세 산정방식

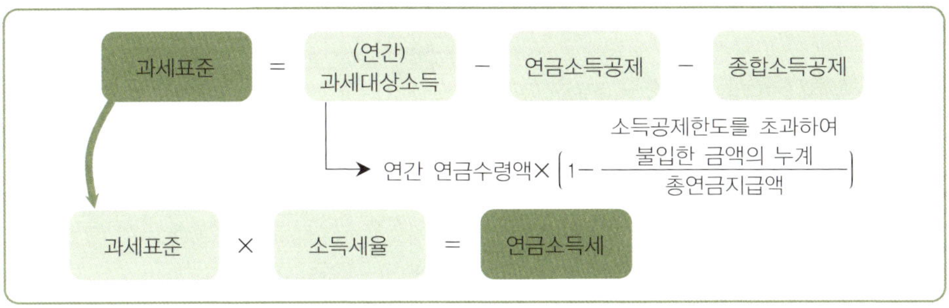

과연 연금과 일시금 무엇을 선택할 것인가

앞에서 살펴본 것처럼 연금과 일시금은 결국 본인에게 세제상 유리한 유형을 선택하는 것이 바람직하다. 종합소득과세되는 연금소득세와 분류과세되는 퇴직소득세의 유불리를 일률적으로 정의하는 것은 다소 왜곡이 있을 수 있으므로 구체적인 사례별로 세제의 유불리를 따져보면 '연금소득세와 퇴직소득세의 비교'와 같이 볼 수 있다.

연금소득세와 퇴직소득세의 비교

구분	연금소득세	퇴직소득세
근속기간 길수록		유리
일시금 클수록		유리
개인연금 비중 낮을수록	유리	
연말정산 항목 많을수록	유리	
부동산소득 등 타소득이 많을수록		유리
명예퇴직금을 함께 받을 경우	유리	

인더비즈 인사경영 Station

퇴직일시금과 연금

퇴직급여 수급 유형 중 일시금 선택시 퇴직소득세가 적용되고, 연금으로 지급받게 되면 연금소득세가 적용되게 되므로 어느 세제가 더 유리한지 비교하여 결정하는 것이 바람직하다. 퇴직소득세는 퇴직일시금 지급 시점에 1회에 한해 과세하고 연분연승법에 따라 세액을 산출하므로 결과적으로 직원에게 상당히 유리한 세금구조가 된다. 반면 연금소득세는 연금소득이 발생한다면 매년 과세하게 되고, 국민연금과 개인연금이 있는 경우 합산하여 과세하게 되어 소득공제항목이 많지 않다면 직원에게 불리한 세금구조가 된다.

24 업적과 역량의 측정과 관리를 통해 성과를 창출한다

성과관리는 업적과 역량을 관리하는 프로세스다

흔히 평가, 인사평가, 인사고과로 일컬어지는 프로세스는 유사한 의미를 가지는 개념들로서 업무수행의 결과를 측정하여 평가하고 업무수행에 필요한 능력이나 역량을 측정하는 과정을 통칭하는 용어이다.

최근 사정형의 평가를 지향하고 관리형의 평가를 추구하게 되면서 성과관리(Performance management)라는 표현을 가장 빈번하게 사용하고 있다. 또한 사정형의 평가라 하면 업무수행의 결과를 기준으로 상대서열화하여 임금인상이나 승진에 반영하는 것을 주된 내용으로 평가하는 형태를 말한다.

반면 업무성과를 지속적으로 향상시키는 것을 목적으로 하는 형태의 평가를 관리형 성과관리라고 한다.

그럼 과연 성과관리의 핵심요소, 즉 무엇을 평가하고 관리해야 하는 것일까? 크게 업적(Performance)과 역량(Competency)이라는 요소로 구분하여 살펴보도록 하자.

업적이란 표현 그대로 과거 기간 동안 창출한 일 또는 업무의 결과라고 정의할 수 있으며, 역량이란 팀원이 갖추고 있는 능력, 자세, 태도, 특성 등과 같이 성과를 창출하기 위하여 업무수행과정에서 필요한 요소라 할 수 있다.

전략적 성과관리 체계

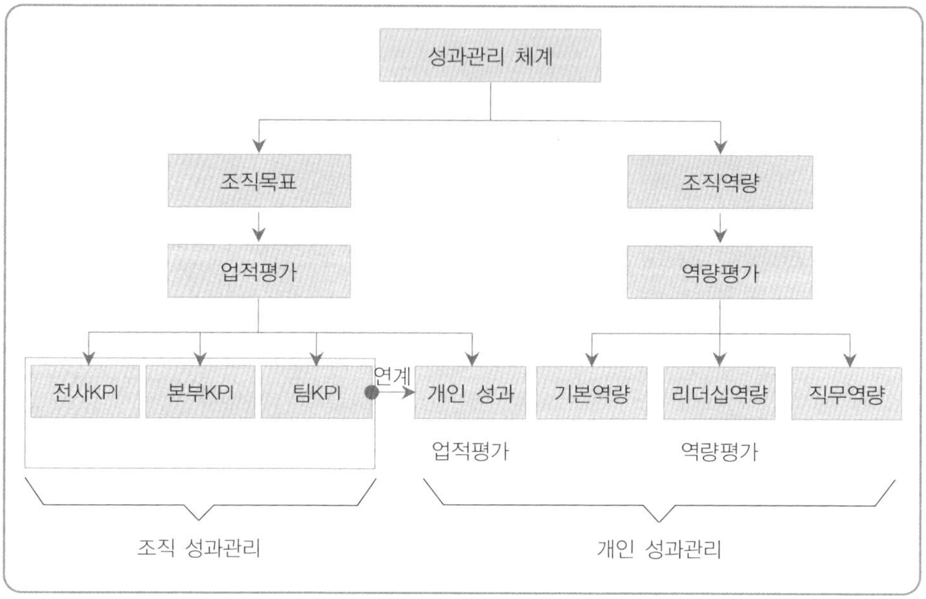

업적평가와 성과평가의 비교

구분	업적평가(Performance)	역량평가(Competency)
Timeframe	과거지향적	미래지향적
정성/정량	주로 정량평가	정성평가
Focus	결과 및 과정	과정
목표설정	실시	미실시
활용영역	보상 및 승진	교육 및 훈련, 승진
직원 수용도	높음	낮음
평가지표	매년 변경	장기 변경주기

단순한 업무능력을 넘어 역량에 주목하다

기업들이 역량(Competency)이라는 요소에 주목하기 시작한 것은 그리 오래되지 않았다. 과거에는 Ability와 capability가 주요 평가지표였다. 이들의 특징은 다소 정태적이면서 고정적인 성격을 가진다는 것이다. 구체적으로 Ability는 일을 완수하는 선천적인 정신력, 체력, 인격 등을 일컫고, Capability는 Ability보다 다소 진화한 개념으로서 직무에서 요구하는 조건을 만족시키는 능력을 총체적으로 의미한다고 할 수 있다.

반면 역량이라는 요소는 Ability와 Capability의 정태적인 특성을 넘어서서 직원이 독립적으로 성과창출을 위해 행동을 선택하는 소위 '행동능력'을 의미한다고 할 수 있으며, 동태적인 특성을 가진다는 것이 과거의 유사 개념들과 차별화되는 특성이다.

능력과 역량의 비교 및 발단단계

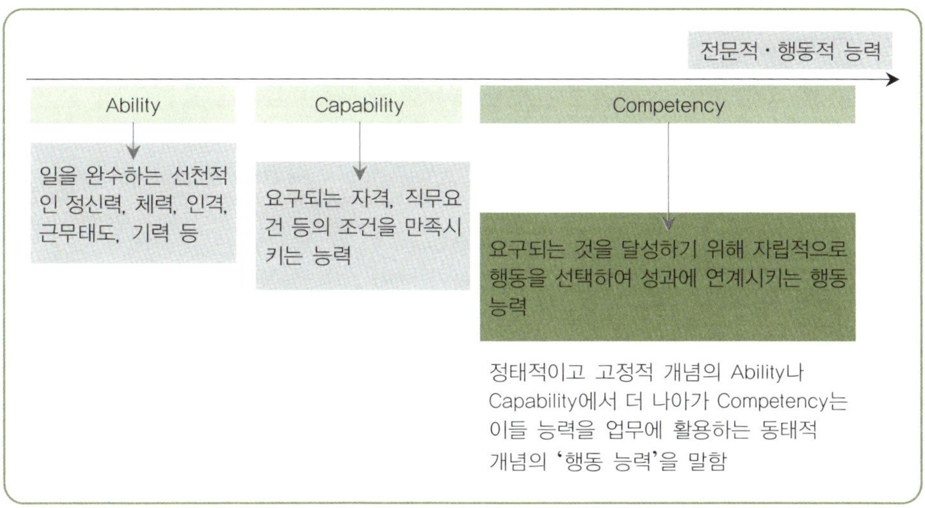

MBO로 업적을 관리하고 평가한다

과거의 업적평가는 결과중심 그리고 결과지향적인 특성이 너무나 강하였다. 사전 계획이라는 개념이 없었으며 사전에 계획을 하지 않다보니, 평가 시점에서 평가자의 주관이나 전반적인 인상에 의해 평가가 이루어지는 것이 결정적인 한계였다. 이러한 문제점을 줄이기 위해 목표에 의한 관리(MBO : Management By Objectives)라는 제도가 피터드러커에 의해 제안되어 오늘날 기업들 사이에 가장 일반적인 업적평가제도로 활용되고 있다.

MBO란 조직 및 개인이 달성해야 할 목표를 해당 직무수행자의 Role & Responsibility에 근거하여 구체적 실행계획을 명시하고, 이를 달성하기 위해 직무수행자와 상사가 함께 노력한 후 산출된 성과에 대해 관리 · 검토함으로써 발전적인 미래를 준비하고 성과를 창출하는 일련의 과정이다.

목표에 의한 관리(MBO) 프로세스

역량과 업적평가에 따라 전략적으로 인재를 관리한다

역량은 미래의 성과를 업적은 현재와 과거의 성과를 평가하는 의미를 가진다. 이러한 의미에 비추어 각각의 평가결과를 감안한 인재구분전략을 보면 다음과 같다.

- A그룹 : 고역량 저성과 그룹, 이 그룹에 속한 직원에 대하여는 직무의 전환 혹은 이동을 고려해 볼 수 있다. 즉, 역량은 탁월하나 현재의 성과가 다소 문제가 있는 경우이므로 직무배치에 문제가 있을 개연성이 있다.
- B그룹 : 고역량 고성과 그룹, 소위 Star그룹으로서 주로 기업에서는 핵심인재로 구분되는 직원들이다. 이들에 대해서는 지속적인 유지전략(Retention strategy)의 운용이 필요하다.
- C그룹 : 저역량 저성과 그룹, 저역량 저성과는 복합적 요인으로 인해 유지가 어려운 그룹이다. 이들에 대해서는 지속적인 성과향상프로그램(PIP)의 적용이나 퇴출에 대해서도 고민해야 한다.
- D그룹 : 저역량 고성과 그룹, 역량은 높지 않으나 고성과를 창출하는 직원들이다. 이러한 성과창출에 대해서는 주요 요인에 대한 분석이 필요하다. 분석 결과 개인적인 기여가 높다라고 하면 역량개발을 위한 교육훈련에 좀 더 초점을 두는 것이 필요하다.

인재구분 전략

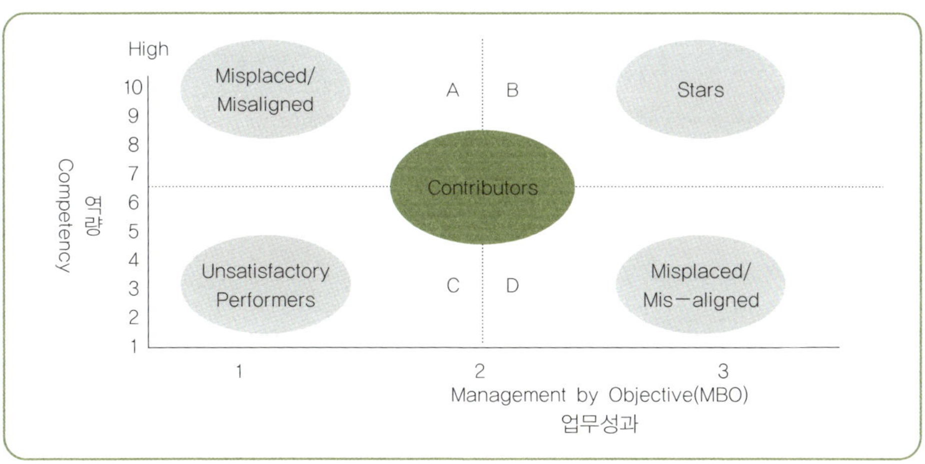

성과관리제도의 추세는 변하고 있다

과거의 성과관리제도는 결과지향적인 특성을 가지면서 임금이나 승진 등 보상을 나누는 기준으로 활용하는 것이 가장 큰 문제였다. 그러다보니 일방적인 평가가 너무나 당연시되었고, 팀장도 육성에 대한 관심보다 줄세우기를 통한 조직관리에 더 높은 관심이 있는 것이 현실이었다.

이러한 문제점을 극복하고 신개념의 성과관리제도가 확산되면서 자리잡게 된 제도의 특성들은 투명성과 객관성의 확보, 그리고 전략적인 관점에서 전사 그리고 조직의 성과지표들과의 유기적 연계성 극대화로 설명된다. 즉 과거의 사정형 평가가 아닌 조직의 목표를 달성하는 세부 과정 중의 하나로 MBO를 보기 시작하였고, 개인적인 측면에서는 연봉인상과 승진 이외에 역량과 커리어의 개발이라는 육성에 보다 초점을 맞추고 운영되고 있는 것이 특징이다.

성과관리제도의 변화 방향

구분	과거	현재
Focus	결과지향	결과 및 과정지향
목적	사정	육성 및 개발
커뮤니케이션	일방향	쌍방향
팀장의 역할	평가자	코치 및 멘토
사전계획	불필요	필요
팀성과와 연계	낮거나 없음	높음

LG, 시장선도항목

LG 그룹은 2012년 하반기 새로운 인사평가제도의 도입을 선언하였다. 기존에 업적과 역량평가 항목으로 경영진을 단순평가했던 방법에서 벗어나 '시장선도항목'을 신설하여 가장 큰 가중치를 두고 평가할 예정이다.

따라서, 2013년도부터는 시장선도항목의 평가비중을 50% 이상으로 확대하고 차년도 경영전략 수립시 시장선도기업으로 발전할 수 있는 Master Plan을 작성하도록 하여 이를 기초로 시장선도 기업으로 약진하기 위한 경영진의 역량보유 여부 등을 평가하는 한편, 시장선도제품이 단기간에 나오기 어렵다는 현실적 제약에 따라 평가기간은 2~3년의 장기간으로 설정할 예정이다.

25 업적평가는 팀장과의 합의 하에 추진된다

업적평가의 출발은 합의에 의한 목표수립이다

업적평가는 MBO프로세스를 통해 실시된다. MBO의 첫 단추는 팀장과 팀원간 목표에 대한 합의이다. 즉, 올해는 어떤 업무를 중점적으로 할 것인지 그리고 업무 수행의 결과로서 반드시 성취하고자 하는 목표는 무엇인지에 대해 상호 합의함으로써 업적평가의 프로세스가 개시된다. 이후 합의된 목표를 달성해 나가는 과정 역시 팀장과의 협업을 통해 이루어지게 된다. 즉, 목표수립 단계에서 평가단계까지 팀장과 팀원간 상호 의사소통이 중요한 프로세스 중 하나라 할 수 있다.

목표설정단계, 실행단계, 평가단계 그리고 피드백단계에서 팀장과 팀원간 지속적인 쌍방향 커뮤니케이션을 실시하지 않으면 평가과정 및 결과의 객관성과 공정성을 확보하기 어려우므로 반드시 이러한 역할에 대한 인식을 같이하고 상시적인 커뮤니케이션을 하고자 노력하여야 한다.

MBO평가 단계별 평가자와 피평가자 역할

	주요책임	목표설정 (Plan)	목표실행 (Do)	성과평가 (See)	Feedback (See)
피평가자	• 목표달성 및 자기개발	• 개인 목표 수립 • 자기개발 필요 역량/ 요구수준 확인	• 목표 달성도 점검(On-Going Basis)	• 자기평가 실시	• 자기개발 필요영역 확인
평가자	• 조직 성과향상 • 부하육성	• 조직 목표수립 • 부하 업적목표 합의	• 부하 Coaching • 중간면담 실시 • 조직목표 달성 수준 점검 및 지원	• 평가 및 평가면담 실시	• 성과평가 결과 Feedback

성공적인 MBO평가를 위해서는 팀장과 팀원의 협력이 필요하다

성공적인 MBO평가를 위해 팀장에게 요구되는 6가지 역할에 대해 살펴보자.

- Focus : 목표수립시 장황하게 목표를 수립하거나 거창하게 하지 않고, 핵심적인 업무에 집중하기
- Measure : 평가시점에서 측정이 객관적으로 이루어질 수 있어야 성과관리가 성공적으로 완수된다. 지표 그 자체의 측정도 중요하지만 지표의 달성을 위한 세부단계에서의 진척도나 달성도도 중요하게 간주하기
- Feedback : MBO평가는 평가 그 자체가 중요한 것이 아니라 향후 개선과 향상을 위해 무엇을 잘했고 무엇을 잘못했는지에 대해 피드백을 주는 것이 더 중요하므로 장래 개선이 필요한 사항에 대해 건설적으로 피드백하기
- Reward : 합의된 목표를 달성했거나 기대 이상의 성과를 창출한 경우, 그에 상응하는 보상을 제공함으로써 성공에 대한 인정을 해주기
- Reinforce : 성공은 또 다른 성공의 촉매제가 되므로 긍정적인 과정이나 결과에 대해서는 지속적으로 긍정적 피드백을 제공하고 독려하기

반면 팀원의 입장에서 성공적인 MBO평가를 위해 반드시 지켜야 할 역할이 있다. 성공적인 팀원 또는 팔로우어가 되기 위해 가장 중요한 것은 MBO평가제도를 보는 시각의 전환이다. 연봉결정 또는 승진자 선발이 평가의 주된 목적이 아니라 MBO평가를 통해 개인의 역량을 개발시키고 조직의 성공이 곧 개인의 성공이라는 전향적인 마인드를 고취하여 개인의 역량개발과 조직의 목표달성을 동시에 이루는 것이 MBO의 주된 목적이다. 또한 단기적인 관점에서 각 연도별 평가결과에 연연하기보다 장기적인 시각에서 여유를 갖고 평가제도를 바라보는 것이 필요하다.

성공적인 MBO평가를 위한 팀원의 역할

1	전향적으로 생각합니다. (Win－win전략, Positive－sum 사고방식)	5	조직의 틀 안에서 생각합니다.
2	사실을 수집해서 분석적으로 사물을 인식합니다.	6	팀 워크를 중시하며 행동합니다.
3	일의 방향을 정하기 전에 조언을 구합니다.	7	장애요인 발생 시 조언을 구하고 창의적인 고민을 합니다.
4	성급하게 판단하지 않고 인내심을 기릅니다.	8	마음의 여유를 갖고 행동의 폭을 넓힙니다.

목표는 스마트(SMART)하게 수립해야 한다

MBO평가에서 첫 번째 단계인 목표수립단계에서 가장 중요한 원칙은 스마트(SMART)원칙이라 할 수 있다. 스마트원칙이란 목표수립에서 지켜야 할 원칙 다섯 가지의 첫글자를 인용하여 부르는 표현이다. 아래에서 MBO 목표수립을 스마트하게 하는 다섯 가지 원칙에 대해 살펴보자.

Specific

목표는 구체적이어야 한다. 목표가 구체적이지 않고 두루뭉실하거나 넓은 범위의 영역을 포괄하고 있다면 평가 시점에서 객관성을 결여하기 쉽다. 즉, "매출을 획기적으로 상승시킨다."라는 목표보다는 보다 구체적으로 "매출을 작년대비 10% 상승시킨다."는 식으로 구체적으로 수립하는 것이 필요하다.

바람직한 목표 사례	개선이 필요한 목표 사례
• 서울지역 내 매출을 15% 제고한다. • 신사업 과제를 6월까지 60%까지 끌어올린다. • VOC를 연내 10건 이내로 줄인다.	• 지역 내 매출 M/S를 늘린다. • 신사업 과제를 기간에 맞추어 달성한다. • 고객들의 불만을 줄인다.

Measurable & manageable

수립된 목표가 측정 불가능하게 않게 되면 평가 자체가 곤란해진다. 또한 팀원이 관리할 수 있는 영역 내에 있지 않는 목표가 MBO평가에서 다루어지면 평가의 객관성이 결여될 가능성이 높아지게 된다.

바람직한 목표 사례	개선이 필요한 목표 사례
• 사내 비용 개선안을 수립하여 비용을 연내 10% 절감한다. • 고객만족도 조사 점수를 90점으로 제고한다. • 직원들의 카페테리아 사용률을 20% 추가 향상시킨다.	• 사내 비용 개선안을 적절하게 준비한다. • 고객만족도 점수를 올린다. • 직원들의 사기를 제고한다.

Aligned(or Attainable)

개인 단위에서의 평가를 MBO평가라 하지만 실질적인 목표는 조직에서 점차적으로 내려오는 단계가 필요하다. 이런 식으로 목표가 수립되지 않으면 조직과 개인의 목표가 한 방향으로 정렬되지 않게 되어 조직의 전략 달성이 어려워지게 된다.

평가지표의 유기적 연계를 위한 Cascading

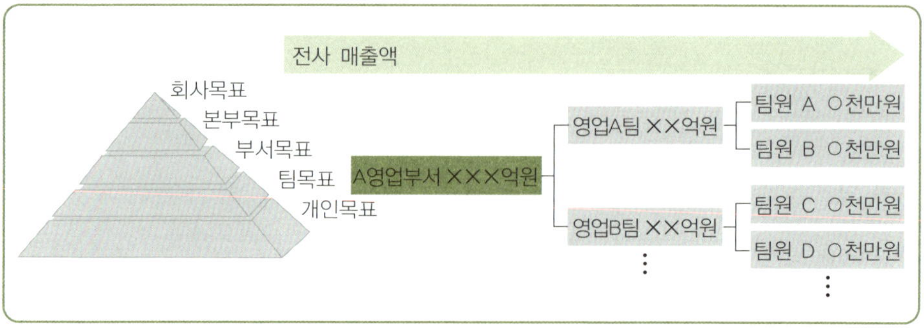

바람직한 목표 사례	개선이 필요한 목표 사례
• 팀 목표 : 신규고객 유치 10% 제고 • 개인 목표 : 신규고객 유치 5% 제고	• 팀 목표 : 신규고객 유치 10% 제고 • 개인 목표 : 기존고개 유지 10% 제고

Realistic(or Result oriented)

목표는 쉽게 달성할 수 있는 수준이 아니라 도전적으로 설정되어야 하고 동시에 달성가능하도록 현실적이어야 한다.

바람직한 목표 사례	개선이 필요한 목표 사례
• 매출 작년대비 10% 제고 • 복리후생 개선 보고서 작성 및 제도 실행 • 영업활동 개선제안 3건 및 반영률 50% 이상 유지	• 매출 작년대비 1% 제고 • 복리후생 개선 보고서 작성 • 영업활동 개선제안 3건

Time - bound

모든 목표는 달성 그 자체도 중요하지만 목표를 달성해 나가는 세부프로세스가 시간적 기준에 따라 측정되고 관리되는 것이 필요하다.

바람직한 목표 사례	개선이 필요한 목표 사례
• Q1 : 고객정보관리 현황분석 • Q2 : 시스템개발 및 Pilot run • Q3 : 관련 규정 정립 및 교육 • Q4 : 실행준비 및 Kick−off	• 연내 고객정보 IT 시스템 도입

시간적 개념을 감안한 목표세분화 사례

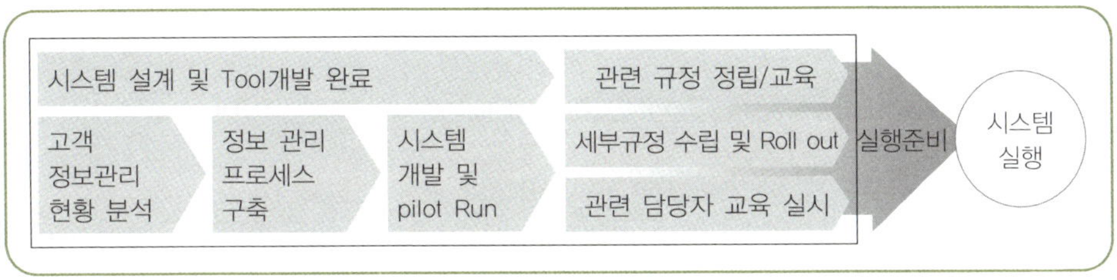

인더비즈 인사경영 Station

Visionary Company

James C. Collins 교수와 Jerry I. Porras 교수는 뚜렷한 목표를 세우고 고성과를 창출하는 글로벌 기업들을 관찰한 결과, Vision을 선행가치로 설정하고 이를 기준으로 기업을 Design한다는 공통점을 발견하고 이와 같은 회사들을 Visionary company라고 칭하였다.

이들이 정의한 Visionary company는 아래와 같은 특징을 갖는 회사들을 말한다.

1. 해당 산업에서 최고 선두그룹에 있는 기업
2. 같은 직종의 동료들에 의해 칭송을 받는 기업
3. 그 기업의 제품이나 서비스를 통에 지울 수 없는 각인을 남기는 기업
4. 여러 세대에 걸친 경영자가 있는 기업
5. 여러 세대를 거쳐 온 상품을 갖고 있는 기업
6. 역사가 반세기 이상 지속된 기업
7. 3M, American Express, Boeing, GE, IBM, J&J 등

26 조직 목표는 유기적으로 개인의 목표로 연계된다

회사의 목표와 개인의 목표는 다르지 않다

회사의 목표는 경영전략의 실행을 통해 지속적으로 성장하는데 필요한 장기 및 단기 과제에 초점을 맞추어 설정된다. 팀장은 소속 조직의 목표 달성을 위해 필요한 역할과 핵심 기능의 개선 및 특별 과업 추진과 관련된 목표를 설정하게 된다.

반면 개인의 목표는 팀원이 수행하는 고유 업무나 팀 목표에서 부여받은 전략업무 등으로 구성되는데 결국 회사의 목표를 달성하는 과정에서 개인의 목표가 명확해지고 구체화되므로 결국 전 팀원의 목표의 합은 회사의 목표와 동일하다고 보아도 무방하다. 이렇게 회사의 목표와 개인의 목표를 연계하여 수립하고 할당해 나가는 과정을 캐스케이딩(Cascading)이라고 한다.

Cascading을 통해 조직의 목표가 개별 팀원에게 연결된다

개인 업적평가제도로서의 MBO는 두 가지 측면을 가지고 있다. 우선 회사의 입장에서 보면 조직의 목표를 실천하는 과정으로서의 의미를 지니고, 개인의 입장에서는 1년 동안 부여받은 목표를 달성하고자 노력하여 연봉과 승진 등에서 소정의 혜택을 받을 수 있도록 해주는 기능을 한다. 전자의 입장에서 MBO가 조직 목표의 달성과정이라고 한다면 결국 개개인에게 조직의 목표가 체계적이면서 빠짐없이 그리고 팀원간 중복이 발생하지 않도록 하는 것(MECE : Mutually Exclusive and Collectively Exhaustively)이 중요하다.

따라서 전사의 목표는 각 본부로 나누어지게 되고, 각 본부의 목표는 소속 팀에게 할당되고, 팀에 할당된 목표는 소속 팀원에게 체계적으로 분배되어야 한다. 이렇게 MECE하게 목표들이 관리되어야 팀원의 목표달성이 최종적으로는 조직의 목표달성으로 이어지게 되는 것이다.

Cascading 프로세스

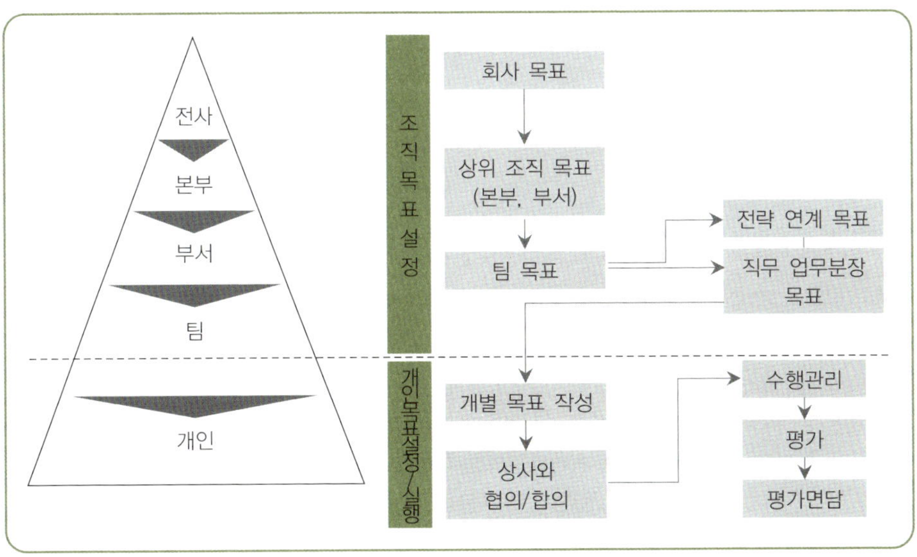

Cascading을 통해 커뮤니케이션을 활성화시키고, 목표를 구체화시킨다

대체로 성과관리 업무가 복잡하고 부수적인 것으로 느껴지는 것은 체계적으로 연계되지 않고 명확하지 않은 목적과 목표로 인한 경우가 많다. 상하위 조직간 그리고 조직과 개인간 추진과제와 목표의 Cascading을 통해 모든 구성원에게 전사 성과 창출을 위해 요구되는 역할과 책임에 대해 명확하게 커뮤니케이션 할 수 있는 것이 Cascading의 목적 중 하나이다.

또한 상하위 조직간 중점 추진과제 및 목표의 Cascading을 통해 전사적인 유기적 연계성을 강화하고 커뮤니케이션을 명확화 함으로써 최종적으로는 모든 구성원들의 전략 실행 및 성과 창출노력이 효과적으로 집중되게 되어 조직의 목표달성 가능성이 보다 강화된다.

상위 조직을 이해하고 해당 조직의 영향력을 감안해야 한다

전략과제 및 목표를 Cascading할 때 반드시 감안해야 하는 것이 두 가지 있다. 우선 각 단계에서 목표수립을 할 때 제일 먼저 상위 조직에 부여된 과제 및 목표를 철저하게 이해하는 것이 중요하다. 예를 들어 팀 목표 설정시 본부 목표에 대해 명확히 이해해야 하며 만일 상위 조직에 대한 이해가 부족할 경우, 각 단계별 유기적인 연계성이 저해되기 쉽다.

또한 각 단계에서 목표를 설정하는 경우 그리고 상하위조직 간 Cascading 대상을 선택할 때, 하위 조직에서는 “상위 조직의 목표를 달성하기 위해 우리는 무엇을 할 수 있는가?”라는 질문에 대해 고민함으로써 Cascading 프로세스를 보다 효과적으로 진행시킬 수 있다.

Cascading 사례

Step 1

CEO에서 본부장에게 Break Down

CEO	사업개발 본부장	생산본부장	영업본부장	물류본부장
전략 플래닝 (전사경영 전략)	• 사업전략을 책정	• 생산전략을 특정함	• 영업본부의 사업전략을 책정	• 신물류시스템을 구축 • X제품군의 조달전략을 수립
전사 수익성	• 수익력있는 사업/제품 개발을 통하여 수익목표 달성에 공헌 • 개발 코스트를 절감함	• 생산본부의 원가절감을 통하여 수익목표 달성에 공헌	• 영업본부의 수익목표를 달성 • 영업본부의 코스트를 절감	• 물류본부의 원가절감을 통하여 수익목표 달성에 공헌
고객만족	• 회사의 고객만족도를 항상시킬 시책을 마련	• 품질보증체제를 구축 • 안정적인 공급시스템 구축	• 거래처와의 상호 신뢰관계를 장기적으로 유지/발전	• 물류에 대한 고객만족도를 높임

Step 2

본부장에서 부장에게 Break Down

CEO	생산본부장	A공장장	제조 그룹 부장	품질관리 그룹 부장
전략적 계획 (전사경영 전략)	• 생산전략을 특정함	• A공장의 생산계획을 수립	• 최적 가동계획을 입안하여 실행	• 생산에 관한 최적의 전력 사용 계약을 입안하여 실행
전사 수익성	• 생산본부의 원가절감을 통하여 수익목표 달성에 공헌	• A공장의 원가절감을 통하여 수익목표 달성에 공헌	• 제조원가를 절감 • 제조설비를 유지/개선	• 전기설비, 분석계 등의 수리/정비 코스트를 절감 • 각 전기 설비의 로스율을 감소
고객만족	• 품질보증체제를 구축 • 안정적인 공급시스템 구축	• A공장의 제품 A의 품질을 확보 • A공장의 제품 A를 안정적으로 공급 • 사용자와의 상호신뢰관계 구축	• 전제품의 안정적 공급을 확보할 수 있는 메인 터넌스를 실시	• 제품 품질을 유지, 향상 • SO의 인증을 유지

Step 3

부장에서 과장에게 Break Down

CEO	제조 그룹 부장	생산 계획 과장	제조 제1과장
전략 플래닝 (전사경영 전략)	• 최적 가동계획을 입안하여 실행	• ……	• ……
전사 수익성	• 제조원가를 절감 • 제조설비를 유지/개선	• ……	• ……
고객만족	• 전제품의 안정적 공급을 확보할 수 있는 메인 터넌스를 실시	• ……	• ……

목표 Cascading

목표 Cascading이라 함은 폭포(Cascading)가 떨어지듯이, 조직의 가장 상위에 있는 목표가 하위 부서와 팀, 그리고 가장 아래에 있는 팀원에게 이르기까지 일관성 있게 연계되도록 설정하는 것을 의미한다.

Cascading이 미흡한 경우 조직과 개인의 업적실행 과정상 괴리가 생기게 되어 조직과 개인의 에너지가 분산되는 결과가 초래되며, Cascading의 효과를 극대화하기 위해서는 팀장과 팀원 간 효과적인 커뮤니케이션을 활성화시키는 것이 필수적이다.

27 미래의 성과창출을 위해 역량모델링은 필수다

오늘의 성과를 업적, 내일의 성과를 역량이라 한다

성과관리의 큰 두 축을 업적평가와 역량평가라 한다. 오늘까지 창출해낸 결과나 성과물을 업적이라 하는데, 이는 엄연히 미래의 성과가 아닌 현재까지의 시간적 의미를 담은 의미의 표현이라는 특성이 있다.

그럼 과연 미래의 성과는 어떻게 창출해 낼 것인가가 궁금해질 수 있다. 여기서 미래의 성과를 창출하는 근원이자 원동력이 되는 것을 역량(Competency)라고 부르기로 하자. 역량이란 조직의 목표를 달성하고 성과를 창출하는데 필요한 핵심적인 기술, 지식, 행동 및 행동특성 등을 총칭하는 것이다. 바꾸어 말하면, 역량이란 자연스럽게 고성과자 즉 일 잘하는 직원에게서 나타나는 행동, 태도, 자세 등의 집합체라고 할 수 있다.

고성과 창출을 위해 역량을 분석하고 활용한다

따라서 이러한 역량의 실체를 잘 파악해서 정리할 수만 있다면 역량 개발이 필요한 직원이나 신입사원에게 교육함으로써 조직 역량을 전체적으로 향상시킬 수 있을 것이다. 이러한 점에 착안하여 역량을 정의하고 분석하는 작업을 역량모델링(Competency modelling)이라고 한다.

역량모델링의 궁극적인 목적은 미래의 성과창출을 위해 필요한 지식, 행동, 태도 등을 정리하는 과정으로 이해하면 보다 정확하다고 할 수 있다. 세부적으로 역량의 구분을 어떻게 하는지에 따라 역량모델링의 체계가 결정되는데, 일반적으로 3단계를 많이 사용하나, 경우에 따라 2단계 역량모델을 사용하는 경우가 있다.

역량모델링 체계

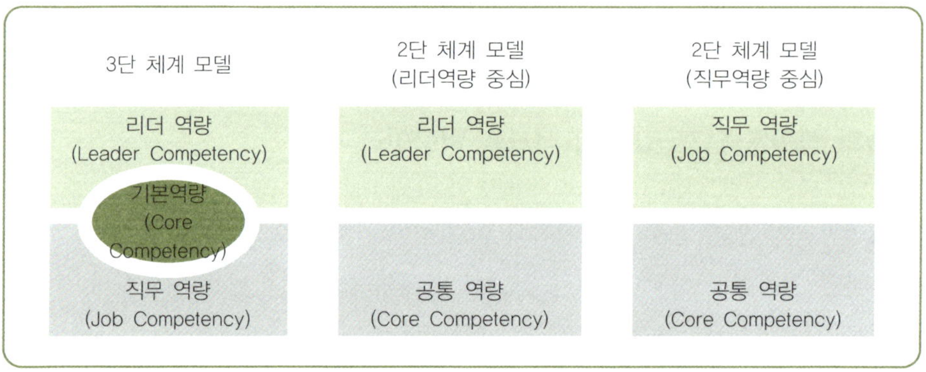

공통역량은 조직의 비전과 미션에서 결정된다

공통역량은 모든 구성원에게 요구되어지는 역량으로서 비즈니스의 속성과 조직의 문화적 근간을 토대로 발휘되는 집단적 역량이라고 할 수 있다. 따라서 조직의 최종 지향점인 비전과 미션을 달성하기 위해 반드시 필요한 역량을 공통역량이라고 할 수 있으므로 비전과 미션의 분석으로부터 공통역량의 도출이 시작된다고 할 수 있으며, 도출 과정에서 구성원의 의사를 반영하기 위해 FGI나 임직원 인터뷰를 실시하는 것이 일반적이다.

공통역량 도출요소

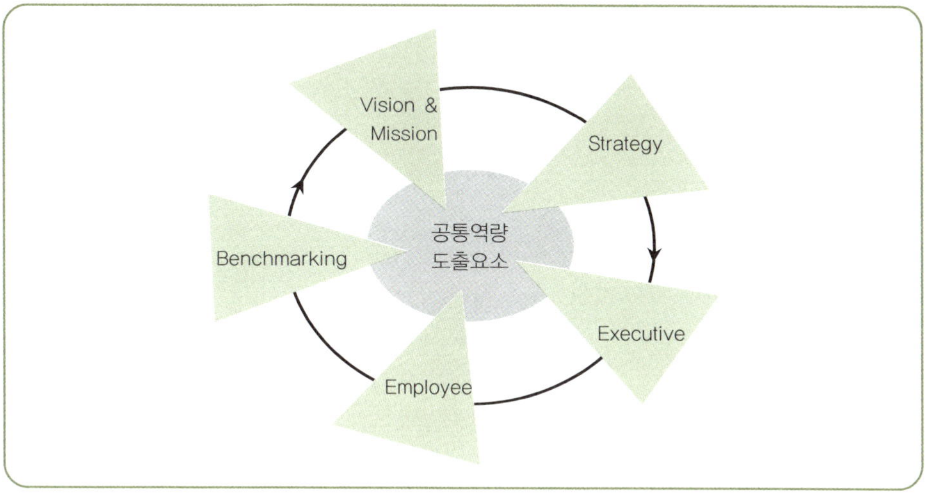

리더역량은 사람, 변화, 관리 그리고 일을 중심으로 형성된다

리더역량이란 조직의 전략목표 달성을 위해 단위 조직을 관리하는 팀장에게 요구되는 역량이다. 퀸 모델(Quinn's Model)에 따르면 리더에게 요구되어지는 역량 요소를 결정하는 기준으로서 현재지향적인지 그렇지 않으면 미래지향적인지를 기준으로 판단하는 '시간적인 요소(Timeframe)'와 사람지향적인지 그렇지 않으면 성과 또는 목표지향적인지를 기준으로 판단하는 '대상적 요소(Subject)'를 제시하고 있다. 두 가지 요소를 기준으로 역량 요소를 산출하면 아래 그림에서와 같이 사람, 변화, 관리 그리고 일이라는 요소를 찾을 수 있다. 이를 실무적으로 해석해보면 리더는 사람에 대한 관리, 변화에 대한 관리, 일에 대한 관리를 종합적이고 균형있게 할 수 있어야 함을 시사한다고 할 수 있다.

리더역량의 4가지 요소

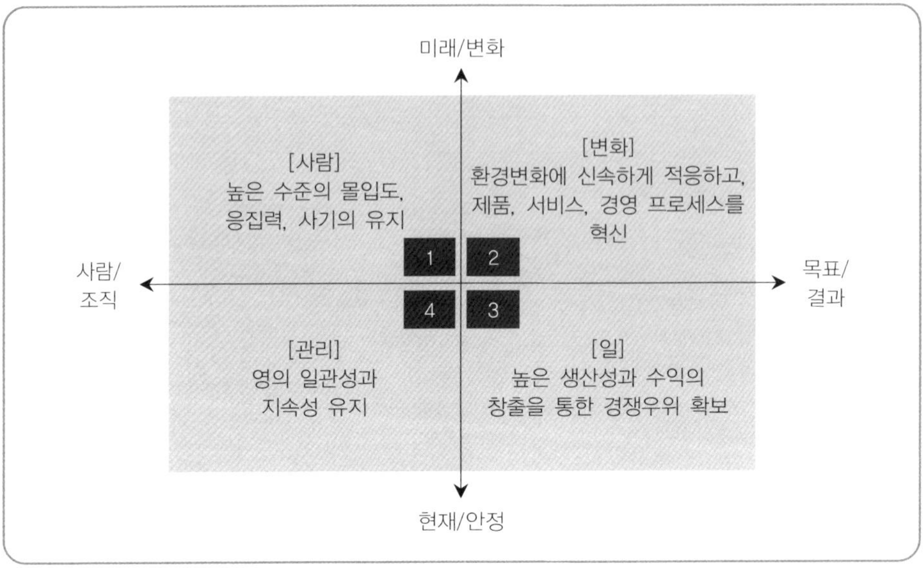

이러한 4가지 요소별로 필요한 리더의 역할을 정리해보면 [표]에서 보는 바와 같이 조정자, 혁신가, 행동하는 인간 그리고 위험담당자로서의 리더 역할이 제대로 수행될 때 비로소 리더십이 있다는 판단을 할 수 있게 된다.

역량요소와 요소별 리더의 역할

역량요소	리더의 역할
사람	조정자로서의 리더
변화	혁신가로서의 리더
일	행동하는 인간으로서의 리더
관리	위험담당자로서의 리더

글로벌 기업 및 대기업의 리더역량

리더 역할	역량항목 특징	Citibank	GE	국민은행	LG
변화 (ADHOCRACY)	결단력	Acting decisively	Ownership building	업무 추진력	사업가적 주도성
	개방성	Foster open communication			
	고객지향적 업무개선	Customer focus			고객중심적 업무 수행
사람 (CLAN)	팀 관리	Teamwork	Team building	지도 통솔력	고성과 팀빌딩
	신뢰 구축	Act with Integrity, Respect &Balance	Interpersonal assessment	도덕성/ 성실성	
	부하 육성	Commitment to continuous learning		부하 육성	지도/육성
일 (MISSION)	변화 기회의 포착	Innovative thinking	Strategic thinking	업무혁신/ 자기개발	전략적 사고
	비전설정	Shaping strategic vision	Systematic planning		
	대내외 지지 획득		Change facilitation		협상/ 변화관리
관리 (BUREAUCRACY)	솔선수범	Deriving execution	Influence/ persuasion	경영관리, 의사소통/ 정보수집	
	업무 조정력				커뮤니케이션, 정보수집/ 관리
	조직문화 관리				

직무의 내용이 다르면 필요한 직무역량도 달라진다

직무역량이란 수행 직무를 완수하기 위해 요구되는 업무의 기술적 능력, 행동 및 태도를 종합적으로 일컫는 표현이다. 이러한 직무역량은 직무인사관리의 토대가 되면서, 채용, 이동, 평가 및 전문가 육성 등에 있어 가장 중요한 기준이 된다.

공통역량이 모든 구성원에게 공통적으로 요구되는 역량이고, 리더역량 역시 리더에게 공통적으로 적용되는 역량임을 감안할 때, 직무역량은 직무별로 다르게 정의되고 분석된다는 점이 특징이다. 즉, 직무별로 직무환경이 다르고 직무를 성공적으로 수행하기 위한 핵심요인이 다르므로 이에 따라 요구되어지는 역량 역시 달라져야 함을 의미한다.

일반적으로 직무역량 사전의 구성은 정의, 키워드 그리고 행동지표로 이루어지게 된다. 이 중 가장 중요한 것은 행동지표에 해당하는 내용인데 가령 예를 들어 전략적 사고 역량이 필요한 직무에서 해당 역량의 수준이 높은 팀원이 보여주는 구체적인 행동이나 태도들을 종합적으로 모아놓은 세부지표라 할 수 있다.

직무역량 사전 사례

전략적 사고 : 장기적이고 통합적인 관점에서 목표를 설정하고 대안을 구성하여 그 우선순위를 명확히 하며 실행계획 및 처방까지 제시하는 역량		
핵심요소 및 행동 지표	키워드	다양한 환경과 요소를 고려한 장기적 방향 설정
	행동 지표	• 조직에 영향을 줄 수 있는 사회적, 경제적 추세에 대해 잘 알고 있다 • 담당조직에서 추구해야할 가치를 명확히 인식하고 전략, 목표를 설정한다. • 조직 내외의 전반적 상황과 다양한 관점을 고려하여 계획을 개발한다. • 현재뿐만 아니라 미래의 요구와 변화요인을 고려하여 계획에 반영한다. • 장기적인 문제해결을 위해서 눈앞에 닥친 문제들에 집착하지 않는다.

		• 정책수립 및 수행 시 장단기적으로 나타날 수 있는 성과에 대하여 구체적이며 도전적인 목표를 설정하고 이를 효과적이고 전략적으로 수행한다. • 업무의 본질과 환경변화에 대한 통찰력을 갖고 성공을 위한 변화의 기회을 포착하며 조직과 개인의 가치창출을 위한 변화에 유연히 대처한다. • 환경의 현황과 변화방향을 거시적이고 종합적으로 분석한다. • 달성가능한 목표를 우선적으로 추진한다. • 정책의 비용과 편익을 계량하여 비교한다.

이러한 직무역량은 우선 직무환경의 분석에서 시작하게 된다. 이후 해당 직무의 성공적 완수를 위해 필요한 요인들에 대해 분석하고 이렇게 도출된 요인들을 달성하기 위해 필요한 성공행동 사례를 역량사전을 통해 종합하는 과정을 거침으로서 직무 역량모델링을 완수하는 것이다. 이후 직무환경이나 수행 내역이 변동될 경우, 그 변동 내역에 맞도록 커스터마이징(Customizing)함으로써 지속적으로 유효한 직무 역량모델링을 유지할 수 있게 된다.

직무역량 도출 프로세스

일반적으로 직무역량을 도출할 때 3가지 측면을 고려하게 되는데, 사람, 시간 등 직무를 수행하기 위해 필요한 투입요소(Input factor), 커뮤니케이션 등과 같이 직무를 수행하면서 필요로 하는 과정요소(Process factor) 그리고 기여도(Contribution)와 효과(Impact)와 같은 결과요소(Output factor)로 나누어 직무에 필요한 역량을 도출함으로써 직무를 둘러싼 전반적인 요소를 고려할 수 있다.

두산그룹 인사고과제도 폐지

두산그룹은 2013년부터 기존의 인사고과제도를 폐지하고 새로운 성과관리제도를 도입할 것을 발표하였다. 우선, 점수를 매겨서 서열화하는 식의 인사고과제도와 연례행사로 전사적으로 승진 인사를 일괄발표하던 제도가 사라지게 된다.

앞으로는 공정성, 소통, 근성, 혁신마인드, 사업적 통찰력 등 45개 항목에 대한 자신의 강점 및 약점을 파악하고, 평가자와 피평가자간 장단점에 대하여 Communication 한 이후, 서로 공감하는 과제를 도출한 다음, 도출된 과제를 기준으로 1년치 개선 계획을 수립하고 1년 후 직원이 얼마나 성장했는지 여부를 평가의 주요 기준으로 삼게 된다. 이와 같은 방법을 적용함에 따라 점수화시 논란이 될 수 있는 객관성 여부는 평가자와 피평가자간 끊임없는 Communication을 통해 확보할 예정이다.

28 평가자 오류는 객관적 평가의 최대 적이다

후광효과(Halo effect)

평가대상자의 전반적 인상이나 특정한 요소로부터 받은 인상에 의거해 평가를 내리려는 경향을 말한다. 즉 일부 눈에 띄는 특성에 영향을 받아 다른 평가항목의 평가를 왜곡시켜 버리는 경향을 뜻한다.

[사례]
"어쨌든 매출 실적이 좋으니까 다른 부분도 잘 했다고 봐야지."
"여태까지 계속 1등이었으니까 이번에도 역시??"

관대화 경향(Leniency error)

점수부여 과정에서 주로 발생하는 문제로 평가대상자의 성과나 능력을 실제보다 높게 평가하는 경향이다. 즉 목표에 대비하여 엄정하게 평가하는 것이 아니라, 인정이나 관계에 끌려 후한 평가를 하는 경향을 말한다. 이와 반대되는 경향, 즉 실제보다 낮게 성과를 평가하는 경향은 엄격화 경향(Strictness tendency)이라고 한다.

[사례]
"그래도 내 직원이니까 잘 주자."
"원한이 있지도 않은데 이사람 인생을 망칠 수야 없지."

중심화 경향(Central tendency error)

점수부여 과정에서 주로 발생하는 문제로 평가대상자들을 모두 중간점수로 평가하려는 경향을 말한다. 양극단의 평가를 사용하기 꺼려하는 평가자들이, 평가대상자들에게 중간점수를 부여함으로써 평가 시 일어날 수 있는 반발을 막고 평가행위에 안전을 부여하려는 의도이다.

[사례]
"잘해봐야, 못해봐야 그게 그 수준이지 뭐…다 똑같아."

논리적 착오(Logical error)

점수부여 과정에서 주로 발생하는 문제로 평가요소 간의 관련성을 판단하여 그것을 평가결과에 반영하려는 경향이다. 즉, 평가요소를 판단함에 있어 논리적 인과관계가 없는 요소에 근거하여 평가하려는 경향을 뜻한다.

[사례]
"김대리는 아는 것이 많으니까 이해력도 좋을거야."

근접오류(Proximity error)

점수부여 과정에서 주로 발생하는 문제로 평가표 상에 근접하게 기재되어 있는 평가요소나 평가결과의 내용들이 서로 유사해지는 경향을 뜻한다. 또는 특정 평가 시간 내에서 평가결과가 유사하게 도출되는 것을 의미한다.

[사례]
"업무효율성과 진척율?? 분석력과 판단력?? 그게 그거 아냐?"

연공오차(Seniority error)

인지 단계에서 주로 발생하는 문제로 평가대상자의 연령이나 근무 기간을 기준으로 평가하려는 경향을 뜻한다. 이 오류는 특히 우리나라에서와 같이 연공 중심의 인사관리를 하는 경우 많이 발생한다.

[사례]
"김과장이 이과장보다 입사한 지 오래됐고 그만큼 경험도 많으니까 일도 더 잘하겠지."

대비오차(Contrast error)

인지 단계에서 주로 발생하는 문제로 평가대상자를 평가할 때, 평가자 자신이 지닌 특성과 비교해서 평가하거나 평가대상자 이외의 사람들이 지니고 있는 특성과 비교해서 평가하는 경향을 의미한다.

[사례]
"나도 이걸 이만큼이나 하는데, XX씨는 이거 밖에 못했나? 좀 전에 평가한 ○○씨도 이 정도나 했는데?"

시간적 오류(Regency error)

인지 단계에서 주로 발생하는 문제로 전체 평가 기간에 근거해서 평가대상자의 능력이나 성과를 평가해야 함에도 불구하고, 실제로 평가가 이루어지는 몇 주간의 결과에 근거해서 평가하는 경우를 의미한다.

[사례]
"최근에 성과가 점점 좋아지니 점수를 잘 줄 수밖에"
"전에 어떻게 했는지 알게 뭐야. 기억도 안나는데"

평가자 오류는 줄일 수 있다

아무리 체계적인 평가제도를 도입하더라도, 아무리 정량적인 성과지표를 구축하더라도 위와 같은 평가자 오류가 제거되지 않으면 평가결과의 객관성이 낮아지게 되고, 이는 곧 피평가자의 수용도에 직접적으로 영향을 미치게 된다.

아래에서는 평가자 오류를 줄이기 위한 방안에 대해 살펴보도록 하자

1. 커뮤니케이션의 강화 : 평가자와 피평가자간 커뮤니케이션을 전 평가기간에 걸쳐 강화함으로써 평가자 오류를 줄일 수 있다.
2. 정량평가지표의 활용 제고 : 정성지표의 경우, 평가자 역량이 뒷받침되지 않게 되면 주관적 평가로 흐를 가능성이 있으므로 정량평가지표의 활용을 제고하는 것이 필요하다.
3. 지속적인 평가자 교육 : 평가자간 일관적 기준과 공감대를 형성함으로써 오류는 줄어들 수 있다.
4. 평가자 오류 유형에 대한 공유와 오류에 대한 책임감 부여 : 평가시 발생할 수 있는 오류에 대한 유형을 구체화하여 평가자 교육시 반영하고, 해당 유형 발생시 평가자에 대한 책임을 물음으로서 오류를 줄일 수 있다.
5. 평가가이드라인 상세화 : 평가에 필요한 세부 절차를 구체적으로 명시한 가이드

라인을 구축함으로써 평가결과의 객관성을 제고할 수 있다.

인더비즈 **인사경영** Station

평가자교육

과거 기업들은 평가결과의 오류를 최소화하고 객관성을 극대화하고자 '평가제도의 개선'에 주안점을 두었다. 그러나 신제도의 도입 및 외부전문가의 활용을 통한 제도의 고도화 노력에도 불구하고 평가결과에 대한 직원들의 만족도가 높아지지 않는다는 사실을 인지하게 되면서, 평가제도 자체의 개선 외에 '평가자 교육'으로 관심을 돌리게 되었다.
왜곡된 평가결과는 근본적으로 평가자의 오류 또는 주관의 개입으로부터 비롯된다는 사실을 인지하고, 다음과 같은 테마에 대하여 평가자 교육을 매년, 반기별 또는 분기별로 시행하는 기업들이 점차 늘어나고 있다.

1. 평가제도 자체의 이해도 파악
2. 평가자의 육성자로서의 바람직한 역할
3. 평가오류의 유형 및 해결방안
4. 평가면담 스킬 등

29 평가결과의 객관성과 수용성을 높일 수 있다

평가제도의 생명은 객관성이다

팀원들은 평가를 통해 일을 잘하는 팀원과 그렇지 않은 팀원으로 나뉘게 된다. 동시에 이 평가 결과에 따라 팀원은 두 가지 요소에서 영향을 받게 되는데, 그 중 하나가 바로 연봉이고 다른 하나가 승진이다. 그만큼 평가란 개인에게 민감하고 중요한 사안일 수밖에 없다. 따라서 평가제도에 있어 피평가자인 팀원에게 가장 중요한 요소가 바로 수용도라 할 수 있다. 즉, 낮은 평가등급을 받더라도 그 결과에 대해 수용하고 이의를 제기하지 않는 것이 조직 운영 차원에서 필수적이다. 만일 성과주의를 도입하여 팀원 간 건강한 경쟁을 유도하고 고성과자에 대한 보상을 강화하고자 하였으나 결과적으로 평가결과에 대한 불만과 불신이 생겨나 팀원 간 갈등이 높아지고 팀웍이 저해된다면 평가제도를 도입하지 않는 편이 더 좋을지도 모르겠다. 이러한 시각에서도 평가제도의 핵심 중 하나는 평가결과의 수용도라고 할 수 있을 듯 하다.

평가제도의 객관성과 공정성의 중요성

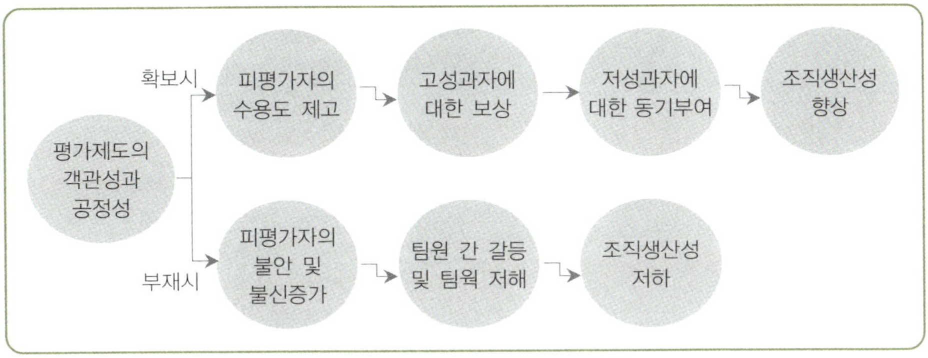

팀원의 평가에 대한 수용도를 높이기 위해 필수적인 것이 평가제도의 객관성과 공정성이다. 즉, 평가제도가 객관적이고 공정해야 낮은 평가자들도 결과에 대해 이의를 제기하지 않고 긍정적으로 받아들이게 된다. 그럼 과연 어떻게 평가제도의 객관성과 공정성을 제고하고 수용도가 확보할 수 있는지에 대해 알아보도록 하자.

프로세스, 커뮤니케이션 그리고 평가자 역량을 통해 평가제도를 혁신하다

평가제도의 수용도 제고방안에 대해 살펴보기 위해서는 과연 어디서 평가제도의 객관성 저해요인이 발생하는지를 살펴보는 것이 필요하다. 즉 문제의 근본원인을 찾아야 그에 맞는 해결책을 제시할 수 있는 것이다. 우선 평가제도 운영프로세스에서 그 원인을 찾을 수 있다.

평가제도 공정성 확보를 위한 3요소

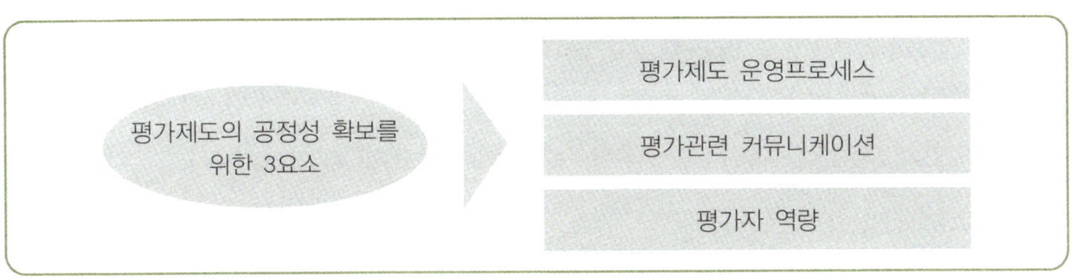

평가제도가 운영 프로세스에 있어 필수적인 것이 평가지표와 평가체계다. 우선 평가지표는 정량지표와 정성지표로 구분되게 되는데, 정량지표는 계량적인 수치로 성과를 판단하는 지표이고 정성지표는 성과달성 정도에 대하여 사람의 주관적인 판단이 필요한 지표이다.

평가의 객관성을 위해 평가지표가 정량지표로만 구성되어야 한다고 언뜻 생각할 수 있을 것이나, 정성지표라 하여 객관적인 평가를 저해하는 것은 아니라고 보아야 한다. 그러나 평가제도나 평가자의 역량이 정상적 궤도에 오르기 전에는 정량지표를 중심으로 평가는 하는 것이 다소 객관적인 평가에 도움이 되리라 생각한다.

성과지표의 유형

성과지표

정량 지표	정성 지표
• 계량적인 수치로 성과를 판단할 수 있는 지표 • 목표 대비 정량적인 달성도에 따라 성과 달성 여부를 평가함 • 일반적으로 사전에 성과의 판단 기준에 대한 설정이 용이함 • 예〉매출액(이익)달성도, 수익신장률, 주거래 고객수, 인건비 절감률, 전산 개발 시기, 총수익 경비율 등	• 성과 달성 정도에 대하여 사람의 주관적인 판단이 필요한 지표 • 목표 수행 결과의 내용과 질적인 측면에서 성과 달성 여부를 평가함 • 일반적으로 사전에 성과의 판단 기준에 대한 설정이 어려움 • 합리적 판단을 위해 사전에 합의된 기준을 마련함 • 예〉전략수립의 적절성, 노사협의회 운영

그리고 평가과정에서의 객관성 저하에 대한 원인으로 커뮤니케이션의 부재를 뽑을 수 있다. 평가제도 및 프로세스는 말 그대로 평가의 하드웨어를 구성하는 요소라 할 수 있다. 이러한 하드웨어를 운영하는 소프트웨어적인 측면의 요소가 바로 커뮤니케이션이다. 평가자와 피평가자가 평가기간 중 지속적인 커뮤니케이션을 병행함으로써 평가에 대한 공감대를 형성하고 지표에 대한 눈높이를 같이 할 수 있는 것이다.

마지막으로 평가의 객관성과 공정성에 영향을 미치는 요인으로 평가자의 역량을 들 수 있다. 평가제도가 하드웨어이고 커뮤니케이션이 소프트웨어라면 이러한 하드웨어와 소프트웨어를 운영하는 운영자가 바로 평가자이다. 따라서 평가자의 역량이나 태도에 따라 평가제도가 어떻게 운영될지가 결정적으로 좌지우지되게 된다. 이러한 점을 고려해서 최근 평가자들에 대한 역량향상 교육을 진행하는 기업들이 기하급수적으로 늘고 있다. 즉, 과거에는 평가의 공정성을 제도에서 찾았다면 이제는 평가제도를 운영하는 핵심 주체인 팀장 및 평가자에게서 찾고자 하는 것이 트렌드상의 큰 변화라 하겠다.

평가의 객관성 제고를 위한 Action plan을 세우자

1. **평가 단계를 세분화하자** : 평가 단계를 2단계나 3단계로 세분화하고 각 단계별 R&R을 명확히 함으로써 평가의 객관성을 제고할 수 있다. 반대로 평가권한이 일부에 쏠릴수록 평가의 객관성 유지가 어려워진다.
2. **평가의 횟수를 늘리자** : 대부분 기업들이 연 1회 평가를 실시한다. 평가횟수가 적을수록 평가결과의 공정성이 흔들릴 수 있다. 최소 반기 1회로 확대하여 보다 정확한 평가가 가능하도록 해야 한다. 한편 평가의 횟수가 늘어나게 되면 평가자들의 평가업무 증대에 대한 불만이 제기될 수 있음을 염두에 두어야 한다.
3. **fact-finding을 충실히 하자** : 공정한 평가를 위해서는 피평가자의 업무에 대한 data tracking이 필수다. 이를 fact-finding이라 하는데, 팀장들이 평소에 팀원들의 업무수행 결과와 태도를 모니터링하도록 해야 평가시점에서 전반적인 측면에서 평가가 가능해진다.
4. **Calibration session을 도입하자** : 평가자별로 눈높이가 다르고 평가제도에 대한 이해도가 동일하지 않을 수 있다. 이런 경우 어떤 평가자 하에서 평가를 받느냐에 따라 평가결과가 달라지게 되어 평가의 일관성이 저해될 수 있다.

이를 보완하기 위해 평가자간 평가결과를 조정하는 과정을 거치게 하는데 이를 Calibration session이라고 한다.

5. 이의제기 프로세스를 실행하자 : 회사의 노력에도 불구하고 평가결과에 대한 이의나 불만이 생기는 것을 원천적으로 막을 수는 없다. 이러한 경우 평가결과에 대한 이의를 제기하는 프로세스를 도입함으로써 평가결과의 수용도 제고에 긍정적인 영향을 미칠 수 있다.

평가제도에서의 이의제기 프로세스

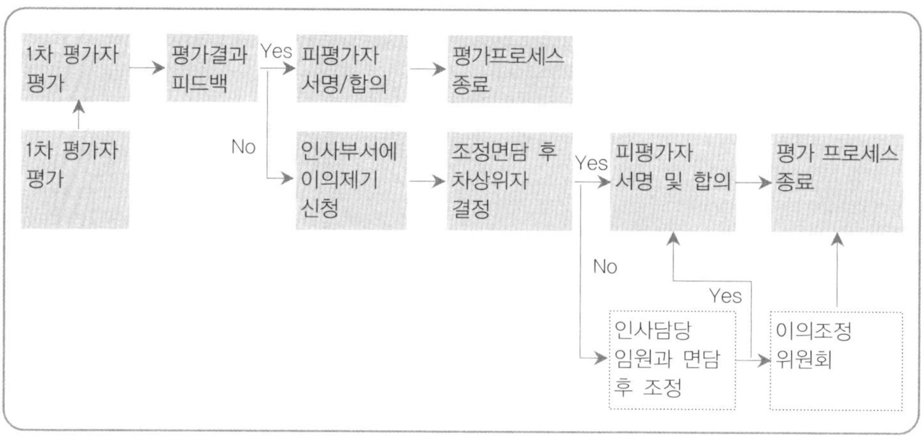

PART 03

노무관리

01 고용의 시작은 근로계약의 체결이다

고용계약과 근로계약 무슨 차이일까?

일방이 상대방에게 노동력을 제공하고 상대방은 그에 대한 대가로 소정의 금품을 제공하는 형태의 계약을 일반적으로 고용계약 또는 근로계약이라 부르고 있으며, 현업에서는 이 두 용어를 혼용하여 사용하고 있다. 그러나 이 두 계약은 엄연히 각각 다른 법률에서 명시하고 있는 바, 그 구체적 의미는 다음과 같다.

민법상 고용계약은 당사자의 일방이 노무제공을 약정하고 상대방이 이에 대하여 보수지급을 약정함으로써 그 효력이 생기며 계약 당사자는 평등한 권리와 의무를 지니게 된다.

반면 근로기준법상 근로계약이란 근로자가 사용자에게 근로를 제공하고 사용자는 이에 대하여 임금을 지급하는 것을 목적으로 체결된 계약을 말한다.

근로자가 사용자에게 근로를 제공하고 사용자는 이에 임금을 지급한다는 점에서 민법상 고용계약과 근로기준법상 근로계약은 비슷한 성질을 가지고 있으나 근로기준법상 근로계약의 경우, 근로자와 사용자간의 평등한 관계가 실질적으로 이루어지기 어려움을 감안하여 대등한 관계를 유지시킬 수 있도록 일정한 법적 제한이 가해지게 된다.

근로계약은 구두상 합의로도 성립한다

사용자와 근로자 사이에 근로제공과 이에 대한 급여의 지급이 시작되면 서면계약이 체결되어 있지 않아도 구두계약이나 관행·관습에 의하여 근로관계가 성립된다. 즉, 근로계약은 특별한 형식을 요구하지 않으며 사용종속관계 아래에서의 근로제공과 이에 따른 임금지급약정만 있으면 유효하게 성립한다.

근로계약은 법령상 서면계약을 요건으로 하지는 않는다. 다만, 당사자 사이의 분쟁을 예방하기 위하여 서면으로 근로조건을 명확히 하는 것이 필요하다. 특히 아래와 같이 노동관계 법령에서는 '일반근로자'의 근로계약을 체결·변경시 근로조건의 서면 명시, '기간제근로자 및 단시간근로자'의 근로조건에 대한 서면 명시, '해고의 시기·사유'에 대한 서면 통지, '연소근로자 및 건설근로자'의 고용·근로조건에 대한 서면 명시의무 등을 규정하고 있는 바 이에 대한 확인이 요구된다.

고용 및 근로조건과 관련하여 서면으로 명시하여야 할 사항

<table>
<tr><th>구분</th><th>대상</th><th>내용</th><th>벌칙</th></tr>
<tr><td>임금</td><td>• 구성항목·계산방법·지급방법</td><td rowspan="2">• 체결의 경우 명시·교부
• 변경의 경우 요구시교부</td><td rowspan="2">벌금 5백 만원</td></tr>
<tr><td>근로조건 등</td><td>• 소정근로시간
• 휴일, 연차휴가</td></tr>
<tr><td>연소근로자</td><td>• 근로기준법 제17조 일반명시사항</td><td>• 명시·교부</td><td>벌금 5백 만원</td></tr>
<tr><td>기간제근로자</td><td>• 계약기간
• 근로시간·휴게, 휴일·휴가
• 장소, 종사업무
• 임금구성항목·계산방법·지불방법</td><td>• 명시</td><td>과태료 5백 만원</td></tr>
</table>

단시간근로자	• 기간제 사항 • 근로일, 근로일별 근로시간	• 명시	
파견근로자	• 근로자파견계약 • 파견의 대가	• 알려줌 • 명시(요구시)	과태료 1천 만원 과태료 3백 만원
건설근로자	• 사업주(장) 사항 • 시간 · 임금 · 고용 • 퇴직공제가입 • 장소, 종사업무	• 명시 · 교부 (요구시)	
해고	• 시기 · 사유	• 통지	

근로계약 체결시 반드시 기재해야 할 사항이 있다

앞서 살펴본 바와 같이 근로기준법상의 근로계약이 성립되기 위해서는 문서로 작성된 계약서 또는 구두계약이나 당사자 간의 묵시적인 합의가 필요하다.

근로기준법은 사용자에게 근로계약 체결 · 변경시에 임금, 소정근로시간 등의 근로조건을 명시할 의무를 부과하고 있다. 구체적인 명시사항은 임금의 구성항목 · 계산방법 · 지급방법, 소정근로시간, 유급주휴일, 연차유급휴가에 관한 사항으로 이들은 반드시 서면으로 작성하여 근로자의 요구가 없는 경우에도 의무적으로 교부하여야 한다. 따라서 이렇게 명시된 근로조건은 따로 그 형식이나 제목을 '근로계약서'로 작성 또는 표기하지 않는다 하여도 그 자체로 근로관계의 내용이 되어 당사자 간의 근로계약이 된다.

당사자간 합의가 있어도 위법한 계약이 되는 경우가 있다

근로계약은 당사자간 자유로운 의사에 기하여 그 내용을 자유로이 정할 수 있는 것이 원칙이지만, 현실적으로 불리한 지위에 있는 근로자가 불이익을 입는 것을 방지하기 위하여 법률에서는 근로계약 체결과 관련하여 다음과 같은 일정한 제한을 두고 있다.

근로기준법에서는 사용자는 근로계약불이행에 대한 위약금 또는 손해배상액을 지급해야 한다는 내용의 계약을 하지 못하도록 규정하고 있다.

예를 들어, 근로자가 근로계약 도중에 일방적으로 회사를 그만두거나 연락이 두절되어 업무수행상 공백 또는 차질이 발생하는 경우를 대비하여 일정 금액의 손해배상을 하도록 하는 내용을 근로계약 체결시 계약서상에 명시해 놓는 경우, 이러한 계약내용은 위 근로기준법 제20조에 위반되어 무효에 해당하게 된다.

그러나 이 조항은 말 그대로 실제 발생한 손해와 상관없이 위약금 또는 손해배상액을 미리 '예정'하는 것을 금지하는 것이므로, 근로자의 일방적인 근로관계 종료로 인하여 실제로 발생한 손해액을 배상하도록 하는 계약을 체결하는 것은 가능하다.

예를 들어, 회사에서 지원해 준 해외연수를 마치고 일정기간 근무하지 않을 경우, 해외연수에 소요된 경비 및 기타 손해를 배상하도록 하는 계약은 위 근로기준법 제20조에서 금지하는 위약예정에 해당하지 않는다.

위약예정금지 사례

위약예정 금지에 해당하는 계약	위약예정 금지에 해당하지 않는 계약
• 위약금을 약정하는 계약 근로계약불이행에 대한 위약금 약정계약의 금지 • 손해배상액을 예정하는 계약 근로계약 불이행뿐만 아니라 불법행위에 대한 손해배상액의 예정도 금지 의무복무기간 이전에 퇴직 시 임금을 반환하도록 하는 것	• 의무복무기간 불이행 시의 소요경비반환약정(면책특약부 소비대차계약) • 채무불이행이나 불법행위로 인한 실 손해액을 배상한다는 계약 • 근로자의 불법행위 또는 채무불이행으로 인하여 현실적으로 발생한 손해에 대한 담보를 전제로 하는 신원보증계약

현행 근로기준법에서는 사용자는 근로자가 사용자로부터 대여한 전차금이나 전대채권을 그 근로자의 임금과 상계하지 못하도록 하고 있다. 이는 근로자가 전차금이나 전대채권으로 인해 자신의 의사에 반하여 노동을 강제당함으로써 오는 인권

침해를 배제하기 위한 것이다. 이때 전차금·전대채권이란 사용자로부터 받은 대여금 중 퇴직의 자유를 제약하여 강제근로의 위험성이 있는 것으로 한정된다. 따라서, 복지차원에서 학자금·주택자금을 융자하는 것은 전차금·전대채권에 해당하지 않으며, 이러한 채무와 임금(또는 퇴직금)은 상계할 수 있다. 다만, 유의할 점은 이러한 상계를 하기 위해서는 사용자가 해당 직원으로부터 이에 대한 서면동의서를 받아두어 훗날 발생할 수 있는 법적 분쟁을 예방하는 것이다.

급여공제 동의서

급여공제 동의서

본인은 입사 당시 비용처리 목적으로 일비선지급금 팔십만원(KRW 800,000)을 지급받았습니다.

현재 회사의 업무용 비용처리정책이 선지급금 사용에서 법인카드 사용으로 대체됨에 따라, 본인은 선지급금 총액을 매월 십만원(KRW 100,000)씩 분할하여 2011년 4월 급여부터 8개월 동안 공제하여 반환하는 것에 동의합니다.

○○○○년 ○○월 ○○일

동의자	성명	
	주민등록번호	
	소속 및 직위	

주식회사 ○○○○ 귀중

마지막으로 사용자는 근로계약에 덧붙여 강제저축 또는 저축금의 관리를 규정하는 계약을 체결하지 못한다. 이는 근로자의 퇴직의 자유를 부당하게 제약하는 것을 방지함과 동시에 근로자의 재산을 보전하기 위한 것이다.

정규직근로자와 단시간근로자, 파견근로자와의 근로계약에는 차이가 존재한다

단시간근로자의 근로조건은 그 사업장의 같은 종류의 업무에 종사하는 통상근로자, 즉 정규직근로자의 근로시간을 기준으로 산정한 비율에 따라 결정되어야 한다. 따라서 의무적 명시사항에 있어서의 계산도 정규직근로자의 그것과 다르게 이루어진다.

단시간근로자의 임금산정 단위는 시간급을 원칙으로 하고, 시간급임금을 일급임금으로 산정할 경우에는 1일 소정근로시간수에 시간급임금을 곱하여 산정하며, 기타 다른 근로조건들은 근로시간에 비례하도록 결정하는 것이 원칙이다. 예를 들어 유급연차휴가의 경우 역시 시간을 단위로 하되 1시간미만은 1시간으로 본다.

$$\text{통상근로자의 연차휴가일수} \times \frac{\text{단시간근로자의 소정근로시간}}{\text{통상근로자의 소정근로시간}} \times 8\text{시간}$$

파견근로자는 고용관계를 파견사업주와 맺고 근로제공은 사용사업주의 지휘·명령 하에 행한다는 점에서 다른 근로자들과 차이가 있다. 이에 더욱 강한 법률적 보호가 따른다. 파견사업주는 근로자를 파견근로자로 채용하고자 할 때 미리 그 취지를 서면으로 알려주어야 하고 근로조건 역시 서면으로 알려주어야 한다. 이를 위반한 경우 파견사업주는 벌칙이 적용받는다.

표준 근로계약서 예시

(이하 "갑"이라 함)과(와) (이하 "을"이라 함)은 다음과 같이 근로계약을 체결한다.

1. 근로계약기간 : 년 월 일부터 년 월 일까지
2. 근 무 장 소 :
3. 업무의 내용 :
4. 근로시간 : 시 분부터 시 분까지 (휴게시간 : 시 분~ 시 분)
5. 근무일/휴일 : 매주 일(또는 매일단위)근무, 주휴일 매주 요일
6. 연차유급휴가 : 요건에 해당하는 자에 한하여 근로기준법에 정하는 바에 따라 부여함
7. 임 금
   - 시간(일, 월)급 : 원
   - 상여금 : 없음 ( ), 있음 ( ) 원
   - 기타급여(제수당 등) : 없음 ( ), 있음 ( )
     · 원, 원
     · 원, 원
   - 임금지급일 : 매월(매주 또는 매일) 일(휴일의 경우는 전일 지급)
   - 지급방법 : 을에게 직접지급( ), 예금통장에 입금( )
8. 기 타
   - 이 계약에 정함이 없는 사항은 근로기준법에 의함

년 월 일

(갑) 사업체명 : (전화 :)
주 소 :
대 표 자 : (서명)
(을) 주 소 :
연 락 처 :
성 명 : (서명)

사용종속관계

근로기준법상 근로관계인지 여부를 결정짓는 결정적인 기준이 바로 계약당사자 간 '사용종속관계'가 있는지 여부이다.

법원의 판결에 따르면, 사용종속관계를 판단하는 기준은 여러 가지가 있는데, 아래의 항목들을 종합적으로 판단하여 결정하게 된다.

i) 업무의 내용을 상대방이 정하는지
ii) 업무를 타인에게 대행케 하는 등 업무의 대체성 유무
iii) 상대방이 근무의 시간 · 장소를 지정하고 이에 구속을 받는지
iv) 업무수행과정에서 구체적 · 개별적인 지휘감독을 받는지
v) 비품 · 원자재 · 작업도구 등의 소유관계
vi) 취업규칙의 적용을 받는지
vii) 노무제공의 계속성과 상대방에의 전속성 유무 · 정도
viii) 보수가 노무에 대한 대가로서의 성격을 가지는지
ix) 고정적 보수가 정하여져 있는지
x) 근로소득세를 납부하는지
xi) 사회보장법령상 근로자로서의 지위를 인정받는지
xii) 양 당사자의 경제적 · 사회적 조건 등

FAQ

근로계약서를 반드시 작성해야 하는가?

근로계약이 성립되기 위해서는 당사자간의 명시적 · 묵시적 합의가 있어야 한다. 즉 문서로 된 계약서가 없어도 근로계약이 유효하게 성립될 수 있다. 그러나 근로기준법은 근로계약 체결시 근로조건의 의무적 명시사항을 규정하고 있는바 사용자는 이를 서면으로 명시하여 근로자에게 교부하여야 한다. 따라서 비록 그 형식이나 명칭이 다르다 하여도 이로써 근로계약서가 작성되었다 할 수 있을 것이다.

02 근로자만이 노동법의 보호를 받는다

'근로자'로 인정되는 것이 중요하다

근로기준법에서는 직업의 종류와 관계없이 임금을 목적으로 사업이나 사업장에 근로를 제공하는 자를 근로자로 정의하고 있다. 이 규정은 근로기준법상 보호의 대상인 근로자의 개념 내지 범위를 명확히 하기 위한 것이다.

또한 산업재해보상보험법 등 많은 노동법률에서 근로기준법상의 근로자 개념을 사용하고 있는 바 근로기준법상 근로자로 인정되는 경우 이러한 법률에서의 적용이 가능하므로 이에 대한 판단은 중요하다.

근로기준법상 근로자로 인정되는 경우

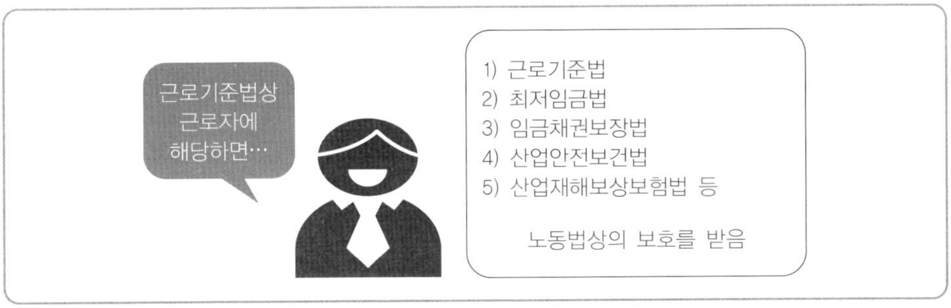

사용자와 사용종속관계에 있는지 여부가 근로자성 판단의 핵심이 된다

오늘날, 노동시장의 유연화와 고용형태의 다양화 등으로 인해 특수한 고용관계 형태가 확대되면서 근로기준법상 근로자인지를 판단하는 것은 쉽지 않다. 근로기준법상의 근로자에 해당하는지는 사용자와의 실질적인 종속관계에서 근로를 제공하는지 여부로 판단해야 한다.

이하에서는 실무상 법원에서 기준으로 삼고 있는 사용종속관계의 구체적인 기준들이다. 종전 대법원은 계약의 종류에 상관없이 근로자가 사용자의 사업장에서 임금을 목적으로 종속적인 관계에서 실제로 근로를 제공하였다면 근로기준법상 근로자로 인정하였다. 여기서 종속적인 관계인지의 파악은 사용자로부터 구체적·개별적인 지휘·감독을 받는지 여부, 업무의 대체성 유무, 비품·원자재·작업도구 등의 소유관계 등을 종합적으로 고려하여 판단하였다.

그러나 최근 대법원은 종전 판례의 기본입장을 유지하면서도 종속적인 관계에 대한 기준은 다르게 보고 있다. 사용자로부터의 구체적·개별적인 지휘·감독이 아닌 상당한 수준의 지휘·감독이면 족하다는 것이다. 예컨대 학원강사의 경우 사용자로부터 강의에 대한 구체적인 지휘·감독을 받지는 않지만 이는 강의업무의 특성에 따른 것으로 그들을 근로자가 아니라고 할 수는 없을 것이다. 또한 판례는 근로에 따른 이윤·손실의 위험을 스스로 부담한다면 독립사업자에 해당하며 근로자로 볼 수 없다고 한다. 따라서 단지 기계·기구 등의 작업도구를 소유하고 있다고 하여 근로자가 아니라고 할 수는 없을 것이다.

근로기준법상 근로자와 노조법상 근로자는 다르다

근로기준법상 근로자는 근로기준법에서 정한 근로조건의 보호를 받을 사람이 누구인가를 확정하기 위한 개념이라는 점에서 노동3권을 행사할 수 있는 사람의 범위를 설정하려는 노조법상의 근로자개념과 구별된다. 이러한 차이는 두 법률의 입법목적이 서로 다르기 때문이다. 근로기준법은 현실적으로 근로를 제공하는 자에 대한 보호의 필요성이라는 관점에서의 개별적 근로관계를 규율하는 것을 목적으로 하고, 노조법은 노무공급자들 사이의 단결권 등을 보장할 필요성이라는 관점에서의 집단적 노사관계를 규율할 목적으로 제정된 것이다.

그러므로 근로기준법상의 근로자는 특정 사용자에게 고용되어 현실적으로 근로를 제공하는 취업자임에 반하여, 노조법상의 근로자는 취업자 외에도 실직자나 구직자등 장차 근로를 제공하고자 하는 자도 포함된다. 최근 대법원은 실업중인 여성구직자를 노조법상의 근로자라고 인정한 바 있다.

근로기준법상 근로자와 노조법상 근로자의 비교

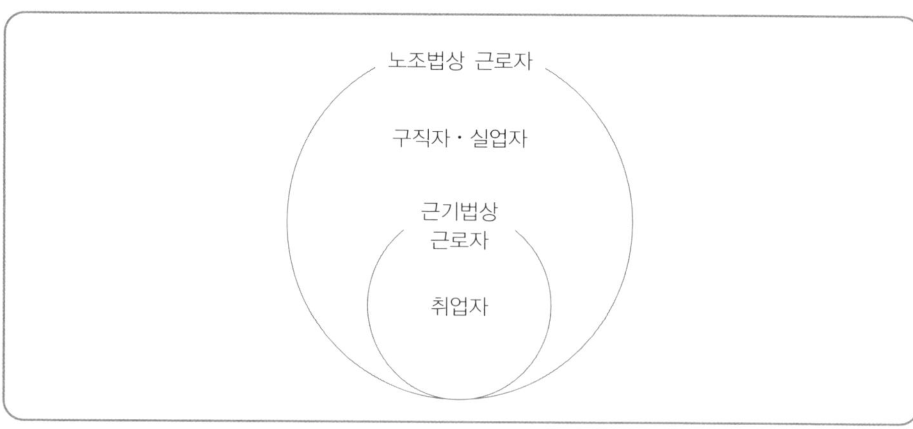

보험모집인, 학습지 교사, 퀵서비스 배달원은 근로기준법상 근로자가 아니다

사용자와의 근로계약이 아닌 도급이나 위임계약에 의하여 노무를 제공하며 개인사업자형태로 근로하는 보험모집인, 골프장 캐디, 방송구성작가, 외근직 A/S근무요원 등과 같은 특수고용직 종사자가 근로기준법상 근로자에 해당될 수 있을지 살펴보자.

현재 대법원은 이러한 고용관계에 대하여 사용종속관계가 없다고 하여 근로자성을 부인하고 있다. 그러나 이들은 직접 자신이 노무를 제공하고 사업주에게 경제적으로 의존되어 있어 사실상 근로자의 처지와 다를 바 없으므로 이들에 대한 사회적 보호의 필요성이 요청되고 있는 현실이다. 반면, 시청료위탁징수원, 신문사의 광고외근사원 및 판매확장요원, 방송국의 취재요원등은 사용자의 지휘 · 명령 하에서 근로를 제공함이 인정되어 근로자성이 인정된 사례가 있다.

근로자 인정사례

근로자성 인정사례	근로자성 부정사례
• 광고판매영업사원(노조 01254－3541) • 맹인안마시술사(대판 92도674) • 시청료위탁징수원(서울남부지판 89가합3473) • 신문사 광고외근사원(대판 87다카683) • 자치단체 여성회관 강사(근기 68207－973) • 방송국 영상취재요원(대판 2010두10754)	• 학습지교사(대판 95다20348) • 보험모집인(대판 98두9219) • 퀵서비스 배달기사(근기 68207－3284) • 신문사자율기자(근기 68207－1328) • 생화정보지배포요원(대구지판 2000가단63070) • 유흥업소접대부(대판 95다35289)

근로기준법상 근로자

근로기준법상 근로자는 앞 단락에서 명시한 '사용종속관계'의 여부에 따라 결정된다. 만일 근로기준법상 근로자로서 사용종속관계가 인정되면, 「근로기준법」 뿐만 아니라 「산업재해보상보험법」, 「산업안전보건법」, 「근로자퇴직급여보장법」, 「임금채권보장법」, 「건설근로자의 고용개선 등에 관한 법률」, 「사내근로복지기금법」, 「최저임금법」, 「근로자참여 및 협력증진에 관한 법률」 등과 같은 노동관계 법령의 강력한 보호를 받게 된다.

FAQ

간부 · 임원, 훈련 · 실습생, 고문 · 상담역이 근로기준법상 근로자에 해당되는지?

1. 간부 · 임원의 경우

업무집행권이나 업무대표권을 가진 이사, 조합대표 등의 임원은 회사로부터 일정한 사무처리의 위임을 받고 있는 것이므로 특별한 사정이 없는 한 근로자가 아니다. 그러나 상무이사, 기획실장, 이사보, 영업소장, 지점장 등의 직함을 가지고 있다하더라도 그 명칭에 상관없이 업무집행권 · 대표권을 가진 자와 사용종속관계 하에서 사실상 근로를 제공하는 경우에는 근로자 해석된다.

2. 훈련 · 실습생의 경우

순수하게 훈련이나 교육만을 목적으로 하는 훈련생, 취업을 목적으로 하는 실습생 · 학생, 채용응모자 등은 근로자가 아니다. 다만 훈련생 또는 교육생이라고 하더라도 명칭과 달리 실질적으로 근로제공의 성격이 강하고 사용종속관계가 인정된다면 실습생도 근로자에 해당될 수 있다. 구체적으로는 현장실습학생, 수련의, 외국인산업연수생 등의 예를 들 수 있다.

3. 고문 · 상담역의 경우

상근고문은 일반적으로 사업주 등의 경영자문 요청에 응하는 자로서 일정액의 보수를 받고 있더라도 사용종속관계가 없으므로 근로자로 인정되지 않는 것이 원칙이다. 다만 그 명칭이 고문이라 하더라도 사용종속관계가 인정된다면 근로자로 보아야 한다. 사용종속관계가 인정되지 않는 위원, 고문, 상담역, 촉탁의사 등 비상근 위촉계약자는 일반적으로 특정 사무처리에 관한 위임관계에 있으므로 근로기준법상 근로자로 볼 수 없다.

03 채용내정자와 시용근로자는 일반근로자와 어떤 점이 다를까?

채용내정 · 시용 등을 '과도기적 근로관계'라고 한다

최근 우리 산업사회에서 계속 진행되고 있는 노동시장의 유연화, 고용형태의 다양화 · 개별화 경향에 따라 채용 단계에서 사용자 재량의 여지 및 근로자에 대한 평가기회의 확대가 요청되고 있다. 이에 따라 채용내정, 시용 등과 같은 소위 '과도기적 근로관계'가 근로자 채용과정에서 일반화되고 있다.

채용내정이란 정식채용의 상당기간 전에 채용할 자를 미리 결정하여 두는 것을 말한다. 예를 들면 사용자가 학교 졸업예정자에 대해 졸업 후 채용하기로 미리 결정하는 것이 채용내정이다. 채용내정은 사용자가 필요로 하는 노동력을 미리 확보하기 위하여 활용되며 내정자는 졸업 전에 직장을 미리 확보해 두는 장점이 있다.

시용은 사용자가 근로자를 정식으로 채용하기 이전에 정규종업원으로서의 업무 적격성 등을 평가하기 위하여 일정기간 동안 시험적으로 사용하는 것을 말한다. 시용은 확정적인 근로관계를 일정 정도 유보하여 인력확보시 유연성을 제고하는 기능을 한다. 시용관계가 성립하려면 해당 근로자와 사용자 사이에 시용에 관한 명시적인 합의, 즉 시용계약이 있어야 한다. 따라서 해당 근로자와의 근로계약에 시용기간을 명시하지 않은 경우에는 정규직 근로자로 채용된 것으로 보아야 할 것이다.

사용자는 채용내정 · 시용에 대한 해약권을 가진다

통상적인 근로계약과는 다른 채용내정과 시용의 법적성질은 어떻게 이해할 것인가? 판례는 채용내정과 시용을 이미 근로계약이 성립된 것으로 보아 이를 사용자에게 근로계약의 해약권이 유보된 근로계약이라고 한다.

하지만 사용자에게 근로계약의 해약권이 유보되어 있다고 하여도 채용을 지연하거나 뒤늦게 취소 또는 정식채용을 거부하는 행위는 근로자의 지위를 불안하게 할 뿐만 아니라 다른 회사로의 취업기회를 차단하는 등 불이익을 주게 되어 그 법률관계가 문제가 된다.

채용내정 · 시용을 취소할 때는 '합리적인 이유'가 있어야 한다

근로기준법은 '정당한 이유'없이 해고 하는 것을 금지하고 있는데 채용내정이나 시용을 취소 또는 정식채용 거부하는 것은 사실상 해고에 해당하기 때문에 이러한 경우에도 근로기준법상 해고의 정당성 요건을 갖추어야 한다.

다만, 채용내정과 시용 제도의 취지와 목적에 비추어 객관적으로 '합리적인 이유'가 존재하는 경우 정당한 이유가 있다고 볼 수 있으며, 실질적으로 통상적인 해고보다 '완화된 기준'을 적용한다.

구체적인 예로 채용내정의 경우, 졸업의 연기, 요양을 요하는 질병의 발생, 내정 후 노동력의 현저한 질적 저하, 경력서나 신상명세서에서 중요한 부분의 허위기재

등은 합리적인 이유가 있다고 본다.

또한 시용기간 중 근로자의 업무능력·자질·인품·성실성·업무적격성 등을 판단하게 되는데, 시용기간 중의 운전사가 시내버스를 운전하다 앞차를 충돌하여 승객들이 부상당하고 앞차가 파손되는 사고가 발생하여 운전면허정지처분까지 받은 경우, 정식채용을 거부하는 것을 정당하다고 본 사례도 있다. 그러나 구체적 업무수행능력에 대한 판단없이 단지 근무성적평가표만을 기준으로 정식채용을 거부한다면 이는 부당한 해고에 해당할 가능성이 크다.

만일 사용자가 정당한 이유 없이 채용내정을 취소하거나 정식채용을 거부하는 경우, 이는 부당해고에 해당하여 그러한 해고조치는 사법상 무효가 되고 사용자는 이로 인한 손해배상책임을 부담할 수 있다.

한편, 현행 노동법에는 채용내정, 시용과 같은 소위 과도기적 근로관계를 규제할 수 있는 명확한 규정이 마련되어 있지 않다. 또한 이들의 법적성격이 다소 모호한 상태로 남아있어 채용내정의 취소 또는 정식채용의 거부로 사실상 부당해고에 가까운 분쟁이 발생하더라도 이에 대한 해결안이 취약한 실정이다.

인더비즈 인사경영 Station

채용내정(시용)의 취소

채용내정자의 경우 일반 직원들과 달리 아직 실질적인 근로제공이 시작되지 않은 상태인데, 채용내정의 취소도 일반 근로자의 해고와 동일하게 보아 근로기준법에서 요구하는 엄격한 '정당한 이유'를 구비하여야 하는지가 문제된다.

채용내정의 경우에도 당사자간 의사합치로 유효한 근로계약 관계가 성립된 것은 맞지만, 아직 현실적인 근로의 개시가 이루어지지 않았다는 특수성을 감안하여 채용내정의 취소시 일반 근로자를 해고시키는 경우에 필요한 수준의 정당한 이유까지는 필요 없고, 완화된 기준을 적용받게 된다.

따라서, 본 직무와 연관된 역량의 미흡, 오리엔테이션 과정에서 나타난 태도 및 저성과 등과 같은 본채용을 하지 못하게 된 합리적인 이유만 사전에 구비되어 있다면 사용자는 채용내정의 취소에 있어 적절한 재량권을 가질 수 있을 것이다.

FAQ

✅ 정식채용 예정일이 지난 후 사용자가 채용내정을 취소하고 정식채용을 하지 않기로 결정한 경우에도 임금을 지급해야 하는지?

사용자가 합리적 이유 없이 정식채용을 거부하는 경우, 다른 취직의 기회를 포기하고 정식채용만을 기다려온 내정자에 대하여 불법행위에 기한 손해배상 책임을 진다. 또한 채용내정으로써 근로계약이 체결된 것이므로 내정자는 사용자가 통보한 정식채용 예정일 이후의 임금을 청구할 수 있다.

✅ 시용기간이 만료된 후 정규직근로자로 채용된 경우, 퇴직금이나 연차휴가의 산정시 시용기간을 통합해야 하는가?

시용근로자가 정식채용 되었거나 시용기간이 만료되었음에도 사용자가 부적격 사유를 제시하지 않고 사실상 계속 취업시키는 경우, 정규직근로자로 전환되었다고 보아야 할 것이다. 또한 퇴직금이나 연차휴가의 산정시 시용기간 역시 계속근로년수 즉, 근속기간에 포함하여 산정한다.

04 임금은 정해진 원칙에 따라 지급해야 한다

임금지급에도 원칙이 있다

근로계약을 체결하여 근로관계가 성립되면 근로자는 근로를 제공하고 사용자는 임금을 지급할 의무가 발생한다. 임금은 '근로의 대가'로 정의되므로 근로제공이 있으면 임금이 지급되는 것이 원칙이다. 따라서 근로계약이 유지되더라도 결근기간, 개인적 사유로 휴직한 기간, 공의 직무수행을 위한 기간, 쟁의기간, 군복무기간, 특례보충역군사교육기간 등과 같이 근로를 제공하지 않은 기간에 대해서는 법령, 취업규칙 등에 특별히 정함이 없다면 사용자의 임금지급 의무는 없어진다.

사용자는 근로자에게 직접 · 전액을 통화로 매월 1회 이상 일정한 날짜를 정하여 임금을 지급하여야 한다. 이를 위반하는 경우 3년 이하의 징역 또는 2천만원 이하의 벌금에 처한다.

임금지급의 4원칙

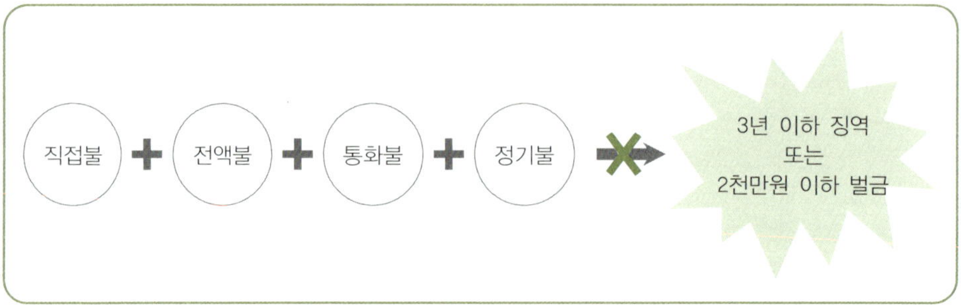

근로자에게 '직접' 지급해야 한다

임금은 근로자 본인에게 지급되어야 한다. 이는 임금이 확실하게 근로자 본인에게 들어가게 하여 생활을 보호하고자하기 위함이다.

임금을 본인에게 직접 건네는 것이 아닌 은행구좌에 입금하는 경우는 어떨까? 근로자의 희망에 의하여 지정된 은행의 예금구좌에 입금하는 것은 본인에게 직접 지급하는 것과 같은 효과를 갖는다.

또한 근로자가 병에 걸리거나 불가피한 사정으로 인해 배우자가 대신 임금을 수령하는 경우도 직접지급원칙에 위배되지 않는다. 그러나 근로자 본인이 임금의 수령권을 다른 사람에게 양도하는 경우라도 여전히 임금에 대한 청구권은 근로자에게 있으며 비록 양수인일지라도 사용자에 대하여 직접 임금의 지급을 청구할 수는 없다.

임금의 '전액'을 지급해야 한다

임금은 전액이 지급되어야 하며 일부 공제의 경우 법령 또는 단체협약에 특별한 규정이 있어야 한다. 이러한 전액지급원칙은 근로자의 생활 보호와 퇴직의 자유를 보장하기 위한 배려라고 볼 수 있다. 사용자가 계산의 착오 등으로 근로자에게 임금을 초과하여 지급하였을 때 해당 근로자의 임금에서 이를 제외하고 지급하는 것은 허용된다.

또한 사용자가 근로자의 가불임금이나 대출금을 임금에서 제하고 지급하는 경우에도 전액지급원칙에 위반되지 않는다. 근로자의 결근이나 출근정지 등의 징계로 인하여 임금이 삭감된 경우에는 무노동 무임금의 원칙에 따라 임금 자체가 발생되지 않으므로 임금액이 적어지는 것은 전액지급원칙 위반이라 할 수 없다.

국내에서 통용되는 '통화'로 지급해야 한다

임금은 통화로 지급해야 한다. 다만 법령, 단체협약에 특별한 규정이 있는 경우에는 통화 이외의 것으로 지급할 수 있다. 이 원칙은 현물급여를 막기 위한 것으로서 현물을 통화로 바꾸는 불편함 등으로부터 보호하여, 근로자가 안전하게 임금을 수령하여 편리하게 처분할 수 있도록 하기 위한 것이다.

국내에서의 통용력을 지닌 통화란 한국은행이 발행한 지폐와 주화를 의미하므로 달러나 엔화 등의 외국통화는 포함되지 않는다. 또한 상품교환권·어음·수표·주식 등은 통화가 아니므로 허용되지 않는다. 다만 은행에서 발행한 자기앞수표는 현금과 같이 통용되므로 허용된다 할 것이다.

매월 1회 이상 '정기'적으로 지급해야 한다

임금이 지나치게 장시간에 걸쳐서 지급되는 데에서 오는 생활불안을 방지하기 위하여 임금은 매월 1회 이상 일정한 날짜를 정하여 지급하여야 하며 임금지급시기를 취업규칙에 반드시 명기하여야 한다.

매월이란 달력상의 1월을 의미하며, 연봉제의 경우에도 연봉액을 월할하여 일정한 기일에 매월 1회 이상 지급해야 한다.

임금체불시 벌칙이 적용되고 연 5%의 지연이자가 발생한다

사용자가 정해진 임금지급기일에 임금을 지급하지 않으면 벌칙이 적용된다. 다만 사용자가 최선의 노력을 다하였음에도 불가피한 자금 사정의 악화 등으로 임금체불을 방지할 수 없는 사정이 인정되면 처벌되지 않는다.

한편 임금체불의 죄는 피해자가 처벌을 희망하지 않는다는 의사를 명백히 한 때에는 처벌할 수 없는 반의사불벌죄에 해당하며 당사자 간의 별도의 약정이 없는 경우 연 5%의 법정 지연이자가 부과된다.

근로자는 비상시 임금지급을 청구할 수 있다

사용자는 근로자가 출산, 질병, 재해, 및 기타 긴급한 상황을 위한 비용에 충당하기 위하여 임금지급을 청구하면 지급기일 전이라도 이미 제공한 근로에 대한 임금을 지급하여야 한다.

'비상한 경우'는 출산 · 질병 또는 재해를 당한 경우, 혼인 또는 사망한 경우, 부득이한 사유로 일주일 이상 귀향하게 되는 경우를 말한다. 비상한 경우의 주체는 '근로자 또는 그의 수입에 따라 생계를 유지하는 자'로 친족뿐 아니라 기타 동거인이라도 근로자가 부양의무를 지고 있다면 그러한 자의 비상한 사유에 대해 비상시 지급이 인정된다. 그러나 친족이라 하여도 독립하여 생계를 유지하고 있는 자는 이에 해당되지 않는다.

근로자의 청구가 있으면 사용자는 지체없이 이를 지급해야 하며, 단체협약 · 취업규칙 등에 별도로 정하지 않는 한 이미 제공된 근로에 대한 대가만 지급하면 되고 장래의 근로에 대한 대가는 포함되지 않는다.

통상임금의 정기성

고용노동부와 법원은 통상임금으로 인정되기 위해서는 정기적으로 지급되어야 한다고 하면서도, 고용노동부는 정기성을 '1개월'로 한정하여 해석하는 한편, 법원은 법령에 1개월이라고 명시되어 있지 않으므로 기간에 제한을 두지 않는다.
한편, 고용노동부가 통상임금의 정기성의 요건을 '1개월'로 한정하는 근거는 근로기준법에서 "임금은 매월 1회 이상 일정한 날짜를 정하여 지급하여야 한다."라고 명시하고 있기 때문이다. 현재 통상임금에 해당하기 위해서 반드시 1개월마다 지급되어야 하는지 여부에 대하여 현재 고용노동부와 법원간의 상반된 입장을 넘어 경영계와 노동계가 팽팽하게 대립하고 있지만, 머지않아 이에 대한 명확하고 구체적인 기준이 정립되길 기대한다.

FAQ

근로자 스스로가 상여금 혹은 퇴직금을 지급받기를 포기한 경우, 이에 따라 사용자가 지급하지 않는다면 임금지급의 원칙에 위반되는지?

이미 발생한 상여금 혹은 퇴직금은 근로자의 사적 재산영역으로 옮겨져 근로자의 처분에 맡겨진 것으로 근로자의 자유로운 의사에 의하여 이를 포기할 수 있다. 그러나 아직 발생되지 않은 퇴직금 등은 사전에 이를 포기하거나 이에 대한 권리를 행사할 수 없으므로 이를 포기하는 약정 역시 아무런 효력이 없다.

05 통상임금과 평균임금의 개념 이해가 인사관리의 기본이다

임금은 통상임금과 평균임금으로 이원화되어 있다

근로계약을 체결하여 근로관계가 성립되면 근로자는 근로를 제공하고 사용자는 임금을 지급할 의무가 발생한다. 임금은 근로계약에 있어 가장 핵심이 되는 부분이며 근로자의 생존 또는 생활과 직결되는 중요한 근로조건이라고 할 수 있다. 뿐만 아니라 근로시간, 휴일, 휴가 등 근로조건의 대부분이 필연적으로 임금과 관련을 맺게 된다. 근로기준법은 임금을 통상임금과 평균임금으로 나누어 경우에 따라 그 적용을 달리하고 있는바 이하에서는 통상임금과 평균임금에 대하여 살펴보도록 하자.

통상임금은 정기적 · 일률적 · 고정적 임금이다

통상임금이란 근로자에게 정기적 · 일률적으로 소정근로 또는 총근로에 대하여 지급하기로 정하여진 시간급금액 · 일급금액 · 주급금액 · 월급금액 또는 도급금액을 말한다(근로기준법 시행령 제16조). 따라서 어떤 임금이 통상임금에 해당하려면 그것이 정기적 · 일률적으로 지급되는 고정적인 임금에 속하여야 한다.

통상임금을 산정하여야 하는 경우로는 해고예고수당, 연장 · 야간 및 휴일근로에 대한 가산임금, 연차유급휴가임금, 산전후 · 유사산 휴가급여 등이 있다.

통상임금은 시간급으로 산정함이 원칙이다. 통상임금을 기초로 산정하는 수당(연장 · 야간 · 휴일근로수당)이 주로 시간단위로 계산되기 때문이다. 월급제 근로자의 임금을 시간급으로 환산하는 방법을 알아보자. 주 40시간제 사업장의 경우 주의 통상임금 산정기준시간은 48시간(=40h+8h)이며, 월의 통상임금 산정기준시간은 209시간이다. 따라서 월 180만원을 받는 근로자의 경우, 시간급은 8,613원이다.

월통상임금의 시간급 산출 사례

1. 주 40시간제 사업장의 경우 월의 통상임금 산정기준시간
   209시간 [=(40h+8h)×52.14w÷12m]
2. 시간급 산출
   월 180만원÷209시간=8,613원
3. 해고예고수당(30일의 경우)
   8,613원×8시간×30일=2,067,120원
4. 연장 · 야간 및 휴일근로에 대한 가산임금(10시간의 경우)
   8,613원×1.5×10시간=129,195원
5. 미사용 연차유급휴가수당(15일의 경우)
   8,613원×8시간×15일=1,033,560원

평균임금은 근로의 대가로 지급받는 일체의 금품이다

평균임금은 근로자의 통상적인 생활임금을 사실대로 산정하여 근로자의 생활을 보장하려는데 그 취지를 두고 있으며 근로자가 실제로 지급받는 임금의 명칭이 아니라 퇴직금 등을 산정하기 위하여 특별히 설정한 도구개념이다.

평균임금을 산정하여야 하는 사유로는 퇴직금, 휴업수당, 연차유급휴가임금, 재해보상금, 감급의 제한액이 있다. 이 외에도 산재보험법상의 보험급여와 고용보험법상의 구직급여도 평균임금을 기초로 산정한다.

평균임금의 산정은 원칙적으로 산정하여야 할 사유가 발생한 날 이전의 3월간에 그 근로자에게 지급된 임금의 총액을 그 기간의 총일수로 나눈 금액으로 한다. 또한 근로자가 취업한 후 3개월 미만인 경우도 이에 준한다(근로기준법 제2조 제1항 제6호).

수습, 휴업기간 육아휴직 등 근로자가 그의 귀책사유 없이 근로를 제대로 제공하지 못하거나 정당하게 권리행사를 한 경우의 평균임금 산정의 경우, 근로기준법은 이러한 기간을 평균임금 산정시 제외되는 기간으로 열거하고 있는데 이를 포함시키면 근로자의 귀책사유 없이 평균임금이 저하되어 근로자에게 불이익이 발생하기 때문이다.

또한 근로자의 귀책사유가 있는 경우에도 평균임금이 통상임금을 하회하게 되는 경우에는 그 통상임금을 평균임금으로 적용하여 평균임금의 최저수준을 보장하고 있다.

평균임금의 산정의 기초가 되는 '임금'의 총액은 산정기간에 근로의 대가로서 지급된 모든 것을 포함한다. 따라서 사용자에게 지급의 의무가 있으며 근로의 대가로 지급된 일체의 금품은 '임금'에 해당하는 것이다.

이와 관련하여 가장 문제되는 것이 성과금(상여금)이다. 상여금이 계속적 · 정기적으로 지급되고 그 지급액이 확정되어 있다면 이는 근로의 대가로 지급되는 임금의 성질을 가지나, 그 지급사유의 발생이 불확정이고 일시적으로 지급되는 것은 임금이라고 볼 수 없어 평균임금에 산입되는 임금에 해당되지 않는다.

월 소정근로시간(209시간)

시간외근무수당 및 미사용연차휴가수당 등을 산정하기 위해서는 시간급 통상임금을 산정하여야 하는데, 이는 월 통상임금을 '월 소정근로시간'으로 나누어서 계산하게 된다.
주 40시간제 사업장에서는 월 소정근로시간을 209시간으로 계산하게 되는데, 월 소정근로시간이 209시간으로 나오게 된 근거는 아래와 같다.
{40시간＋8시간(주휴일)}×365일/12개월/7일≒209시간

FAQ

매달 근로자별 직책에 따라 지급되는 수당과 보유한 자격면허에 따라 지급되는 수당이 통상임금에 해당하는지?

고용노동부는 통상임금과 관련하여 소정근로시간에 대하여 지급하기로 정하여진 '기본급 임금'과 정기적·일률적으로 임금산정기간에 지급하기로 정하여진 '고정급 임금'으로 규정하며 기본급·직책수당·위험수당·면허수당·자격수당 등을 통상임금의 항목으로 예시하고 있으며, 판례 역시 지급형태가 정기적·일률적이라면 교통비, 식사대 등도 통상임금에 포함된다고 본다.

매년 지급되는 김장비, 월동보조비, 고정 상여금 등도 통상임금에 포함되는지?

고용노동부는 '정기성'의 의미를 좁게 보아 1월을 초과하는 수당은 통상임금에서 제외하고 있지만, 판례는 1개월을 초과하는 임금이더라도 그것이 매년 정기적·일률적으로 지급되는 것이라면 통상임금에 해당한다고 본다. 따라서 매년 전 직원에게 일률적으로 지급되는 김장비, 월동보조비 등도 통상임금에 포함된다.

06 OT수당 과연 어떻게 관리할 것인가?

OT수당은 법정근로시간 이상 근로시 지급한다

OT수당(Overtime allowance), 즉 가산임금이란 연장근로, 야간근로 또는 휴일근로에 대하여 통상임금의 50%이상을 가산하여 지급하는 임금을 말한다. 이는 기준근로시간제와 주휴제의 원칙을 유지하고 연장근로 등의 합리적 제한으로 통상의 근로시간 준수를 촉구하고 더불어 근로자에 대하여 과중한 근로에 대한 정당한 보상을 하려는데 그 취지가 있다 할 것이다.

통상외 근로와 OT수당

통상적 근로	통상외 근로	
법정근로시간 이내 근로	연장근로(시간외근로)	통상임금의 50% 이상 가산 지급
소정근로일 근로	휴일근로	
주간(晝間)근로	야간근로	

연장근로란 법정근로시간인 40시간을 합의에 의하여 1주간 12시간을 한도로 근로시간을 연장하는 것을 말한다. 또한 야간근로는 오후 10시부터 오전 6시까지 사이의 근로이며, 휴일근로란 근로의 의무가 없는 날인 주휴일, 근로자의 날과 같은 법정휴일과 단체협약이나 취업규칙에서 정하고 있는 약정휴일의 근로를 의미한다.

근로기준법은 "당사자 간에 합의하면 연장근로를 할 수 있다."고만 규정하고 있을 뿐 방법에 대하여는 명시하지 않고 있다. 그러나 명문규정이 없더라도 개별적 합의가 그 원칙이라 할 수 있으며 집단적 합의의 경우도 개별근로자의 합의권이 제한되지 않는 범위 내에서는 인정될 수 있다. 또한 당사자간 합의는 연장근로를 할 때마다 하는 것이 아니고 근로계약 등으로 미리 정하여 사용자가 이에 따라 연장근로 명령을 하는 것도 가능하다.

연장근로이면서 야간근로의 경우, OT수당은 중복하여 지급해야 한다

연장근로 · 휴일근로 및 야간근로 등이 서로 중복되는 경우 이를 가산사유의 중복이라 한다. 이렇게 가산사유가 중복되는 경우에는 각각 가산하여 OT수당을 지급해야 한다. 즉 연장근로 또는 휴일근로가 야간근로에 해당하는 경우 연장근로 · 휴일근로에 대한 가산임금 50%와 야간근로에 대한 가산임금 50%를 합산하여 100%의 가산임금을 지급하여야 한다.

근로시간은 1일 8시간, 1주 40시간을 초과할 수 없다(근로기준법 제50조). 따라서 이를 초과한 근로는 모두 연장근로에 해당한다. 예컨대 근로자가 어느 주에 3일 동안 10시간씩, 2일 동안 6시간씩 총 42시간 근로했다면 연장근로시간은 2시간일까, 6시간일까? 1일 8시간을 초과하는 근로시간과 1주 40시간을 초과하는 근로시간은 연장근로에 포함된다. 따라서 이 경우에는 연장근로 시간이 6시간이므로 사용자는 9시간에 해당하는 OT수당을 지급해야 하는 것이다.

포괄임금산정제도의 도입시 상세 기준을 명확하게 표기해야 한다

OT수당은 근로자가 실제로 연장근로 등을 한 경우에 비로소 지급받을 수 있는 것이므로, 근로제공 이후 월급날 등 일정한 시점에 산정하는 것이 원칙이다. 그러나 운전기사, 간호사 등과 같은 근무형태의 특수성으로 연장근로 등을 제공할 것이 당연히 예상되는 경우 근로계약에 의해 이러한 가산임금의 예상액을 미리 정하여 급여 속에 포함시키는 사례를 흔히 볼 수 있는데, 이를 포괄임금산정제도라고 한다. 가령 평균적으로 월10시간의 연장근로를 한다고 가정할 때, 10시간에 대한 OT수당을 고정적으로 연봉 혹은 월급 내에 포함시켜 지급하는 제도를 의미한다.

포괄임금산정제도를 도입 및 적용할 때 가장 중요한 것은 바로 고정적으로 포함되어 있는 항목들의 상세 기준을 급여명세서나 임금대장에 반영해두는 것이다. 즉, OT수당이 포괄임금산정제도에서 유효하게 관리되기 위해서는 월 혹은 주를 기준으로 몇 시간에 대한 수당인지를 명확히 해야 한다. 왜냐하면, 적지 않은 기업들이 OT수당지급책임을 면하려고 원래의 급여 안에 막연히 OT수당이 포함되어 있다는 식으로만 명시하여 편법으로 운영하고 있기 때문이다.

실제로 많은 기업들이 실수하는 것 중의 하나가 "급여 안에 제수당이 포함되어져 있다."는 식으로만 명시해 놓는 경우인데, 이에 대하여 법적으로 다툴 경우 사용자는 해당 문구와 상관없이 OT수당을 별도로 지급해야 하는 결론에 이르게 된다. 따라서 포괄임금산정제도를 도입하고자 하는 기업은 이에 대한 상세기준을 설정하여 명확하게 표기해두어야 할 것이다.

일요일 근무의 연장근무 해당 여부

만일 주중에 40시간을 근무하고, 일요일에 추가로 8시간을 근무한 경우, 일요일의 8시간 근무는 휴일근무임과 동시에 1주 40시간을 초과한 근무이므로 연장근무에도 해당할까?
이에 대하여 고용노동부는 일요일 8시간 근무는 단지 휴일근무에만 해당할 뿐 연장근무에 해당하는 것은 아니라는 입장을 취하는 반면, 법원(지방법원)은 일요일 근무는 휴일근무임과 동시에 연장근무에 해당한다는 입장을 취하고 있다.
이와 관련하여, 최근 여당과 야당의 국회의원들은 일요일 근무를 연장근무에도 해당하는 것으로 하는 법률 개정에 합의한 바 있고, 현재 세부적인 개정법률의 내용 및 개정시기는 아직 논의중이다.
따라서, 머지 않아 법률이 개정되면 1주간 12시간 이상 연장근무를 시행하지 못한다는 법적 제한 위반 여부를 판단할 때, 일요일근무시간도 포함하여 판단해야 할 것이다.

FAQ

근로자가 소정근로일에 12시간의 연장근로를 하고 추가로 휴일근로를 하는 경우, 이 휴일근로가 연장근로에 해당하는지 여부?

고용노동부는 휴일근로 8시간에 대해서는 휴일근로로만 보고 이를 초과하는 근로에 대해서만 휴일근로 겸 연장근로라고 보는 반면, 법원은 주중에 40시간을 근로하고 휴일에 추가로 근로하는 경우, 휴일근로 전체에 대하여 휴일근로 겸 연장근로에 해당한다는 입장을 취하고 있다. 이에 대한 논란이 불거지자, 최근 휴일근로 전체를 연장근로로 인정하는 것에 대하여 여야 합의를 도출한 상태이며, 구체적인 운영기준 적용시점 등에 대해서는 현재 논의 중이다.

포괄임금액이 실제 수당보다 낮은 경우?

포괄임금산정제도에 의하여 지급되는 수당액이 실제상의 시간외근로에 대한 수당액보다 높은 경우에는 유효하지만, 실제의 수당액보다 낮은 경우에는 무효이다. 따라서 포괄임금액이 실제 수당보다 낮은 경우 그 차액을 지급해야 할 것이다.

07 신바람나는 일터, 유연한 근로시간제로부터 시작된다

유연근로시간제의 새로운 도전이 시작된다

삼성전자는 지난 2012년 워크스마트제의 일환으로 수원 DMC연구소에 한하여 하루 4시간 근무제를 도입하였다. 전까지는 하루 8시간 이상 일해야 한다는 단서가 있었지만 주당 40시간 요건만 채운다면 하루 4시간만 일해도 전혀 문제가 없다는 취지다.

예를 들어 월~금요일 주 5일 근무를 월요일 8시간, 화요일 8시간, 수요일 12시간, 목요일 4시간, 금요일 8시간과 같이 개인 사정에 따라 탄력적으로 선택할 수 있다. 월~목요일은 9시간씩 근무하고 금요일 오전만 일한 뒤 퇴근하는 것도 가능하다. 삼성전자의 이러한 시도는 출근시간에 이어 퇴근시간까지 자유롭게 조율할 수 있어 종전 유연근로제보다 진일보한 개념으로 평가되었다.

유연근로시간제는 탄력적 근로시간제와 선택적 근로시간제로 구분된다

유연근로시간제는 1주 및 1일 단위로 근로시간을 규제하는 대신, 일정한 기간 동안의 평균적인 근로시간을 유연하게 규제하는 제도로 크게 두가지 유형으로 나누어진다.

탄력적 근로시간제

탄력적 근로시간제는 일정한 기간을 평균하여 1주당 평균 근로시간이 법정 근로시간인 40시간을 초과하지 않는 한도에서 특정 일 또는 특정 주의 근로시간이 법정 근로시간을 초과하도록 배치하는 제도를 말한다.

이 제도는 연속조업이나 장시간 조업을 위한 교대제근무를 할 경우, 시기적으로 업무량의 차이가 심하여 업무량에 따라 소정근로시간을 배분한 경우, 연간 실근로시간을 줄이고 휴일을 늘리려는 경우 등에 유용하게 활용하기 위한 것이다.

탄력적 근로시간제는 다시 2주단위 탄력적 근로시간제와 3개월단위 탄력적 근로시간제로 구분되는데 2주단위 탄력적 근로시간제의 경우 취업규칙의 작성 및 변경이, 3월단위 탄력적 근로시간제의 경우 근로자대표와의 서면합의가 요구된다.

2주단위 탄력적 근로시간제를 실시하는 경우 사용자는 1주간의 근로시간을 48시간 범위 내에서 초과하여 근로를 시킬 수 있으며, 3월단위 탄력적 근로시간제는 특정한 주에 40시간, 특정한 날에 8시간을 초과하여 근로하더라도 법정근로시간을 준수한 것으로 인정되어 연장근로에 대한 즉 가산임금 지급의 문제는 발생하지 않는다.

선택적 근로시간제

흔히 말하는 유연근로시간제는 선택적 근로시간제로 대표될 수 있다. 선택적 근로시간제란 근로자가 일정한 정산기간 동안의 총근로 시간을 결정한 다음, 근로자가 자신의 근로제공 시간을 일정한 시간대에서 자유로이 선택할 수 있는 근로시간 제도이다.

탄력적 근로시간제가 주로 업무의 번한이라는 사용자측의 사정·필요에 따라 근로시간을 획일적으로 배분하는 것인데 비하여, 선택적 근로시간제는 대상 근로자의 개성과 편의에 따라 자유롭게 출퇴근하도록 허용한다는 점에서 양자는 구별된다.

선택적 근로시간제는 취업규칙에 명시되어 있어야 하고, 근로자대표와의 서면합의가 필요하다. 선택적 근로시간제 역시 1주간에 40시간을, 1일에 8시간을 초과하여 근로하여도 정산기간을 평균하여 1주간의 근로시간이 40시간을 초과하지 않으면 법정근로시간을 준수한 것으로 인정되고 연장근로가 적용되지 않는다.

성공적인 유연근로시간제를 위한 설계방법은 회사에 따라 달라진다

유연근로시간제 시행에 앞서 회사의 현황파악이 이루어져야 한다. 회사가 가지고 있는 산업적 특수성을 고려한 후 근로자와의 공감대를 형성해야 한다. 이때 근로자들이 희망하는 바를 반영해 추진하는 것이 바람직할 것이다.

또한 유연근로시간제에 따른 변화는 기업 내부뿐만 아니라 거래처 및 협력업체, 고객 등에게도 영향을 미치게 되므로 이들의 이해와 협력을 구하는 것이 중요하다. 유연근로시간제의 도입을 위해 동일 업종의 다른 기업들은 어떠한 방식으로 도입하였는가에 대한 벤치마킹을 함으로써 도입에 혼란을 줄일 수 있다. 회사의 특징과 근로자의 공감대를 형성하였다면 법률에 대한 충분한 이해를 바탕으로 구체적인 회사 고유의 제도를 설계한다. 유연근로시간제를 기초로 한 근로시간 설계 검토 및 이에 따른 임금제도 설계 및 규정의 정비가 이루어져야 할 것이다.

특히 탄력적 근로시간제의 경우 이로 인하여 임금수준이 낮아져서는 안되므로 임금보전 방안이 강구되어야 한다. 이후 유연근로시간제를 시행하며 이에 따른 인사노무관리의 안정화를 추구해야 한다.

근로자대표와의 서면합의

법정근무시간을 변경시키는 유연근무시간제도를 도입하기 위해서는 반드시 '근로자대표와의 서면합의'를 거쳐야 한다.
그러나 예외적으로 2주단위의 탄력적 근로시간제를 시행하는 경우에만 '취업규칙'에 명시하는 것만으로 해당 제도를 시행할 수 있다. 실제로 유연근무시간제도 외에도 직원의 근무시간이나 휴일 등을 변경하는 일체의 조치는 '근로자대표의 서면합의'를 요하고 있으므로 제도 시행에 있어 취업규칙 상에 명시된 것만 가지고 합법성을 맹신하지 않도록 주의가 필요하다.

FAQ

유연근로시간제는 모든 근로자에게 적용할 수 있는가?

탄력적 근로시간제는 생활규칙의 불안이 크기 때문에 15세 이상 18세미만의 근로자와 임신 중인 여성 근로자에 대하여는 적용하지 않는다. 또한 선택적 근로시간제 역시 15세 이상 18세미만의 근로자에 대하여는 적용할 수 없다.

08 연차유급휴가는 수당이 아닌 재충전을 위해 제공되는 것이다

연차유급휴가는 근로기준법에 의해 보장된다

노동법에서는 사용자는 1년간 80% 이상 출근한 근로자에게 15일의 유급휴가를 주어야 하며, 계속하여 근로한 기간이 1년 미만인 근로자 또는 1년간 출근율이 80 퍼센트 미만인 근로자에게 1개월 개근 시 1일의 유급휴가를 주어야 한다고 규정하고 있다.

법에서 규정한 연차유급휴가는 근로자들의 휴식과 노동의 재생산을 도모하고, 일과 가정을 양립시킬 수 있도록 여가를 부여하는데 있다. 하지만, 본래의 취지와는 달리 임금 보전을 위한 수단으로서 활용되고 있으며, 이에 대한 기업의 부담이 가중되고 있는 것이 현실이다. 이에 노동법에서는 본래의 취지를 살리고자 연차휴가를 촉진하는 제도를 규정하고 있다.

일정한 요건을 충족한 직원이 연차휴가를 부여 받는다

연차유급휴가는 1년간 계속 근로한 근로자가 80% 이상 출근한 경우에 부여된다. 또한 계속 근로기간이 1년 미만인 근로자라 하더라도 1개월 개근 시 1일의 유급휴가가 부여되며, 1년간 계속 근로한 근로자의 출근율이 80% 미만인 경우에도 1개월 개근시 1일의 연차유급휴가가 부여된다.

연차유급휴가 정리

구분		연차유급휴가
적용대상		주 40시간 근로제
기본휴가일수	1년 미만 근로	월간 개근 월 1일
	1년 이상 근로	연간 80% 이상 출근율 15일 연간 80% 미만 출근율 월 단위 연차유급휴가 부여
연차 가산일수		최초 1년을 초과하는 계속 근로 연수 매 2년에 대하여 1일을 가산
연차휴가 한도		25일이 한도, 임금대체 없음
미사용 시 보상		'보상 및 이월' 면제 가능

연차유급휴가는 소정근로일을 기준으로 산정된다

연차유급휴가 산정을 위한 출근율의 기산점은 입사일, 근로계약 체결일 등이 원칙이지만, 근로자에게 불리하지 않는 범위 내에서 취업규칙 등에 의하여 전 근로자에게 일률적으로 기산일을 정하는 것도 가능하다.

출근율 산정에 있어서 출근율은 소정근로일을 기준으로 계산하는데, 소정근로일이란 법령의 범위 안에서 근로계약 당사자가 근로하기로 정한 날을 말한다. 연차유급 휴가일수를 계산함에 있어 출근한 것으로 간주되는 경우가 있는데 근로기준법은 근로자가 업무상의 부상 또는 질병으로 휴업한 기간과 임신 중인 여성의 산전후 휴가 또는 유사산 휴가기간은 이를 출근한 것으로 본다. 예비군・민방위 훈련 및 공민권 행사 등의 경우도 출근한 것으로 본다. 정직과 정당성 없는 파업의 경우에 있어서는 사용자의 승인유무와 상관없이 결근한 것으로 본다.

또한 연차유급휴가를 산정함에 있어 기준이 되는 소정근로일에서 제외되는 경우가 있는데 행정해석에 따르면 사용자의 귀책사유에 의한 휴업기간, 쟁의기간, 육아휴직기간 등이 이에 해당하고 이에 따른 연차유급휴가일수는 연간 총 소정근로일수에 대한 나머지 소정근로일수 비율을 곱하여 산정해야 한다.

연차유급휴가는 대체가 가능하다

근로기준법에는 사업(장)에서의 휴일 또는 휴가의 연속을 위해 사용자는 근로자 대표와 서면합의를 통해 연차유급 휴가일을 갈음하여 특정한 근로일에 근로자를 휴무시킬 수 있다는 내용이 규정되어 있다. 이와 같이 서면합의에 따라 사용자가 특정 근로일에 휴무시킨 이상 법률 규정에 의하여 휴가일에 갈음하는 효과가 발생한다.

사용하지 않은 연차휴가는 보상해 주어야 한다

사전매수・반납

근로자에게 연차휴가권이 발생하면 사용자는 근로자가 휴가를 1년간 사용할 수 있도록 하여야 한다. 따라서 휴가청구권이 소멸되지 않은 상태에서 대체수당을 지급하는 것은 연차휴가권을 사실상 행사하지 못하게 하는 것으로 무효이다.

또한 회사가 경영상의 어려움을 겪고 있어 휴가를 반납하더라도 법정권리를 포기할 수 없다는 점에서 이는 무효이며, 사용하지 않은 휴가에 상응하는 연차유급휴가 미사용청구권이 발생할 수 있다.

연차유급휴가 미사용수당

연차유급휴가를 1년간 사용하지 못한 경우, 휴가청구권은 소멸하지만 임금청구권은 소멸하지 않는다. 연차유급휴가 미사용수당은 사용하지 못한 휴가일수에 해당하는 통상임금을 기준으로 산정되며, 이에 대해 시간외근무수당과 같이 가산수당을 지급할 법적 의무는 없다.

따라서 근로자는 휴가사용가능일수에 상관없이 근로관계가 종료될 때까지 사용하지 못한 연차유급휴가일수 전부에 상응하는 미사용수당을 휴가청구권이 소멸된 다음날부터 3년 이내의 범위에서 사용자에게 청구할 수 있다.

사용자의 연차휴가 사용촉진으로 근로자의 연차유급휴가권은 소멸된다

앞서 기술한 바와 같이 연차유급휴가는 휴식과 노동의 재생산을 도모하고, 일과 가정을 양립시킬 수 있도록 여가를 부여하기 위해 제정되었음에도 불구하고 임금 보전의 목적으로 활용되고 있는 것이 현실이기에 본래의 취지를 살리고자 근로기준법은 연차휴가 사용촉진제도를 규정하였다.

휴가사용촉진은 두 단계로 구분된다. 먼저, 휴가청구권이 발생한 지 1년이 지나기 '6개월 전을 기준으로 하여 10일 이내에' 사용자가 '근로자별로' 사용하지 않은 휴가일수를 알려주고, 근로자가 그 사용시기를 정하여 사용자에게 통보하도록 '서면으로' 촉구하여야 한다.

다음으로, 서면촉구에도 불구하고 근로자가 촉구를 받은 때부터 '10일 이내'에 사용하지 않은 휴가의 전부 또는 일부의 사용시기를 저하여 사용자에게 통보하지 않은 경우에는 휴가청구권이 발생한지 1년이 지나기 '2개월 전까지' 사용자가 사용하지 않은 휴가의 사용시기를 정하여 근로자에게 '서면으로' 통보하여야 한다.

연차휴가 사용촉진규정은 사용자의 적극적인 사용촉진 요구에도 불구하고 근로자가 휴가를 사용하지 않은 경우에는 미사용 휴가에 대한 보상은 물론 휴가가 이월되지도 않고 소멸한다.

[서식] 연차유급휴가 대체사용 합의서

연차유급휴가 대체사용 합의서

대한민국(주) 대표이사 이순신과 근로자대표 홍길동은 근로기준법 제60조 의한 연차유급휴가를 부여함에 있어 동법 제62조에 의거 다음의 근로일을 연차유급휴가로 갈음하여 사용하는 것에 합의한다.

-다 음-

신정(1월1일), 설 3일(전날, 설날, 설날 익일), 3·1절, 어린이날, 석가탄신일, 현충일, 광복절, 추석(전날, 추석, 추석 익일), 개천절, 성탄절, 여름휴가 등 중에서 합의한 날 선택기재

2013. . .

구분	서명
사용자	이순신 (인)
근로자대표	홍길동 (인)

연차휴가 사용촉진조치

연차휴가는 직원들에게 휴식을 부여하기 위하여 제공하는 것인데, 미사용수당을 받기 위해서 많은 직원들이 이를 일부러 사용하지 않는 경우가 많아짐에 따라 법률에서 연차휴가를 남기지 말고 모두 사용할 수 있도록 하는 사용촉진조치를 규정하게 되었다.
연차휴가 사용촉진조치를 시행하였음에도 연차휴가를 사용하지 않은 경우, 회사는 미사용수당을 지급하지 않아도 된다.
연차휴가 사용촉진조치가 유효하게 행해지려면, 다음 요건을 충족하여야 한다. '11월 1일을 기준으로 10일 이내'에 직원에게 미사용연차휴가를 알려주되, '직원 개인별로' '서면으로' 알려주어야 한다. 직원이 '10일 이내'에 연차휴가 사용계획을 제출하지 않을 경우 회사는 '11월 1일 전까지' 휴가사용시기를 지정하여 직원에게 '서면으로' 통보해야 한다.

FAQ

사용촉진절차에서 '서면으로 촉구할 것'이라 규정되어 있는데, 서면이 아닌 구두로의 사용촉진을 하는 경우 그에 대한 사용촉진의 효과가 발생하는지?

연차휴가의 사용을 촉진하기 위하여 서면으로 촉구할 것을 규정하고 있다. 구두로의 사용 촉진의 효과는 발생하지 않으며 향후 발생될 수 있는 분쟁을 방지하기 위한 목적으로도 서면으로의 촉구가 요구된다.

근로자가 결근일을 연차휴가사용일로 대체해 줄 것을 요구한 경우 이를 인정해 줄 수 있는지?

근로자의 결근일 대체 요구에 대하여 이를 인정해 줘야 할 법적 의무는 없기 때문에 회사의 재량에 따라 인정될 수 있다. 다만, 대체사용을 인정하면 대체된 결근일 등을 연차유급휴가일로 보아야 하므로 그 날의 결근을 징계사유로 삼을 수 없다. 반대로 특별한 근거규정 없이 근로자의 의사에 반해서 일방적으로 근로자의 결근일을 연차유급휴가로 대체시키는 것은 근로자의 연차유급휴가청구권을 침해하는 것으로 위법이 된다.

09 인사이동의 한계는 어디까지인가?

인사이동은 사내 인사이동과 사외 인사이동으로 나누어진다

인사이동이란 인력을 사업 목적에 적합하게 배치하기 위하여 근로자의 직무내용이나 근무지 등이 변경되는 사용자의 인사처분을 말한다. 인사이동은 기업 내(사내) 인사이동과 기업 간(사외) 인사이동으로 구분할 수 있다. 기업 내 인사이동이란 한 기업 내에서 직무내용이나 근무지가 변경되는 전직 등을 말하며, 기업 외 인사이동은 근로계약관계를 유지하면서 다른 사용자의 업무에 종사하는 전출과 근로계약의 상대방인 사용자가 변경되고 새로운 사용자의 사업장으로 영구적으로 이동하게 되는 전적 등이 해당된다.

사용자는 원칙적으로 경영권에 기초하여 인사권과 노무지휘권을 행사하게 되어 근로자를 인사이동시키는 업무명령이 가능하지만 인사권과 노무지휘권에 근거한 인사이동이라 하더라도 그 한계가 존재한다.

사내 인사이동의 한계

사용자가 근로자를 채용할 때에는 '종사하여야 할 업무'와 '근로장소'를 명시하여야 한다. 이들이 특정되어 있는 경우에는 사용자의 일방적인 인사이동은 제한을 받고, 이를 위해서는 근로자의 동의를 받아 근로계약을 변경하여야 한다. 근로계약에 업무내용을 명백히 밝힌 경우 또는 의사, 간호사, 보일러공 등과 같이 특수한 기능이나 기술을 가진 자로 고용된 경우 업무의 내용이 특정된 것으로 보아야 하기에 사용자의 일반적인 결정에 의한 인사이동이 제한된다.

사내 인사이동의 정당성 판단

사내 인사이동의 경우 근로자가 제공하여야 할 근로의 종류 · 내용 또는 장소 등이 변경된다는 점에서 불리한 처분이 될 수 있지만, 업무에 필요한 범위 안에서는 상당한 재량이 인정된다. 따라서 사내 인사이동의 정당성은 관련 법률(근로기준법 제23조 또는 민법 제103조)에 위반하거나 권리남용에 해당하는 등의 경우를 제외하고는 ① 업무상의 필요성, ② 업무상필요성과 생활상의 불이익과의 비교형량 그리고 ③ 인사이동에 있어 신의칙상의 절차 등을 고려하여 판단된다.

정당한 사내이동

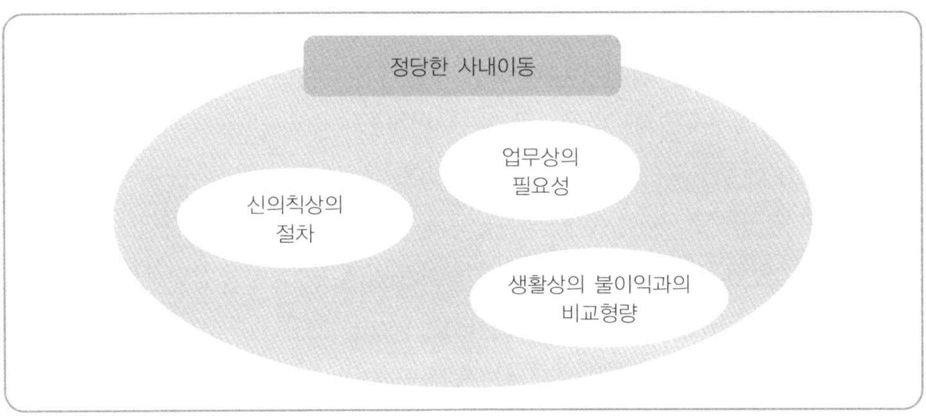

인사이동의 이유가 복합적인 경우에는 인사명령의 동기와 목적, 업무상 필요성

이나 합리성 유무, 생활상의 불이익, 인사명령시기 등을 종합적으로 검토하여 정당성이 판단된다. 또한 근로계약서상에서 직무내용과 근무지를 한정한 경우에는 사용자에게 전직명령권은 존재하지 않는다. 따라서 그러한 한계를 벗어나는 경우에는 근로자의 동의가 있어야만 정당한 인사이동으로 볼 수 있다.

사외 인사이동의 정당성 판단

사외 인사이동의 경우에는 별개의 법인격을 가진 기업 간 인사이동은 근로관계에서의 사용자가 변경되는 것이므로 민법 제657조에 따라 그에 대한 근로자의 동의가 있어야 한다.

근로자의 동의에 있어 구체적인 동의만이 가능한지 아니면 포괄적인 동의도 가능한지 여부가 문제된다. 판례의 경우 포괄적인 동의를 받은 경우 그 동의의 효력을 인정하고 있으며, "근로자의 동의 없이 근로자를 전적시키는 관행이 있고 그 관행이 명확히 승인되거나 이의 없이 당연한 것으로 받아들여져 근로계약의 내용이 된 경우"에도 포괄적 동의를 받은 것으로 인정하고 있다. 그러나 구체적인 동의가 있어야 인사이동의 정당성을 확보할 수 있다는 것이 원칙이다.

사외 인사이동의 책임문제

정당한 전출의 경우에는 원래의 기업과 근로관계를 유지하고 전출기업으로부터 지휘·명령을 받는다는 점에서 일종의 근로자 파견으로 볼 수 있다. 따라서 전출근로자의 근로관계의 책임에 대해서는 해당사항에 대하여 실질적인 권한을 가지는 사업주가 그에 대한 책임을 지게 된다. 예컨대, 근로기준법의 각 규정에 대해서는 해당사항을 관리하는 쪽이 사용자로서의 책임을 부담하고, 산업안전보건법상의 책임은 전출 기업의 사용자가 부담하고 산재보험법 및 고용보험법상의 사업주는 원칙적으로 임금을 지급하는 쪽이 된다.

특히, 사외 인사이동의 경우 문제되는 부분이 퇴직금, 연차휴가에 반영되는 근속기간의 산입 여부가 문제될 수 있다. 전출의 경우 사용자와 근로관계가 유지되고 있는 상태이기 때문에 근속기간으로서 산입되며 그에 따라 퇴직금, 연차유급휴가에 반영된다. 전적의 경우에는 원래기업과 근로관계가 종료되고, 전적기업과 새로운 근로관계가 발생하는 것이기에 전적근로자의 퇴직금이나 연차휴가에 관한 계속근로기간에 종전 기업에서의 근무기간은 포함되지 않는다.

인더비즈 인사경영 Station

사외 인사이동과 동의

사외 인사이동은 타 회사로 인사이동이 되는 것이므로 사실상 퇴직을 의미한다. 그런데, 현행 민법에서는 사용자가 자신의 권리를 양도하기 위해서는 반드시 노무자의 동의를 받도록 명시하고 있으므로 사외 인사이동시에는 사내인사이동과 달리 근로자의 동의를 받아야 한다. 만일 근로자의 동의가 없다면 사용자는 해당 직원을 일방적인 의사로 사외로 인사이동을 시킬 수 없을 것이다.

FAQ

근로계약상 직무의 특정이 없는 경우에는 포괄적 합의를 근거로 인사명령이 가능한지?

근로계약상의 직무의 내용이나 직무장소가 특정되지 않은 경우라면 사용자의 전직명령이 가능하다. 그러나 근로계약상의 특정이 없는 경우라도 의사, 간호사, 아나운서, 보일러공 등과 같이 특수한 기능이나 기술을 가지는 자로서 고용되면 업무의 내용이 특정된 것으로 본다. 또한 근로의 장소를 명시하지 않았다 하더라도 특정지역채용, 주부 근로자, 농공단지의 유휴농민고용 등의 경우에도 근로장소의 특정성이 인정된다.

정당한 노동조합 활동의 억제와 업무상 필요성의 이유에 의해 전직을 하려하는 경우 전직의 정당성 여부는?

정당한 조합 활동을 실질적인 이유로 삼으면서 표면적으로는 업무상 필요성을 이유로 한 전보명령은 부당노동행위로 간주되어 처벌을 받을 수 있다.

하지만 복합적인 이유로 인한 전보명령의 경우에는 전보명령의 동기와 목적, 업무상의 필요성이나 합리성의 유무, 전보에 따른 근로자의 생활상의 불이익과의 비교형량, 전보명령시기, 사용자와 노동조합의 관계, 그 밖에 전보명령 당시의 외형적이고 객관적인 사정에 의하여 추정되는 부당노동행위 의사의 존재 유무 등을 종합적으로 검토하여 판단한다.

10 취업규칙의 변경은 근로자대표에게 달려 있다

취업규칙은 사용자가 일방적으로 정한 통일적 · 획일적인 규칙이다

취업규칙은 사업장의 복무규율이나 근로조건의 기준을 획일적 · 통일적으로 정립하기 위하여 사용자가 일방적으로 정한 규칙 등을 말하며, 상시 10인 이상의 근로자를 사용하는 사용자는 법정사항을 기재한 취업규칙을 작성하여야 한다.

근로기준법은 이렇듯 취업규칙에 대한 사용자의 일방적인 작성권한을 인정하면서도 근로자 보호를 위해 취업규칙의 작성 · 변경시 근로자의 의견청취 또는 동의 등의 절차적 규정을 마련하고 있다. 특히 불이익한 취업규칙의 변경은 근로자들의 기존 근로조건을 저하시키는 것이기 때문에 사용자가 취업규칙을 불이익하게 변경하는 경우에는 근로자 집단(과반수노조 또는 근로자 과반수)의 동의를 얻을 것을 요건으로 규정하고 있다. 이러한 동의를 얻지 않은 경우 사용자가 벌칙을 받는 것은 별론으로 하고 동의를 얻지 않고 변경된 취업규칙은 원칙적으로 무효이다.

취업규칙의 작성 · 변경시 근로자 집단의 '의견'을 들어야 한다

취업규칙의 작성 · 변경에 관한 권한은 원칙적으로 사용자에게 있으므로 사용자는 그 의사에 따라 취업규칙을 작성 · 변경할 수 있다. 다만, 근로기준법은 취업규칙이 근로자의 근로조건에 직접 영향을 미치므로 그 작성 · 변경에 있어서 근로자 집단의 의견청취 또는 그 동의를 요구하고 있다. 따라서 취업규칙의 변경이 근로자에게 불리하지 않은 경우, 사용자는 근로자 집단, 즉 과반수노동조합 또는 근로자 과반수의 '의견'을 들어야 한다. 다만, '의견청취'만 하면 될 뿐 그 의견에 기속되지는 않는다.

불이익한 취업규칙의 변경 · 신설시 근로자 집단의 '동의'를 얻어야 한다

불이익한 취업규칙의 변경은 근로자 집단의 '동의'를 얻어야 효력이 생기는 바, 취업규칙의 변경이 불이익한지 여부는 중요하다.

취업규칙의 불이익변경이란 사용자가 종전의 취업규칙을 개정하거나 새로운 취업규칙을 신설하여 저하된 근로조건이나 강화된 복무규율을 일방적으로 부과하는 것을 말한다.

사용자가 취업규칙을 불이익하게 변경하는 경우에는 당해 사업 또는 사업장에 근로자의 과반수로 조직된 노동조합이 있는 경우에는 그 노동조합, 근로자의 과반수로 조직된 노동조합이 없는 경우에는 근로자의 과반수의 동의를 받아야 한다. 이러한 집단적 동의 조항을 둔 것은 사용자가 이미 정한 근로조건을 일방적으로 저하시키는 것을 방지하기 위한 것이므로, 동의를 받지 못한 취업규칙의 변경은 무효이다.

과반수노조의 동의는 노조위원장이 대신한다

근로자의 과반수로 조직된 노동조합이란 기업별 노조이든 초기업적 노조이든 관계없다. 초기업적 노조라도 당해 사업 또는 사업장의 근로자의 과반수가 가입하고 있는 경우라면 '과반수 노동조합'에 해당된다. 또한 과반수 노동조합의 동의는 특별한 사정이 없는 한 노조위원장이 노동조합을 대표하면 된다. 즉 노동조합 소속 근로자의 과반수의 동의를 얻어야 하는 것은 아니다.

근로자 과반수의 동의는 집단의사결정방식이어야 한다

근로자 과반수의 기준이 되는 근로자는 근로기준법상의 근로자로서 취업규칙 변경 당시에 근로관계를 맺고 있는 취업근로자를 말한다.

근로자 과반수의 동의는 집단의사결정방식 또는 회의방식에 의한 동의를 얻어야 한다. 이는 회사의 고압적 태도에 개별근로자가 위축되어 의사표현의 자율성이 제약받는 것을 방지하기 위한 것으로 근로자가 동일 장소에 집합한 회의에서 근로자 개개인의 의견표명을 자유롭게 할 수 있는 적절한 방법으로 의결한 결과 근로자 과반수가 찬성하는 방식이어야 한다.

따라서 개별적 회람·서명을 통하여 과반수의 찬성을 얻었더라도 근로자 집단의 동의를 얻은 것으로 볼 수 없다. 그러나 회의가 불가능한 경우에는 사용자의 개입이 없고 근로자의 자유의사가 보장된다면 사업장의 의견을 교환하여 찬반의견을 집약한 후 전체적으로 취합하는 방식도 허용된다.

근로자 집단의 '동의' 없이 변경한 취업규칙은 무효이다

사용자가 의견청취 의무를 위반하면 벌칙이 적용된다. 문제는 이 경우에 취업규칙의 효력발생이 저지되는가, 즉 의견청취는 취업규칙의 효력요건으로 볼 것인지 여부이다.

학자들 사이에 근로자의 의견청취는 근로자 보호를 위한 수단의 일환이므로 의견청취 없는 취업규칙 작성·변경은 무효라는 견해가 있으나, 불리하지 않게 변경된 취업규칙을 무효로 보는 것은 불합리하다는 점에서 취업규칙은 유효하다 할 것이다.

반면, 근로자에게 불이익하게 취업규칙을 변경하는 경우 근로자 집단의 동의를 받지 못한 경우, 취업규칙 변경으로서의 효력이 없다. 이때 그 변경에 개인적으로 동의한 근로자에 대하여도 효력이 없다.

인더비즈 인사경영 Station

과반수 노동조합과 근로자 과반수

만일 사용자가 취업규칙을 불이익하게 개정을 했고, 사내에 근로자 과반수가 가입한 노동조합이 있는 경우, 과반수 노동조합 위원장은 취업규칙의 불이익한 변경을 동의하지만, 실제 근로자의 과반수가 취업규칙의 변경을 반대한다면, 누구의 동의를 받아야 할까?
이 경우 실제 근로자 과반수의 의견이 동의를 거부하는 것일지라도 노조위원장이 동의한다면, 취업규칙의 불이익변경은 유효하게 된다. 이는 법률에서 과반수 노조가 있는 경우, 그 노동조합의 동의를 받도록 명시하고 있기 때문이다.

FAQ

사무직과 생산직의 취업규칙이 다르게 존재하는 경우, 사무직에게만 적용되는 취업규칙을 불리하게 변경할 때 근로자 과반수의 산정기준은?

사무직과 생산직의 취업규칙이 이원화되어 있는 경우에 사무직에게만 적용되는 취업규칙을 불리하게 변경할 때에는 전체근로자의 과반수가 아니라 사무직근로자의 과반수의 동의를 얻어야 한다.

취업규칙의 변경이 일부 근로자에게는 유리하고 일부 근로자에게 불리한 경우?

취업규칙의 변경이 일부 근로자에게는 유리하고, 다른 근로자에게는 불리한 경우에는 전체 근로자 입장에서 판단하기가 객관적으로 곤란하므로 유·불리를 달리하는 근로자 집단 규모를 비교할 필요 없이 불이익한 변경으로 보아야 한다.

11 징계의 정당성은 실질적 · 절차적 요건의 충족에서 시작한다

징계는 정당한 이유가 있어야 한다

기업질서의 유지, 확립을 위해 근로자가 그 질서규범을 침해 내지 위반한 경우 그에 대한 제재로서 근로자에 대하여 불이익을 가하는 제재를 징계라 한다. 징계의 유형으로는 구두나 서면에 의한 경고, 근로를 제공하되 임금의 일부를 지급치 않는 감봉 · 감급, 그리고 근로를 제공하지 않으며 임금도 지급되지 않는 휴직 · 정직으로 나눌 수 있다.

사용자가 행하는 징계 역시 무조건적으로 효력을 발생하는 것은 아니고, 근로기준법 제23조의 규정에 의해 제한을 받는다. 근로기준법은 '정당한 이유'없는 해고, 휴직, 감봉, 정직 등의 징벌을 금지한다. 따라서 사용자는 정당한 이유가 있는 경우에만 징계를 행하여야 한다.

정당한 징계의 요건

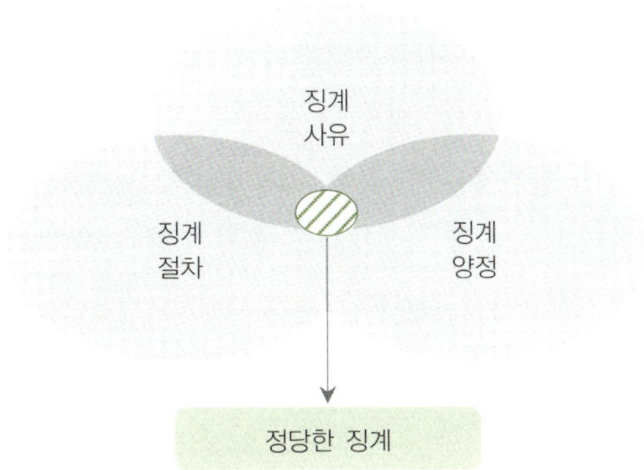

정당한 징계사유

취업규칙 등에 징계에 대한 사유를 규정하는 것이 일반적인데, 취업규칙에 규정된 징계사유라 하더라도 취업규칙상의 징계사유가 정당해야 한다. 징계의 목적을 고려할 때, 징계대상은 기업질서의 침해 등 징계의 목적에 부합하는 사정이 있어야 하며, 합리적인 범위 내에서 징계권이 인정된다.

징계의 사유를 구체적으로 살펴보면 무단결근, 지각·조퇴의 과다, 근무성적 불량, 직장이탈 등 근무태만과 정당한 업무명령을 위반하여 기업의 질서를 침해하는 경우, 근무평정이 현저히 낮거나 직무능력이 현저히 부족한 원인이 징계사유에 해당하는 경우, 정당성 없는 쟁의행위를 기획·주도하여 사용자에 대한 업무방해의 문제가 발생하는 경우 및 근로자의 경력사칭에 대하여 사용자가 이를 사전에 알았더라면 그 근로자를 채용하지 않았거나 적어도 같은 조건으로는 채용하지 않았을 것으로 인정되는 중요한 경력의 사칭은 징계의 대상이 된다.

정당한 징계절차

징계를 함에 있어 취업규칙 등에 절차가 정해진 경우에는 그 절차를 거쳐야 징계의 효력이 발생하지만 변명의 기회를 보장할 것인지 정한 규정이 없다면, 반드시 소명의 기회를 부여할 필요는 없다. 절차상의 변명기회 부여는 시간적 여유를 줌으로써 충분히 소명할 수 있도록 하여야 한다.

징계절차에 대하여 단체협약이나 취업규칙 등에 노동조합의 의견청취, 협의의 절차가 규정되어 있는 경우라 하더라도 그 절차위반의 경우 인사의 효력에 영향이 없으나, 동의나 승낙의 경우에는 그 절차를 거치지 않은 인사처분은 무효가 된다. 다만, 노동조합이 합리적 근거나 이유제시도 없이 무작정 반대하는 등의 동의권을 남용·포기한 것으로 인정되는 경우에는 노동조합의 사전 동의를 받지 못하였다 하여 인사처분을 무효로 보지는 않는다.

정당한 징계양정

징계처분은 그 징계 사유에 해당하는 종류, 정도, 반복성, 직장질서 침해의 정도 등에 비추어 상당하여야 하고, 같은 비위행위에 대하여 종전의 또는 다른 근로자에게 한 징계의 처분과도 형평성을 고려하여 경고, 감봉, 정직, 해고 등을 징계를 행하여야 한다. 한편, 감봉의 경우 근로기준법 제95조에서 근로자의 생활을 위협할 염려를 예방코자 "취업규칙에서 근로자에 대하여 감급의 제재를 정할 경우에 그 감액은 1회의 금액이 평균임금의 1일분의 2분의1을, 임금총액이 1임금지급기의 임금총액의 10분의1을 초과하지 못한다."고 규정함으로써 감급의 최고한도액을 설정하고 있다. 이때, 감급제재가 제한되는 임금은 평균임금을 기준으로 하여야 한다.

부당징계에 대한 구제방법

위와 같은 징계의 사유, 절차, 수단에 있어서 정당하지 않은 경우에는 부당한 징계가 된다. 부당한 징계에 대한 구제신청 역시 근로기준법 제28조에 따라 부당징계가 있은 날로부터 3개월 내에 구제신청이 가능하며 법원을 통한 구제도 가능하다.

징계절차의 하자 치유

만일 징계위원회를 개최하면서 규정에 명시된 절차를 위반한 경우, 징계사유와 양정이 정당할지라도 그와 같은 징계처분은 절차위반의 부당징계에 해당하게 된다.
그런데, 절차 위반의 징계를 행한 이후, 징계대상 직원이 노동위원회에 부당징계 구제신청을 제기하지 않고, 회사 내의 2심 징계심의를 요청하여 2심 징계절차에서는 모든 절차를 준수한 경우에는 1심 징계에서의 절차 위반이 모두 치유되어, 결국 그 징계는 유효하고 정당한 징계처분으로 간주된다.

FAQ

업무를 원활히 수행하고 있는 근로자가 과거 입사 시 대졸 학력임에도 고졸로 속이고 취업한 것이 발각되는 경우 징계가 가능한지?

채용과정에서 근로자는 사용자에게 진실고지의 의무를 부담함이 원칙이다. 이러한 경력의 사칭에 대해 판례는 "사용자가 이를 사전에 알았더라면 채용하지 않았거나 적어도 같은 조건으로는 채용하지 않았을 것으로 인정되는 중요한 경력의 사칭은 징계의 대상이 된다."고 판단한다. 또한 최근 판례는 "고용 당시의 사정만이 아니라 고용 이후 해고에 이르기까지 제반사정을 종합적으로 고려하여 해고의 정당성을 판단하여야 한다."고 하여 보다 구체적이고 합리적인 판단기준을 제시하였다. 따라서 원칙적으로 경력 사칭은 징계의 사유가 된다.

정당한 사유로 징계가 이루어진 경우, 그 사유에 대하여 추가적인 징계를 할 수 있는지?

정당한 징계 사유라 하더라도 같은 사유에 대하여 이중으로 징계할 수 없다. 다만, 종전의 징계가 수단 내지 절차 등의 문제로 부당한 징계가 되어 종전의 징계를 취소한 후 새로운 징계를 하는 것은 이중징계가 아니다. 한편, 새로운 징계를 하면서 징계수단을 결정할 때, 종전의 징계를 참작하여 새롭게 징계를 결정하는 것은 이중징계로 보지 않는다.

12 회사지원 MBA 취득 후 곧바로 이직할 수 있는가?

위약금 또는 손해배상액을 예정하는 계약체결은 금지된다

현행 근로기준법상 사용자는 근로계약 불이행에 대한 위약금 또는 손해배상액을 예정하는 계약을 체결하지 못한다. 이는 근로자의 퇴직의 자유가 제한되어 부당하게 근로의 계속을 강제당하는 것을 방지하려는 취지의 규정이다.

즉, 민법상의 계약관계에서는 계약이행을 담보하기 위하여 계약체결 당시에 미리 채무불이행에 대하여 위약금 또는 손해배상액을 약정하는 것이 허용되나, 근로계약 불이행에 대한 위약금을 예정하는 것은 근로자가 퇴직을 원하더라도 위약금 지급의 부담 때문에 퇴직하기 어렵게 된다는 점을 고려하여 근로기준법은 민법상의 원칙에 수정을 가한 것이다.

이 규정을 위반하여 위약금 또는 손해배상을 예정하는 계약의 경우, 사용자에게는 소정의 벌칙이 적용되고 그러한 약정은 사법상 무효가 된다.

'임금 반환'을 취지로 하는 약정은 무효이다

근로자가 약속된 의무재직기간 도중 퇴직하면 사용자에게 일정액의 금원을 지급・배상하거나 그동안 근로자가 받은 임금을 반환한다는 취지로 약정하는 경우가 있다. 이러한 약정은 근로자의 퇴직의 자유를 부당하게 제약하려는 것이므로 무효라고 해석된다.

예컨대 의무재직기간 도중에 퇴직하면 영업비밀 보호를 위하여 특정 금액을 배상한다는 약정, 연수 후 의무재직기간 도중에 퇴직하면 연수기간동안 사용자로부터 받은 임금 상당액을 반환한다는 약정, 외국 회사에 연수 목적으로 파견 근무 후 의무재직기간 도중에 퇴직하면 그 회사로부터 받은 임금과 집세 등을 반환한다는 약정 등이 그러하다.

'실소요 비용'에 대한 연수비반환 약정을 체결하는 것은 가능하다

회사가 근로자에게 상당한 기간과 비용이 소요되는 연수나 위탁교육을 받게 한 후 일정한 의무 재직기간을 정하고 근로자가 이를 위반하는 경우 교육비용 등의 연수비 반환을 약정하는 경우가 있다. 이렇게 해외연수 및 국내 위탁교육과 관련하여 일정기간 동안의 의무 근무기간을 정한 후 그 전에 퇴직하면 임금이나 퇴직금을 환수한다는 약정은 앞서 살펴본 바와 같이 근로기준법에 위반된다.

그러나 임금의 환수・상계와 관계없이 '연수에 소요된 실소요 비용'이나 '장학금'을 배상한다는 약정은 위약금・손해배상액의 예정이 아니며, 연수・교육에 대한 선택의 자유가 주어져 있는 한 민법상의 반사회질서(제103조) 또는 불공정한 법률행위(제104조)에도 위반되지 않는다. 따라서 이러한 경우의 의무 근무기간은 근로계약 기간이 아닌 경비반환 채무의 면제기간으로서 판단하는 것이 타당하며, 법원은 이와 동일한 입장을 취하고 있다.

연수가 근로를 제공하는 것이라면 '퇴직시 경비반환 약정'은 손해배상의 예정에 해당할 수 있다.

이와 관련하여 대법원은 "연수가 단기간이고 빈번한 점, 연수기간 중 교육 프로그램이나 훈련과정이 설정되어 있지 않는 점, 연수기간의 대부분이 정보수집이나 견본의 확보 및 시장조사를 위하여 소요된 점, 이러한 활동이 제품개발에 있어 필수불가결한 업무 중 하나라는 점" 등을 들어 단순한 출장업무라고 보아 위약금예정 금지를 적용시킨 사례가 있다.

연수비반환 약정이 위약금예정에 해당하지 않는 경우, 의무재직기간 도중 근로자가 사직하면 연수비반환의무가 발생한다. 그러나 상환의 범위는 어디까지나 연수에 소요된 비용이므로 타 회사로의 파견근무 형식으로 교육훈련이 행해지면서 파견된 타 회사로부터 파견근무에 대한 대가로 수령한 금품이나 연수기간 동안에도 정상급여를 지급하도록 되어 있어 수령한 정상급여는 상환해야 할 범위에 속하지 않는다.

따라서 이러한 성격의 금원, 즉 정상급여까지 상환하도록 약정하는 경우에는 위약금예정으로 무효가 된다.

인더비즈 **인사경영** Station

Signing bonus

이는 회사에서 새로 합류하는 직원에게 급여와 별도로 지급하는 인센티브를 의미하는 것으로, Sign-on bonus라고 불리우기도 한다. 보통 '계약금'과 유사하게 생각되지만, 계약금은 계약상대방에게 지불해야 하는 전체 금액의 일부를 선지급하는 것인데 비해, Signing bonus는 계약상대방에게 지불해야 하는 금액 외에 추가로 지불하는 것을 의미한다.
직원을 채용하면서 일정금액의 Signing bonus를 지급하면서, 일정기간 동안 근무할 것을 합의하고, 만일 계약기간 내에 이직할 경우 Signing bonus를 전액 반환하도록 할 경우, 이는 근로계약상 임금과 별개로 지급된 금액의 반환을 약속한 것이므로 법원은 Signing bonus를 반환하도록 하는 것이 정당하다는 입장을 취하고 있다.

FAQ

연수비반환 약정이 아닌 손해배상액을 예정하는 약정의 경우?

손해배상액을 미리 예정하여 일정한 기간을 근무하지 않으면 이를 배상해야 한다는 내용으로 약정을 하는 경우가 있다. 이는 근로자의 강제노동을 전제하게 되므로 이러한 약정도 금지된다고 볼 수 있다.

다만, 손해배상액의 '예정'이 금지되는 것이지 손해배상의 청구 자체가 금지되는 것은 아닌바 근로자로 인하여 실제로 손해가 발생하였다면 그 손해배상은 청구할 수 있다.

근로자 채용시 보증인을 요구하는 경우, 이러한 행위가 근로기준법에 위반되는가?

위약금의 지급책임을 부담할 대상자의 범위에 대하여는 구체적인 규정이 없다. 그러나 친권자·신원보증인·보증인·연대보증인 또는 제3자가 될 수도 있는바, 이들과의 위약금 예정계약도 모두 근로기준법 제20조의 위반에 해당한다.

13 경쟁업체로의 이직을 방지할 수 없을까?

일정기간동안의 전직금지약정은 직업선택의 자유를 제한하지 않는다

전직금지약정이란 근로자가 사용자와 경쟁관계에 있는 업체에 취업을 하거나 스스로가 경쟁업체를 설립 또는 운영하는 등의 경쟁행위를 하지 않을 것을 내용으로 하는 약정이다.

전직금지약정은 헌법에 규정되어 있는 직업선택 자유를 직접적으로 제한하게 되며 자유로운 경쟁을 저해하게 된다. 특히 퇴직 이후에 경쟁업체로의 전직금지약정은 근로자 생계와도 직접적으로 연관이 있기 때문에 그 적법성 여부는 엄격하게 판단하여야만 한다.

대법원은 전직금지약정이 근로자의 직업선택의 자유와 근로권을 제한하는 측면이 있지만, 회사의 중요 정보를 알고 있는 근로자가 회사가 제공한 연구비와 기술지원에도 불구하고 합리적 범위의 기간 동안 근무하지 않고 경쟁기업으로 전직하는 것은 부당하다고 판시한 바 있다.

즉, 대법원은 전직금지약정으로 인한 일정기간 동안의 동종업종으로의 이직 제한은 합법이라고 판단하고 있음을 볼 수 있다.

전직금지기간을 과도하게 설정하는 경우 약정 자체가 무효가 된다

흔히 전직금지약정을 체결할 때 기업의 영업비밀을 누설·유출하지 않겠다는 비밀유지와 함께 전직금지기간을 명시한다.

영업비밀이라는 것은 공공연하게 알려져 있는 것이 아닌, 독립된 경제적 가치를 가지는 것으로 상당한 노력에 의해 비밀로 유지되는 생산방법이나 판매방법, 그 외 영업활동에 유용한 기술상, 경영상 정보를 의미한다.

최근 통신장비업체가 핵심기술을 다루다 이직한 연구원을 상대로 직접 낸 소송에서 잇따라 승소한 바 있다. 대법원은 근로자가 알게 된 회사 내 정보는 전직금지약정을 통해 유출되지 않도록 보호할 수 있는 사용자 이익에 해당한다고 하여 판단의 이유를 설명하였다.

전직금지기간은 어느 정도로 해야 하는지 살펴보자.

지난 2005년부터 2010년까지 있었던 전직금지청구 사건에 대한 판례를 분석해보면 우리 법원이 인정하는 전직금지기간은 1~2년이 가장 많았고(74%), 그 다음으로 2~3년(12%), 3~5년(14%)이었다.

확정적인 전직금지기간에 대한 허용치는 정해지지 않았으나, 판례의 태도에 따르면 전직금지기간을 과도하게 장기적으로 설정하게 되거나 영업비밀의 범위를 추상적으로 정하고 또는 기업 내부적으로도 영업비밀보호를 위한 특별한 조치를 하지 않게 되었다면 전직금지약정 자체가 무효가 된다.

유효한 전직금지약정의 요건은 무엇일까?

법원은 전직금지약정이 유효한지 여부는 근로자의 기존 회사에서의 지위와 직무의 내용, 전직금지기간의 장단, 전직금지의 지역적 범위, 전직금지의무에 대한 보상 등을 고려요소로 삼고 있으며 기본적으로 영업비밀을 보호하기 위한 목적의 범위 내에 있는지를 핵심적인 판단요소로 보고 있다.

전직금지약정 체결시 금지기간에 상응하는 보상이 당연히 요구되는 것은 아니다

판례 분석을 보면, 우리 법원이 전직금지에 상응하는 대가를 제공하지 않은 이유만으로 전직금지약정을 무효로 본 사례는 없었으며 대가의 유무는 단지 기간을 결정하는 참고로 삼는 경향을 보였다. 법원은 전직금지에 상응하는 회사 측 보상이 없었지만 퇴직 후 1년간 전직금지약정은 '비교적 단기간'이라 지나치지 않는다고 판단한 바 있다. 그러나 1~2년을 직장 없이 생활하는 건 매우 어려운 일이다.

예컨대 기술 발전 속도가 빠른 IT 산업에 있어 1~2년은 단지 수입의 문제가 아니라 재취업 여부와도 직결될 수 있는 부분이다. 기업의 영업비밀이 중요한 만큼 개인의 행복추구권도 중요하다. 그럼에도 전직금지에 따른 보상에 관한 우리 사회 논의는 매우 부족한 상황이다.

인더비즈 **인사경영** Station

전직금지기간

중요한 사업정보 또는 영업비밀 등을 보유한 직원에 대하여 타 회사로 이직하는 것을 금지하는 기간을 설정할 때, 구체적으로 어느 정도의 기간까지가 허용되는 기간일까? 이에 대하여 법률 규정이나 판례에서 명확하게 제시한 기준이 없기 때문에 실제 법원이 판단한 사례들을 종합하여 판단할 수밖에 없다. 2005년부터 2010년까지 약 5년 동안 제기된 소송 100건 중 법원이 정당한 것으로 인정한 전직금지기간은 아래와 같다.

전직금지기간	비율
1 ~ 2년	74%
2 ~ 3년	12%
3 ~ 5년	14%

FAQ

전직금지약정이 유효하기 위한 전직금지 기간은?

전직금지기간이 영업비밀을 보호하기 위하여 필요한 기간을 초과하여 과도하게 장기간으로 되어있는 경우, 법률적 전직금지약정의 효력이 부정될 수 있다. 즉 전직금지기간은 영업비밀의 존속기간의 범위 내에서만 유효하다. 따라서 각 사안에 따라 전직금지기간은 달라질 수 있으며 판례는 짧게는 6개월, 길게는 5년의 전직금지기간을 유효한 것으로 판단한 바 있다.

전직금지약정이 유효하기 위한 영업비밀의 범위는?

영업비밀로 인정되기 위해서는 ① 당해 정보가 공연히 알려지지 않아야 하고(비공지성 · 비밀성), ② 당해 정보가 생산방법, 판매방법 기타 영업활동에 유용한 기술상 또는 영업상의 정보로서 독립된 경제적 가치를 지닌 것이어야 하며(경제적 유용성), ③ 영업비밀의 보유자가 당해 정보를 상당한 노력에 의하여 비밀로서 관리하였어야 한다(비밀 관리성).

14 정당한 이유 없는 해고는 불법이다

해고에도 유형이 있다

사용자와 근로자간의 근로관계는 해고, 사직, 합의해지, 계약기간의 만료, 정년의 도달, 당사자의 소멸 등으로 종료되는데, 근로기준법은 근로자의 직장보호를 위한 해고에 관하여 규정하고 있다. 해고의 유형으로는 크게 사용자측 사정에 의한 경영상 이유에 의한 해고(정리해고), 근로자측 사정에 의한 해고로 나누어지며, 근로자측 사정에 의한 해고는 다시 징계처분에 의한 징계해고와 그와는 무관한 통상적인 해고(일반해고)로 구분된다. 즉, 유형에 따라 사유 · 절차 등의 정당성이 달라진다.

무분별한 해고는 근로기준법에 의해 제한된다

사용자는 채용의 자유를 가지지만, 근로관계의 종료에 있어서는 법령상의 제한을 받는다. 근로기준법 제23조는 "사용자는 근로자에게 정당한 이유 없이 해고 등을 하지 못한다."고 규정함으로써 '정당한 이유'가 없는 해고는 법 위반임을 명확히 하고 있다. 이때 '정당한 이유'란 사회통념상 근로계약을 유지할 수 없을 정도로 근로자에게 책임이 있는 사유 또는 부득이한 경영상의 필요가 있는 경우를 말하며, 근로기준법 제24조에 의한 경영상의 이유, 업무능력 결여, 무단결근 · 인사/지시 거부 · 위법한 쟁의행위 등이 정당한 이유에 해당될 수 있다. 그러나 위와 같은 경우라도 일률적으로 정당한 이유에 해당하는 것이 아니라 사업의 목적 및 성격, 직무의 내용, 과거의 근무태도 등 여러 가지 사정을 종합적으로 검토하여 판단하여야 한다.

취업규칙에 정한 해고사유도 정당성 판단이 필요하다

취업규칙 등에 해고 사유가 명시되어 있는 경우, 취업규칙에 명시되어 있다 하더라도 그에 해당하는 사유로 인한 해고가 언제나 법적으로 유효한 것은 아니다. 객관적으로 정당한 이유가 아닌 것을 해고사유로 규정한 취업규칙의 부분은 무효가 된다. 따라서 취업규칙 등으로 정한 해고 사유에 해당하여 해고한 경우라도 구체적 상황에 근거하여 '정당한 이유'라 판단되었을 때 해고의 효력이 발생한다.

해고절차 역시 정당성 판단의 중요한 요소이다

정당한 이유에 의한 해고라도 법령상 규정된 절차를 거쳐야 하며, 그 절차로는 해고예고 및 해고의 서면통지 등이 있다(근로기준법 제26조 · 제27조). 근로자를 해고

하려면 적어도 30일 전에 예고를 하여야 하고, 예고를 하지 않은 경우 30일분의 통상임금을 지급하여야 한다. 다만, 근로기준법은 해고예고를 하는 것이 적절치 않은 경우에 대해 해고예고의 예외를 인정하고 있으며 그 사유로는 '부득이한 사유에 의한 사업계속이 불가능한 경우', '근로자가 고의로 사업에 막대한 지장을 초래하거나 재산상 손해를 끼친 경우' 및 단기취업자의 경우에 해당한다.

해고의 서면통지는 해고의 사유와 시기를 서면으로 통지하여야 하며, 근로기준법은 서면통지를 하지 않은 경우, 해고의 효력이 발생하지 않음을 규정하고 있다.

한편, 사내 1심 징계절차를 준수하지 않았으나, 재심 징계절차에서 필요한 절차를 모두 준수하였다면, 1심 징계절차 위반의 하자는 모두 치유된다고 보는 것이 법원의 입장이다.

부당해고는 행정적 · 사법적으로 구제받을 수 있다

근로자에 대한 해고에 있어서 그 해고가 부당해고라 여겨지는 경우, 근로자는 그 구제를 신청할 수 있다. 부당해고 등의 구제는 노동위원회를 통한 행정적 구제와 사법적 구제로 구분된다.

노동위원회를 통한 행정적 구제는 부당해고 등이 있었던 날부터 3개월 이내에 하여야 하며, 그 신청은 당해 근로자이고 노동조합은 이에 포함되지 않는다. 이러한 요건을 갖추어 노동위원회에 부당해고 등의 구제신청이 있으면 노동위원회는 필요한 조사와 당사자 심문을 해야 한다. 노동위원회는 심문을 마친 후, 부당해고 등이 성립한다고 판정하면 사용자에게 구제명령을 하여야 하며 성립하지 않는다고 판정하면 구제신청을 기각하는 결정을 하여야 한다.

부당해고 등이 성립하는 경우에는 해당 근로자에게 원직복직과 임금상당액을 지급하여야 하고, 근로자가 원직복직을 원하지 않는 경우에는 해고기간 중의 '임금상당액 이상'의 금품을 지급하여 근로관계를 종료시킬 수 있다.

부당해고 구제신청 절차

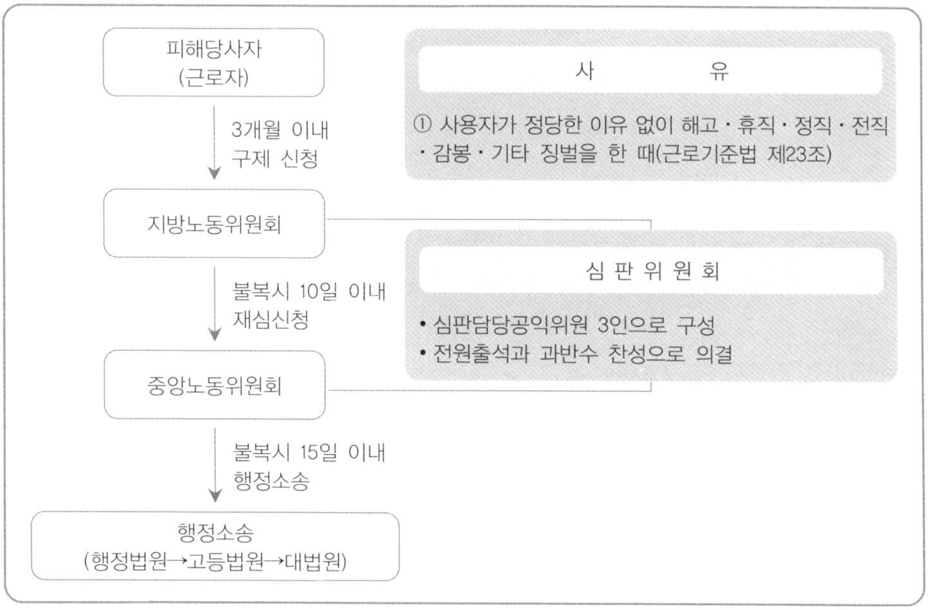

노동위원회는 확정된 구제명령을 이행하지 않는 사용자에게는 구제명령의 실효성 확보수단으로 구제명령의 이행을 위한 이행강제금을 부과할 수 있다.

부당해고는 법원에 의해 사법상의 구제를 받을 수도 있는데, 부당해고를 본안으로 다투면서 임시의 지위 내지 임금지급 등의 가처분 신청을 할 수도 있다. 부당해고를 다투는 경우의 입증책임은 사용자에게 있다. 법원이 해고가 부당하다고 판단한 경우 사법상 무효가 된다. 원직복직과 소급임금의 지급으로서 당해 근로자의 손해는 전보되지만, 사용자가 고의 또는 중대한 과실로 명목상의 해고사유를 내세워 해고한 경우에는 불법행위에 기한 손해배상 책임을 인정하고 있다.

영세업체와 부당해고

현행 근로기준법은 회사가 사용하는 상시 근로자의 수가 4인 이하일 경우 일정한 법률규정의 적용을 제외시키고 있는데, 그 중 대표적인 법률 규정이 '부당해고 구제신청 규정'이다. 따라서, 4인 이하 사업장의 사업주가 직원을 부당하게 해고했을지라도, 해당 직원은 이를 이유로 노동위원회에 구제신청을 할 수 없게 된다. 이는 직원에게 매우 불합리할 수 있지만, 영세업체들의 현실적인 사정을 감안한 법률의 과도기적 조치라고 볼 수 있다.

FAQ

사업주가 충동적으로 행한 해고는 해고의 통보로서 효력을 발생시키는지?

순간적인 화를 못 이겨 근로자에게 해고통보를 한 경우, 해고의 사유가 정당하다 하더라도 해고의 서면통보를 하지 않았음을 이유로 해고의 효력이 발생하지 않는다. 다만, 충동적인 해고 통보 이후 사유가 정당하고 서면통보 등의 절차를 거친 경우에는 그 때에 효력이 발생한다.

해고예고를 하지 않은 경우에도, 해고의 효력이 발생하는지?

해고를 할 때, 해고일로부터 30일 이전에 해고예고를 하여야 하고, 그렇지 않은 경우에는 30일분의 통상임금을 지급하여야 한다. 또한 해고예고가 없는 해고의 효력에 대해 해고수당을 청구할 수 있을 뿐 해고의 효력자체가 무효가 되지 않는다.

해고예고 기간 중 근로제공의 의무가 있는지?

해고예고를 받은 경우라 하더라도 근로자는 노무제공의무가 면제되는 것은 아니어서 그 기간에도 근로의 제공은 해야 한다. 다만, 해고기간의 취지가 원활한 구직활동을 위한 이유도 있기 때문에 그러한 구직활동을 위한 결근, 외출 등에 대해서 승인해야 한다는 것이 일반적인 견해이다.

이메일로 행한 해고의 통지를 해고의 서면통지로 볼 수 있는지?

해고의 서면통지를 규정한 이유는 해고를 함에 있어 신중히 하라는 숙려기능과 해고에 대한 입증기능을 고려한 규정이다. 따라서, 이메일로 행한 해고의 통지는 원칙적으로 서면통지로서 효력을 발생하지 않는다. 다만, 판례는 해외에 있는 근로자에게 평소에 연락수단인 이메일로 징계위원회의 결과를 첨부한 해고의 통지를 서면통지로서 인정한 경우가 있다.

15 부당노동행위, 사용자에게만 해당하는 제재조치이다

부당노동행위는 근로3권을 침해하는 사용자의 행위를 말한다

노조법은 근로자 또는 노동조합의 근로3권 실현 활동에 대한 사용자의 침해 내지 간섭행위를 금지하고 있다. 이렇게 금지되는 사용자의 제반행위를 부당노동행위라 하고 사용자의 그러한 행위로 인하여 피해를 입은 근로자 또는 노동조합이 노동위원회를 통하여 구제를 받을 수 있는 절차, 즉 부당노동행위 구제절차와 그러한 행위를 한 사용자에 대한 벌칙을 함께 규정하고 있다.

부당노동행위의 유형은 불이익취급 · 반조합계약 · 단체교섭거부 · 지배개입으로 구분된다.

불이익 취급

불이익 취급은 근로자의 노동조합 가입 · 조직, 정당한 단체행동의 참가, 기타 정당한 조합활동을 이유로 또는 노동위원회에 부당노동행위 신고 · 증언, 행정관청에 증거제출을 이유로 사용자가 그 근로자에게 불이익을 주는 행위를 함으로서 성립되는 부당노동행위의 유형이다.

불이익 취급이 성립하려면 첫째 노동조합 가입 · 조직 등 근로자의 정당한 단결활동 등의 행위가 있어야 하고, 둘째 사용자의 불이익처분이 있어야 하며, 셋째 사용자의 불이익처분이 근로자의 정당한 단결활동 등을 이유로 하여야 한다.

불공정고용(비열계약, 황견계약)

노조법은 근로자가 '어느 노동조합에 가입하지 아니할 것 또는 탈퇴할 것을 고용조건으로 하거나 특정한 노동조합의 조합원이 될 것을 고용조건으로 하는' 사용자의 행위를 금지하고 있는데, 이를 불공정고용계약(비열계약)의 부당노동행위라 한다. 불공정고용계약은 반드시 근로계약을 체결할 때의 약정만으로 한정되지 않으며, 고용기간 중에 계속고용조건을 약정하는 것도 포함한다.

단체교섭 거부

단체교섭은 노동조합이 단결력을 바탕으로 임금 · 근로시간 등에 관하여 사용자 또는 사용자단체와 교섭하는 것으로서 노동조합의 주된 활동이라 할 수 있다. 이에 따라 노조법은 사용자에게 노동조합과의 교섭에 성실히 임할 의무를 부과하는 한편, 사용자가 정당한 이유 없이 교섭을 거부하거나 해태하는 것을 부당노동행위로 금지하고 있다.

사용자는 단체교섭에 대하여 성의있게 교섭에 임할 의무를 진다. 그러나 교섭사항을 반드시 타결하여야 하는 것은 아니므로 정당한 이유가 있는 단체교섭거부는 부당노동행위가 아니다.

지배개입

노조법은 노동조합의 자주성·독립성을 보호하기 위해 '노동조합을 조직 또는 운영하는 것을 지배하거나 이에 개입하는 행위와 전임자에게 급여를 지원하거나 노동조합 운영비를 원조하는 행위'를 부당노동행위로서 금지하고 있다.

다만, 근로자가 '근로시간 면제제도(Time－off)에 따라 활동하는 것'을 사용자가 허용함은 무방하며, 또한 근로자의 후생자금 또는 경제상의 불행 기타 재액의 방지와 구제 등을 위한 기금의 기부와 최소한의 규모의 노동조합 사무소의 제공은 예외로 인정된다.

부당노동행위는 사용자에게만 인정된다

미국은 사용자와 마찬가지로 노동조합에게도 부당노동행위를 인정하고 있다. 우리나라도 1953년 '노동조합법'을 제정하면서 사용자측의 반조합적 행위와 근로자측의 일정한 행위를 부당노동행위로 금지하는 부당노동행위 금지제도를 도입한 적이 있다. 이후 부당노동행위 관련규정이 개정되었는데 그 과정에서 근로자측의 부당노동행위를 삭제하고 사용자측의 부당노동행위만을 규정하였다. 1997년의 제정 노조법은 노조전임자에 대한 급여지급을 부당노동행위에 포함시키면서 반의사불벌죄를 폐지하고, 중앙노동위원회의 구제명령에 대한 법원의 긴급이행명령제도를 도입하였다. 따라서 우리나라의 경우 부당노동행위가 사용자에게 인정되지만 노동조합에게는 부당노동행위를 인정하고 있지 않다.

정기적인 교육으로 부당노동행위를 예방하는 것이 필요하다

부당노동행위는 헌법상 보장된 노동3권을 제한하는 행위이다. 부당노동행위 금지규범의 주체로서 사업주는 물론, 사업경영담당자, 근로자에 관한 사항에 대하여 사업주를 위하여 행동하는 자까지 포함된다. 부당노동행위의 결과를 요하지 않거나 부당노동행위를 하고 있다는 인식을 필요치 않는 경우에도 그 성립이 가능하다. 따라서 부당노동행위를 예방하기 위한 방안으로서 사업주뿐만 아니라 관리자까지 부당노동행위에 대한 정기적인 교육이 요구된다.

부당노동행위 구제절차

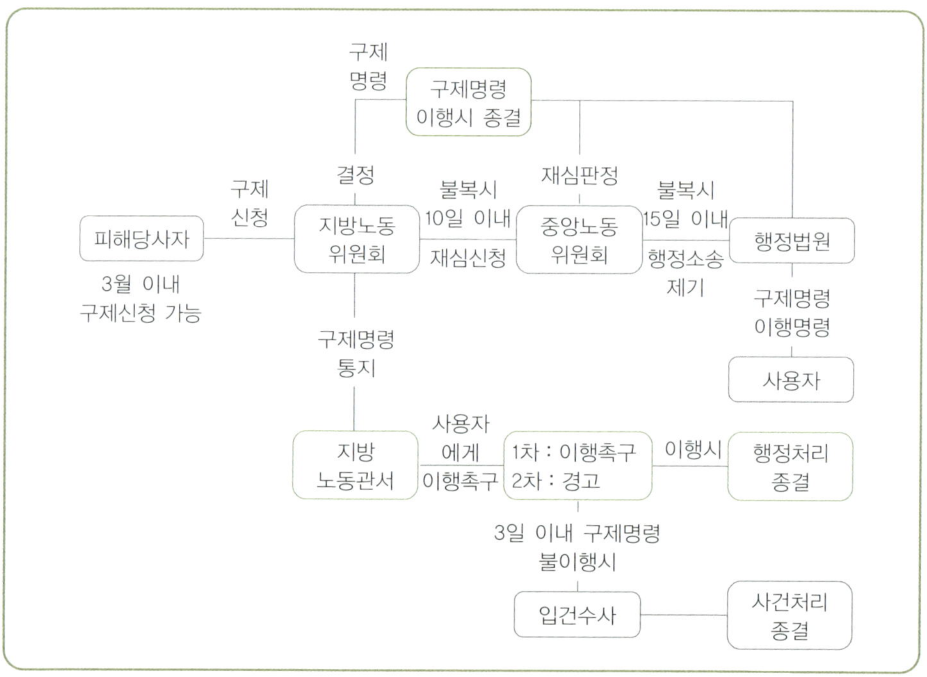

부당노동행위 구제신청자

회사 내에서 사용자에 의하여 특정 조합원이 부당노동행위를 당한 경우, 부당노동행위 구제신청은 해당 조합원뿐만 아니라 노동조합도 제기할 수 있다.
이와 달리, 부당징계 또는 부당인사명령 구제신청은 징계 또는 인사명령으로 인하여 피해를 입은 조합원만 할 수 있고, 노동조합은 조합원을 위하여 구제신청을 직접 제기하지 못한다.

FAQ

사용자의 불이익 처분에 있어서 정당한 조합활동뿐만 아니라 불이익처분의 정당화사유가 인정되는 경우(불이익처분 이유의 경합)에도 부당노동행위가 인정되는지?

이와 관련하여 판례는 근로자에 대한 불이익처분에 정당한 이유가 있는 것으로 인정되는 경우 사용자에게 반노동조합의사가 추정된다고 하더라도 불이익처분이 부당노동행위에 해당한다고 할 수 없다는 입장으로 불이익처분이 정당하다는 입장이다.

16 비정규직에 대한 차별은 금지된다

비정규직이란 기간제 · 단시간 · 파견근로자를 아우르는 개념이다

비정규직 근로자는 법적개념이 아니다. 따라서 명확한 개념정의가 어렵지만 정규직과는 상반되는 기간제, 파견직, 단시간 근로자를 아우르는 개념으로 사용된다. 최근 기업환경이 급변하고 불확실성이 증대함에 따라 기업의 입장에서는 유연한 인력운영을 가능하게 하는 비정규직을 선호하고 있다.

비정규직의 차별은 법으로 금지된다

비정규직의 증가로 인하여 이들을 보호할 필요성이 대두되었고 그에 따라 기간제 및 단시간 근로자 보호 등에 관한 법률 및 파견근로자 보호 등에 관한 법률이 제 · 개정되었다. 비정규직 관련법에 있어서 주로 다루고 있는 것이 정규직 근로자와의 차별에 관한 것이다.

비정규직 보호는 동일한 업무를 수행함에도 정규직이 아니라는 이유만으로 근로조건 등의 차별이 발생하는 경우를 막고자 비정규직의 차별을 주요 내용으로 한다. 「기간제 및 단시간 근로자 보호 등에 관한 법률」 제8조와 「파견근로자 보호 등에 관한 법률」 제21조는 차별적 처우의 금지 및 시정 등을 규정하고 있다.

합리적인 이유 없는 차별은 금지된다

비정규직 근로자가 정규직 근로자보다 합리적 이유 없이 불리한 대우를 받는 등의 차별은 금지된다. 구체적으로 살펴보면, 「기간제 및 단시간 근로자 보호 등에 관한 법률」의 차별에 관한 비교대상은 동종·유사한 업무에 종사하는 기간의 정함이 없는 또는 통상 근로자보다 차별적 처우를 금지하고 있으며, 「파견근로자 보호 등에 관한 법률」의 차별에 관한 비교대상은 사용사업주 사업 내의 동종·유사한 업무를 수행하는 근로자보다 차별적 처우를 금지한다. 최근 「기간제 및 단시간 근로자 보호 등에 관한 법률」 및 「파견근로자 보호 등에 관한 법률」은 '임금 그 밖의 근로조건'으로 규정했었던 차별적 처우의 대상을 개정하여 '근로기준법 제2조 제1항 제5호에 따른 임금', '정기상여금·명절상여금 등 정기적으로 지급되는 상여금', '경영성과에 따른 성과금', '그 밖에 근로조건 및 복리후생 등에 관한 사항'으로 차별 대상을 명확히 하여 차별적 처우 대상에 대한 분쟁여지를 최소화하였다.

구체적으로 살펴보면 i) 성과급 지급과 관련하여 경영성과에 따른 성과급이 차별적으로 지급되는 경우는 비정규직 차별에 해당하며, 개인의 성과에 연동한 성과급 지급률 차이는 차별에 해당하지 않는다. ii) 상이한 임금인상률로 인해 결과적으로 근로조건이 달라지는 경우에는 차별에 해당하지만, 임금인상률의 차이가 있더라도 결과적으로 근로조건이 차이가 없는 경우라면 차별에 해당하지는 않는다. iii) 단체협약이나 취업규칙에 근거한 경조금 등의 복리후생이 비정규직에게만 지급되지 않는 경우라면 이는 차별에 해당하지만, 사내복지기금으로 운영되는 경우, 그 대상을 사내기금 출현 대상자로만 한정하는 것은 차별에 해당하지 않는다.

비정규직 차별의 비교 대상자

유형	비교대상 근로자
단시간 근로자	당해 사업 또는 사업장의 동종 또는 유사한 업무에 종사하는 통상근로자
기간제 근로자	당해 사업 또는 사업장에서 동종 또는 유사한 업무에 종사하는 기간의 정함이 없는 근로계약을 체결한 근로자
파견 근로자	사용사업주의 사업 내의 동종 또는 유사한 업무를 수행하는 근로자

근로조건의 적용여부가 차별의 기준이 된다

차별인지 여부를 판단할 때는 먼저, 단체협약·취업규칙·근로계약 및 관행을 중심으로 정규직 근로자와 비정규직 근로자의 근로조건이 어떻게 달리 적용되는가를 판단한다. 파견근로자의 경우에는 파견사업주와 사용사업주가 맺은 근로자 파견계약과 파견사업주와 파견근로자가 맺은 고용계약을 같이 판단한다. 이러한 규범이나 계약에서 비정규직 근로자와 정규직 근로자와의 차별적인 근로조건을 명시하고 있는 경우라면 이는 관련 법령의 위반이 된다.

노동위원회를 통해 비정규직에 대한 차별은 구제된다

비정규직에 대하여 불합리한 차별이 가해진 경우 노동위원회를 통하여 구제를 받을 수 있다. 차별의 주체는 원칙적으로 기간제근로자, 단시간근로자, 및 파견근로자이다. 불법으로 파견된 경우라도 구제를 신청할 자격이 인정된다. 차별에 대한 구제신청은 차별적 처우가 있은 날부터 6개월 이내에 신청할 수 있으며, 계속적·정기적으로 적용되는 근로조건을 대상으로 하는 계속되는 차별적 처우의 경우에는 그 종료일로부터 6개월 이내에 신청할 수 있다.

기간제근로자, 단시간근로자, 및 파견근로자가 차별에 대한 구제를 신청하는 경우, 노동위원회는 지체 없이 조사와 심문을 거친 후 차별적 처우에 해당된다고 판정한 때에는 사용자에게 시정명령을 발하여야 하고, 차별적 처우에 해당하지 않는다고 판정한 때에는 그 신청을 기각하는 결정을 하여야 한다. 노동위원회는 시정신청에 대한 결정을 하기 전 심문과정에서 관계당사자의 쌍방 또는 일방이 신청하거나 직권에 의하여 조정절차를 개시할 수 있다.

차별시정 구제제도

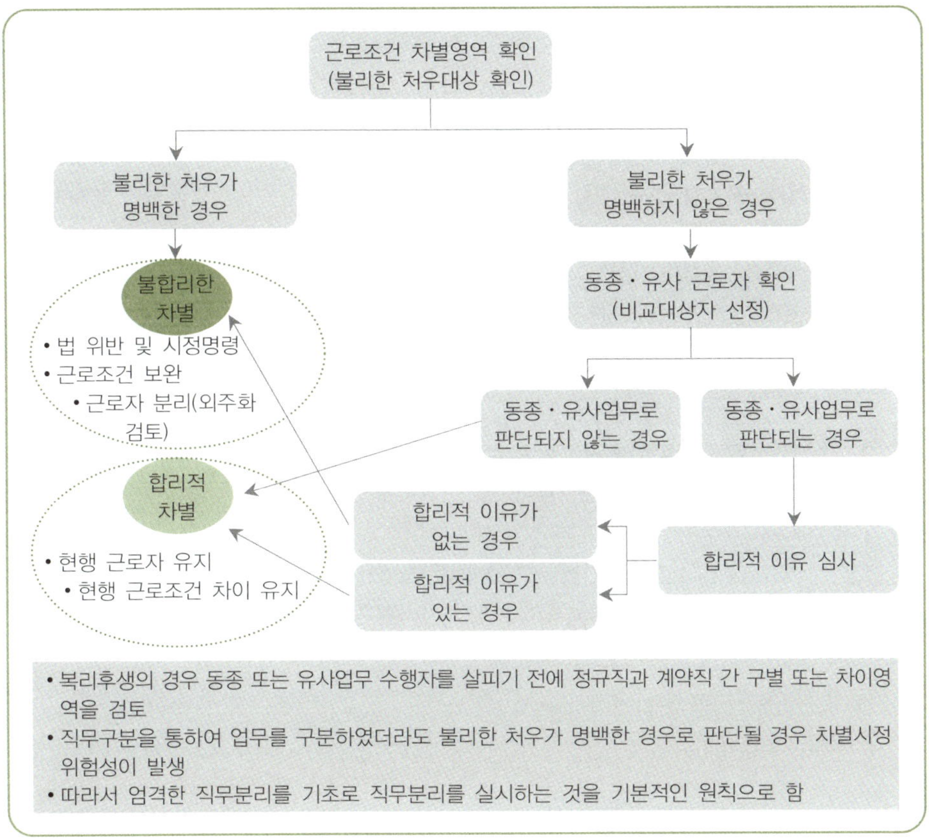

정년퇴직자의 근로조건 차별

만일 만 55세 이상의 정년퇴직자 중 일부를 촉탁직(1년 계약직)으로 채용하면서, 정규직 근로자와 동일한 직무를 수행하되 임금은 70~90%를 지급하고, 학자금 및 의료비 등의 복리후생비를 지급하지 않는 경우에도 위법한 차별에 해당할까?
현행 「고령자고용촉진법」에 따르면 사업주는 고령자인 정년퇴직자를 재고용함에 있어 당사자간의 합의에 의하여 임금 등의 결정을 종전과 달리할 수 있도록 규정(제21조 제2항)하고 있으므로 그와 같이 임금 등을 차등적으로 제공한다 할지라도 위법한 차별에 해당하지 않는다.

FAQ

한 사업장 내에 정규직과 비정규직의 직무가 분리되어 있는 경우에도 임금 등에 있어서 비정규직의 차별이 발생할 수 있는지?

비정규직 차별의 요건으로는 ① 비정규직임을 이유로 ② 정규직 근로자보다 ③ 합리적인 이유 없이 불리한 처우를 받아야 한다. 따라서 한 사업장 내에 정규직과 비정규직이 혼재되어 있다고 하더라도 동종·유사한 업무를 수행하는 정규직 근로자가 없는 경우라면 ②의 요건이 충족되지 않기에 차별의 문제가 발생할 가능성은 작다.

'임금 그 밖의 근로조건'을 차별적 처우의 대상으로 하고 있는데, 회사가 회사 직원의 복리후생을 위한 콘도이용, 경조금 등의 경우도 파견근로자에게 지급하지 않는 경우에도 차별적 처우의 대상에 해당하는지?

개정된 「파견근로자 보호 등에 관한 법률」에서는 차별적 처우의 대상을 보다 명확히 함으로써 차별문제를 보다 엄격히 판단하고 있다. 개정된 「파견근로자 보호 등에 관한 법률」의 취지는 같은 사업장 내에 근로하는 파견근로자들이 직접적인 근로관계가 존재하지 않는다는 이유로 불리한 처우를 받는 것을 제한하고자 함이기에 회사에서 지급하는 것을 파견근로자에만 지급하지 않는 경우라면 차별적 처우에 해당할 가능성이 크다.

17 모성보호 관련 규정은 계속 진화하고 있다

모성보호제도는 선택이 아닌 필수다

여성은 신체적 · 생리적인 특수성 때문에 남성에 비해 노동능력이 취약한 부분이 있고, 출산과 육아를 위한 보호는 다음 세대를 양육하는데 불가피하므로 최대한 보장되어야 한다. 또한 저출산, 고령화 시대를 맞이하여 노동공급의 부족이 예상되는데, 이러한 관점에서도 여성인력의 효과적인 활용을 위한 모성보호제도가 필수적이다.

유해 · 위험한 사업장에서의 보호방안

이러한 관점에서 모성보호를 위한 관련 법령들이 제정되었는데 그 유형으로는 임신 중이거나 산후 1년이 지나지 아니한 여성을 도덕상 또는 보건상 유해 · 위험한 사업에 사용하지 못하며, 임산부가 아닌 18세 이상의 여성 또한 임신 또는 출산에 관한 기능에 유해·위험한 사업에 사용하지 못한다.

근로시간에서의 보호방안

연장근로의 제한

근로시간에 있어서도 임신 중인 여성에 대해서는 본인의 동의 또는 신청여부와 관계없이 시간외 근로를 시킬 수 없으며, 산후 1년이 경과하지 아니한 여성근로자의 연장근로시간은 1일 2시간, 1주 6시간, 1년 150시간을 초과할 수 없다.

야간/휴일 근로의 제한

18세 이상인 여성근로자에 대해 야간근로나 휴일근로를 시키려면 당해 근로자의 동의를 얻어야 하고, 사용자는 본인 동의와 고용노동부장관 인가를 얻어야 임신 중인 여성 및 산후 1년이 지나지 않은 여성을 야간근로와 휴일근로에 종사시킬 수 있다.

모성보호를 위한 휴가제도

사용자는 여성근로자가 청구하면 월 1일의 생리휴가를 주어야 한다. 출산의 경우와 관련하여서는 태아 검진시간, 산전·후 휴가, 배우자 출산휴가가 규정되어 있다. 특히, 산전·후 휴가는 임신 중의 여성에게 출산 전과 후를 통하여 90일의 산전·후 휴가를 주어야 한다. 이때 일정한 요건을 갖춘 경우에는 고용보험에서 산전·후 휴가 급여가 지급된다.

산전·후 휴가급여는 휴가 개시일 기준일로 하여 산정한 통상임금 상당액이 지급되나 그 상한액(90일에 대하여 405만원)과 하한액(시간급 최저임금액을 곱한 금액)을 규정하고 있다. 또한 근로자가 만 6세 이하의 초등학교 취학 전 자녀를 양육하기 위하여 휴직을 신청하는 경우에 1년 이내의 휴직을 허용하여야 한다. 육아휴직기간 동안에는 고용보험으로부터 통상임금의 40%에 해당하는 육아휴직급여(상한액 100만원, 하한액 50만원)를 수령하게 된다.

최근 개정된 모성보호 관련 법령

특히, 최근에 개정된 모성보호 관련법령으로는 근로기준법상 출산 전·후 휴가 분할사용을 가능케 했다. 분할사용은 ① 유산 경험이 있었던 경우 ② 의사 소견상 유산위험이 있다고 진단한 경우 ③ 휴가 청구 당시 산모의 연령이 만40세 이상인 경우에 가능하며, 이 경우에도 출산 후 45일의 휴가는 보장되어야 한다.

또한 임신 16주 이전에도 유·사산 휴가를 부여하도록 개정되었다.

유 · 사산 휴가 기준

임신기간	유·사산 휴가기간
11주 이내	유산 또는 사산한 날로부터 5일
12주 이상 15주 이내	유산 또는 사산한 날로부터 10일
16주 이상 21주 이내	유산 또는 사산한 날로부터 15일
22주 이상 27주 이내	유산 또는 사산한 날로부터 20일
28주 이상	유산 또는 사산한 날로부터 25일

남녀고용평등 관련법의 개정된 내용으로는 배우자 출산휴가가 3일에서 5일로 확대되고, 이 중 유급휴가는 3일이 된다. 육아휴직 기간은 기간제근로자와 파견근로자의 사용기간에 포함되지 않는다.

육아기 근로자가 근로시간 단축을 청구하는 경우, 사용자는 이를 허용해야 한다. 다만 대체인력 채용이 불가능한 경우 및 사업운영에 중대한 지장을 초래하는 경우에는 그러하지 아니한다. 또한 남녀고용관렵법은 근로자의 가족 돌봄 등을 위한 지원 규정을 신설하였다.

모성보호를 위한 지원금 정책

모성보호제도 시행 관련한 정부지원금으로는 출산육아기 고용지원금(기간제, 파견근로자 재고용/육아휴직 등)과 출산육아기 대체인력지원금 등과 직장 어린이집에 대한 지원금 등에 대하여 일정한 요건에 의한 지원제도를 규정하고 있다.

모성보호를 위한 지원금 정책

구분	구분	지원내용
육아휴직 및 육아기근로 시간 단축제	육아휴직 · 육아기 근로시간 단축 장려금	1인당 매월 20만원 지원
	대체인력 채용장려금	1인당 매월 20만원 지원
직장보육시설 지원	설치비용 융자	보육시설 설치비용 지원
	설치비용 무상지원	보육시설 설치비용 무상지원
	보육교사 등 인건비지원	보육교사 등의 인건비지원
여성고용촉진 지원	임신 · 출산 후 계속 고용지원금	계약종료 즉시 재고용 할 경우 지원
	여성고용 환경개선 융자사업	여성친화적 직업환경 조성시 지원

남녀 동등한 고용환경 조성을 위한 포상제도

정부는 매년 남녀가 동등하게 일할 수 있는 고용환경을 조성하도록 장려하고, 사회 전반에 남녀고용평등 의식 확산을 유도하기 위해 남녀고용평등 실현에 앞장선 우수기업과 유공자를 발굴 · 시상하는 포상 제도를 실시하고 있다. 남녀고용평등 우수기업에 선정된 기업에 대해서는 포상일로부터 3년간 정기 지도 · 감독 면제,

조달청 물품입찰 적격심사시 가산점 부여, 중소기업청 중소기업자간 경쟁 입찰시 신인도 분야 가산점 부여 등의 혜택이 주어지니, 기업들이 관심을 가져볼만 하다.

남녀고용평등 우수기업

구분	내용
신청(추천)자격	업종 · 규모에 관계없이 사업개시 후 1년 이상 경과한 기업 (신청일 직전 해 연말 기준)
신청방법	신청기간 내 주된 사무소 소재지 관할 지방 고용노동관서에 신청서 제출
수상기업에 대한 우대 (3년간)	• 지방고용노동관서의 노동관계법령 위반여부에 대한 정기점검 면제 • 남녀고용평등 인증마크 사용 • 조달청 물품입찰 적격심사시 가산점 부여 • 중소기업청 물품입찰 적격심사시 가산점 부여 등

인더비즈 인사경영 Station

육아휴직기간과 연차휴가

만일 직원이 1년간 소정근로일수 중 1/2을 육아휴직으로 사용하고, 나머지 기간은 개근을 한 경우, 그 다음 해에 받을 수 있는 연차휴가기간은 얼마나 될까? 연차휴가는 80% 이상 출근한 직원이 수령할 수 있으며, 육아휴직기간은 출근율 산정에 있어서 제외하고, 줄어든 소정근로일수에 비례하여 연차휴가일수도 줄어든다.

즉, 육아휴직으로 인하여 1년의 총 소정근로일수 중 1/2을 사용하고, 나머지 기간은 80% 이상 출근하였다면, 1년을 만근하였을 때 수령할 수 있는 연차휴가기간의 1/2만큼만 수령할 수 있다. 반면, 출산휴가기간은 출근한 것으로 보아 연차휴가 계산시 기간에 비례하여 줄어드는 일이 없다.

FAQ

육아휴직자가 휴직 중에 있는데 호봉을 승급해야 하는지?

육아휴직자는 모성보호법에 의거하여 계속 근무한 근로자로 간주된다. 따라서 다른 근로자와의 차별의 여지가 발생할 수 있기에 호봉 승급에 반영해야 한다.

육아휴직 중의 회사의 권고사직으로 퇴사한 경우, 퇴직의 효력이 유효하게 발생하는가?

근로자가 권고사직을 받아들인다면 이는 합의에 의한 퇴직으로 끝나는 것이 되며, 계속 일하고자 했는데도 불구하고 회사가 임의대로 근로관계 종료를 한 경우 이는 부당해고가 된다. 육아휴직기간은 절대해고금지기간으로 정해놓고 있기에, 부당해고가 되며 노동위원회를 통하여 부당해고 구제절차 신청이 가능하다.

PART 04

경영심리학

01 리더십은 타고나는 것이 아니라 개발해야 할 역량이다

리더십을 통해 조직과 개인의 목표가 연결된다

리더십이란 기업의 경쟁력에서 가지는 중요성이나 전략적 가치로 인해 많은 의미로 정의되고 있어 하나의 정의로만 이해하기 어려울지 모른다. 그럼에도 많은 정의와 해석들이 가지는 공통점을 분석해보면 결국 조직과 개인을 연결시키는 교두보 역할을 하는 것이 리더십의 본질이 아닐까 한다.

리더십이란 조직의 비전과 미션을 보여주고 이들을 달성하기 위해 가야할 방향을 설정하며, 구성원이 조직의 비전과 미션을 이해하고 이들의 달성을 위해 최선의 노력을 다하도록 영향을 주는 일체의 활동을 실행하는 것으로 이해할 수 있다. 즉, 조직이 지향하는 바를 달성하기 위해 구성원들을 체계적으로 연결하고(Engaging)하고 영향을 주는(Influencing) 일체의 과정을 리더십이라고 정의할 수 있다.

리더는 관리자와 구분되어야 한다

리더(Leadership)와 관리자(Management)라는 표현은 간혹 실생활에서 혼용해서 사용되는 경우가 있다. 하지만 양자의 역할상의 차이나 의미는 상당한 차이를 가지므로 반드시 구분하는 것이 좋으며, 관리자의 개념을 리더십에 대비해서 이해한다면 리더십에 대한 보다 정확한 이해가 가능할 것으로 보인다.

리더와 관리자의 구분

리더(Leadership)	관리자(Management)
Vision and mission	Planning and budgeting
Aligning	Organizing and staffing
Inspiring and motivating	Controlling
Doing the right things	Doing things right
Coping with change	Coping with complexity

리더와 관리자를 요약해서 구분해 보면, 관리자는 매해 목표를 달성하기 위해 매일의 업무수행과정을 관리하는 역할이라고 할 수 있고, 리더는 단기간의 성과나 목표달성도 고려하지만 보다 장기간에 걸쳐 조직이 거쳐나가야 할 변화의 모습을 미리 준비하고 앞에서 이끌어주는 역할에 대해 보다 높은 중요도를 둔다는 점에서 양자의 큰 차이가 있다고 할 수 있다.

리더십은 선천적인 자질로 리더는 태어날 때 정해지는가?

이러한 리더십을 가진 사람은 선천적으로 태어나는 것인가 아니면 후천적으로 개발하는 것인가라는 연구가 오래 전부터 이루어져 왔다. 1950년대까지 주류였던 입장은 바로 리더의 성격이론(Traits theory)이었다. 성격이론에 따르면 리더에게 필요한 자질과 역량은 태어날 때부터 타고나는 것이라는 입장인데, 결국 성격이론에 의하면 리더의 후천적인 양성과 개발이 불가능하다는 결론에 다다르게 된다.

1960년대를 접어들면서 리더와 리더십에 대한 입장은 성격이론과 같은 선천적인 결정론 보다 후천적으로 개발과 양성이 가능하다는 입장으로 선회하게 된다.

상황에 따라 리더십의 효과는 달라진다

피들러(Fiedler)는 상황적 리더십 이론(Contingency theory)을 통해 이상적인 리더의 상을 리더 개인이 소지한 특성에서 찾는 것이 아니라 리더를 둘러싼 상황의 특성에서 찾게 된다. 피들러는 리더를 둘러싼 상황을 3가지로 제시하였는데, 리더와 구성원의 관계(Leader–member relations), 업무구조(Task structure) 그리고 권한(Position power)이 바로 리더를 둘러싸고 있는 환경이자 변수라고 보았다.

- **리더와 구성원의 관계** : 상호간의 신뢰와 존중의 정도, 신뢰에 대한 조직의 문화와 정서
- **업무구조** : 구성원들이 조직의 목표나 수행과정에 어느 정도 연계되어 있는지의 정도
- **권한** : 리더가 구성원에 대해 가지는 파워나 영향력의 정도

피들러에 따르면 리더와 구성원간 신뢰가 높을수록, 업무구조상 구성원의 몰입이나 참여가 높게 나타날수록 그리고 리더가 구성원에 대해 가지는 권한의 영향력이나 폭이 클수록 리더십이 효과적인 것으로 나타난다.

상황적 리더십 이론에서의 상황과 리더십간의 관계

구분	방향	리더십
리더와 구성원의 관계	신뢰가 높을수록	높고 강하게 나타남
업무구조	구성원의 연계가 높을수록	
권한	권한이 강할수록	

바람직한 리더는 업무나 관계의 성격에 따라 달라진다

허시와 블랜챠드(Hersey and Blanchard)에 따르면, 바람직한 리더는 상황에 따라 달라질 수 있으므로 다양한 리더십 스타일을 보여줄 수 있어야 한다고 주장하였다. 상황이론(Situational leadership theory)에 따르면 상황별로 달라질 수 있는 리더십의 스타일을 4가지로 구분하여 제시하였다.

우선 4가지 스타일로 나누기 위해 제시한 2가지 기준은 관계중심적 행동(Relationship behavior)과 업무관련 행동(Task behavior)이다. 우선 관계중심적 행동은 리더와 구성원들간 업무를 벗어난 사회적인 관계를 설정하는데 필요한 행동이나 역할을 의미한다. 그리고 업무관련 행동은 관계관련성을 배제하고 순수히 업무의 추진과 달성을 위해 필요한 행동이나 역할을 의미하게 된다. 이 두가지 기준에 근거하여 분석해 볼 때, 4가지 유형의 리더십이 나타난다.

- 제1스타일 Selling : 관계중심적 행동 높고, 업무관련 행동 높은 유형
- 제2스타일 Participating : 관계중심적 행동 높고, 업무관련 행동 낮은 유형
- 제3스타일 Telling : 관계중심적 행동 낮고, 업무관련 행동 높은 유형
- 제4스타일 Delegating : 관계중심적 행동 낮고, 업무관련 행동 낮은 유형

이 상황이론에서는 리더십을 발휘해야 할 상황이나 대상에 따라 필요한 리더십 스타일을 정해서 발휘해야 한다는 점이 가장 중요한 특성이다. 상황이론의 장점이자 동시에 가장 큰 단점은 모든 상황에 대한 스타일을 제시하고 있으나, 각 상황에 대한 특정한 리더십 스타일의 제안이 없다는 점에서 다소 현업에의 적용상 어려움이 있다는 점이다.

허시와 블랜차드의 상황이론(Situational Leadership Theory)

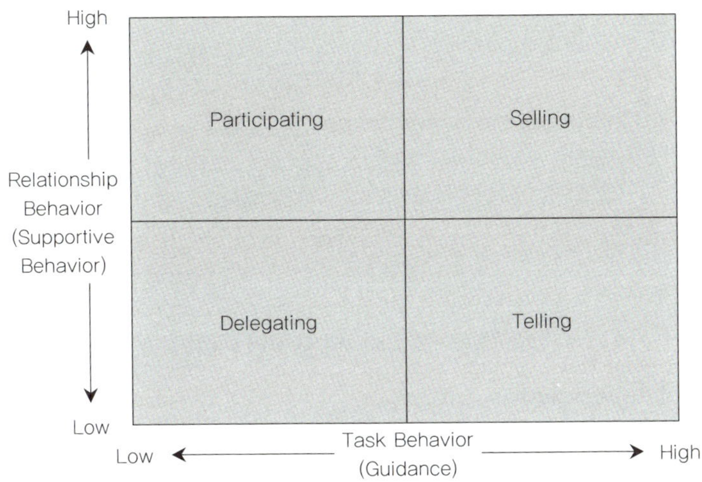

팀원들과 거래를 할 것인가 아니면 팀원의 근본을 변혁해 나갈 것인가

리더십이 조직의 목표와 팀원의 활동을 연결시키는 가교역할을 한다고 할 때 과연 어떤 방식으로 양자를 연결시켜 나갈 것인가에 대한 입장에 따라 최근 거래적 리더십(Transactional leadership)과 변혁적 리더십(Transformational leadership)이라는 두 가지 유형의 리더십 스타일이 대두되고 있다.

성과와 보상이라는 거래를 통해 팀원을 동기부여한다

거래적 리더십이란 전통적인 리더십 개념에 해당하는 것으로 상황에 따른 보상에 기초하여 팀원에게 영향력을 행사하는 리더십을 의미한다. 즉, 인센티브이나 성과급 등을 사용하여 부하로부터 올바른 행동을 유발하는 과정이 거래적 리더십의 핵심이라고 할 수 있다. 이렇듯 리더의 인센티브와 팀원의 성과창출간에 교환관계나 거래관계가 성립한다고 하여 거래적 리더십이라고 한다.

거래적 리더십은 다음과 같은 특징이 있다.

조건적 보상(Conditional compensation)

- 업무의 성과에 대한 보상을 조건으로 팀원들을 관리
- 팀원이 원하는 것이 있으면 교환조건을 명시하고 팀원들이 해야 할 과업을 제시
- 팀원의 보상과 처벌에 대한 리더와 팀원 간의 합의
- 부정적 강화(Negative reinforcement)와 긍정적 강화(Positive reinforcement)를 통해 동기부여

예외에 의한 관리(Management by exception)

- 팀원들이 성과창출을 실패하거나 바람직하지 못한 행동을 보일 때 리더가 개입
- 리더는 팀원들의 기대나 허용된 기준으로부터의 일탈을 감시
- 기준으로부터의 일탈이나 바람직한 행동이 나타나지 않을 시, 개입하지 않음
- 사전적인 동기부여 보다 사후적인 보상 또는 처벌로 팀원을 관리함

요약하면 거래적 리더십은 리더와 팀원이 사전에 거래에 대한 공정한 룰을 정하고 사전에 정해진 룰에 따라 성과창출에 대해서는 보상을 실패에 대해서는 처벌을 함을 핵심적인 내용으로 한다. 이러한 거래적 관계를 통해 리더와 팀원 간의 관계가 형성되다 보니, 신뢰기반의 과업수행이 어려워지고, 장기적인 관점에서의 팀원의 육성과 역량의 개발이 다소 어려워진다고 할 수 있다.

팀원의 변혁을 통해 조직의 변혁을 도모한다

전통적 리더십인 거래적 리더십이 리더와 팀원 간 공정한 거래관계에만 초점을

맞춤으로써 효율성 중심의 패러다임을 가지고 있다면, 변혁적 리더십은 팀원의 근본적인 변혁을 통해 조직의 성과창출을 추구하는 패러다임이라고 할 수 있다.

변혁적 리더는 조직이 추구하는 목표와 방향에 대해 팀원의 의식수준을 끌어올리고 팀원들이 자신들이 소속된 조직에 대해 자신의 이익을 희생하도록 만든다. 즉, 변혁적 리더십의 실행은 조직의 비전과 미션이 개별 팀원으로 내재화되는 과정이라고 할 수 있으며, 조직과 개인이 하나의 이해관계와 방향으로 정렬되는 결과를 만들어가는 과정으로 이해할 수 있다.

거래적 리더십과 변혁적 리더십의 비교

구분	거래적 리더십	변혁적 리더십
핵심 요소	조건적 보상 예외에 의한 관리	카리스마 지적자극 개인적 배려
동기부여	팀원의 이익 자극	영감과 비전 제시
이념	능률지향	적응지향
적합한 조직구조	기계적 관료제	임시조직, 유연한 조직

변혁적 리더십은 다음과 같은 특징이 있다.

카리스마(Charisma)

- 모범적 행동을 통해 팀원으로부터 지지와 존경을 받음
- 비전 구축에 팀원들의 참여를 유도
- 목표달성에 대한 신뢰와 동기부여
- 도전적 목표 설정에 대한 몰입 장려
- 높은 자신감과 자기확신을 통한 강한 이미지

지적 자극(Inspiration)

- 팀원들의 반복적 행동보다 창의적인 행동을 요구
- 당연시해온 기존 가정에 의문제기
- 기존 사고의 틀을 넘어 새로운 접근방식 강조

개별적 배려(Individual consideration)

- 변혁적 리더는 지시자가 아닌 코치 또는 멘토의 역할
- 팀원의 성장과 성취욕구에 관심을 가짐
- 개별 팀원에 대한 경청

변혁적 리더십의 측정도구(Bass & Avolio의 MLQ Form)

1. 나는 다른 사람들이 내 주위에 있는 것을 기분 좋게 느끼도록 한다.
2. 나는 우리가 무엇을 할 수 있고 또 무엇을 해야 하는지를 몇 마디 짧은 말로 명확하게 표현한다.
3. 나는 다른 사람들이 낡은 문제들을 새로운 방식으로 생각하도록 할 수 있다.
4. 나는 다른 사람들이 자신을 스스로 개발해 나가도록 돕는다.
5. 나는 다른 사람들이 자신의 업무성과에 따른 보상을 받기 위해 무엇을 해야 하는지를 말해준다.
6. 나는 다른 사람들이 합의된 업적기준을 충족시켰을 때 만족한다.
7. 나는 다른 사람들이 항상 같은 방식으로 계속 일하도록 하는 것에 만족하고 있다.
8. 다른 사람들은 나를 완전히 신뢰하고 있다.
9. 나는 우리가 무엇을 할 수 있는 지에 대한 호소력 있는 표현을 하고 있다.
10. 나는 다른 사람들에게 복잡하고 어려운 문제를 보는 새로운 방법을 제공한다.
11. 나는 다른 사람들로 하여금 자신들이 하고 있는 것을 내가 어떻게 생각하고 있는지를 알도록 한다.
12. 나는 다른 사람들이 그들의 목표에 도달했을 때 인정해 주고 보상을 제공한다.
13. 일들이 잘 되어 가고 있는 한, 나는 어떤 것도 바꾸려고 시도하지 않는다.
14. 다른 사람들이 무엇을 하려고 원하든 나는 좋다.
15. 다른 사람들은 나와 함께 하고 있는 것을 자랑스럽게 생각한다.
16. 나는 다른 사람들이 자신의 일에서 의미를 찾도록 돕는다.

17. 나는 다른 사람들로 하여금 자신이 이전에 전혀 의문을 갖지 않았던 일들에 대해 다시금 생각하도록 만든다.
18. 나는 소외 당하고 있는 듯한 사람들에게 개인적인 관심을 보인다.
19. 나는 사람들이 그들의 업적에 대해 받고 있는 보상에 주의를 기울인다.
20. 나는 다른 사람들에게 그들이 자신의 일을 수행하기 위해 알아야 할 원칙들을 말해준다.
21. 나는 다른 사람들에게 꼭 필요한 것만을 요구한다.

설문항목별 구분 : 이상적 영향력(1, 8, 15) 영감적 동기부여(2, 9, 10) 개별적 고려(4, 11, 18) 지적 자극(3, 10, 17) 상황적 보상(5, 12, 19) 예외의 관리(6, 13, 20) 자유방임적 리더십(7, 14, 21)

인더비즈 인사경영 Station

거래적 리더십과 변혁적 리더십

최근 리더십을 분석하고 규정하는 이론은 거래적 리더십과 변혁적 리더십으로 구분된다. 거래적 리더십은 리더와 팀원 간의 관계를 거래관계와 유사한 관계로 파악함으로써 다소 기계적인 관계에 기초를 두고 있는 접근법으로 볼 수 있다.
이와 반대로, 변혁적 리더십은 거래관계로 파악하는 것이 아니라, 리더가 팀원으로부터의 근본적인 변화를 유도해야 한다는 접근법에 해당하는데, 변혁적 리더십을 위해 지적자극, 개별적 배려 그리고 리더의 카리스마가 뒷받침이 되어야 한다.

02 리더십 진단과 개발은 선택이 아닌 필수다

최근 경기악화가 계속되면서 최근 많은 기업들이 새로운 도약과 위기탈출을 위해 리더십 개발 및 육성에 대해 높은 관심을 보이고 있다. 기업의 위기상황을 강력한 리더십으로 돌파하고자 하는 기업들이 증가하고 있는 것이다. 아래에서는 현재 리더들의 리더십 수준을 진단하고 개발을 위한 방안에 대해 살펴보도록 하자.

Step 1－리더십에 대한 개념 및 진단모델 확정

Quinn model을 적용해서 리더십을 정의하면 변화, 사람, 일 그리고 관리로 핵심요소를 나누어 볼 수 있다. 이 모델에 따라 리더에게 요구되는 역량을 네 가지로 정의하여 진단하기로 하자.

Quinn model의 리더십 핵심요소

구분	역할
변화 (Change)	• 산업 환경(고객, 시장, 경쟁자, 기술)의 변화추세를 파악하여 담당 조식의 대응 전략 및 변화방향을 구상하는 역할 • 변화방향에 대해서 회사 경영진 및 관련 부서로부터 타당성을 인정받고, 필요한 자원을 확보하는 역할 • 변화의 방향으로 조직을 이끌어가는 역할
사람 (People)	• 공동의 목표를 위해서 함께 협력하며 서로의 경험과 능력을 활용할 수 있도록 팀웍을 촉진하는 역할 • 조직 구성원을 해당 분야의 전문가로 성장/ 발전시키는 역할
일 (Task)	• 설정된 목표 달성을 위한 과제와 추진방향을 명확히 하고 필요한 자원을 적절히 분배하는 역할 • 어려운 상황에서도 가부간의 방향을 분명하게 결정하고 추진해 나가는 역할
관리 (Management)	• 성과분석을 통해서 피드백을 제공하고, 조직 목표달성에 부합하게 계획과 절차를 조정하는 역할 • 조직 구성원들의 업무를 효율적으로 조정하고, 갈등을 최소화하는 역할

Step 2－리더십 진단 설문항목 개발

Quinn model에 따라 네 가지 영역에 적용될 설문항목을 구축한다. 설문응답자의 오류를 최소화하기 위해 영역별로 구분하지 않고 무차별적으로 설문항목을 구성한다.

1 새롭고 유용한 아이디어를 제시한다.

2 일상업무에 있어서 연속성을 유지시킨다.

3 회사 내에서 윗사람에게 영향력을 발휘한다.

4 업무보고서를 자세히 검토한다.

5 부서원들에게 업무 결과 중심적 분위기를 고취시킨다.

6 부서원들간에 합의점이 도출되도록 촉진시킨다.

7 부서원들의 책임영역을 명확히 설정한다.

8 부서원들의 개인적 문제에 대해 경청한다.

9 업무 진행이 중간에 끊어지는 것을 최소화한다.

10 새로운 아이디어나 업무 수행 방법을 실험적으로 시도해 본다.

11 의사 결정에 있어 부서원들의 참여를 장려한다.

12 모든 부서원들에게 부서 업무의 현재 상태를 명확히 알게 한다.

13 상부 경영층의 의사결정에 영향력을 발휘한다.

14 어긋남이 있는가를 살피기 위해 관련자료, 보고서 내용 등을 비교 검토한다.

15 부서원들이 설정된 목표를 제대로 추진하고 있는지 검토한다.

16 부서원들을 통솔함에 있어서 관심과 애정을 보인다.

17 객관적 자료와 기법을 활용하여 업무를 수행한다.

18 경영층 및 외부 협력업체 책임자들과 접촉을 자주 갖는다.

19 부서의 목표를 분명하게 설정한다.

20 부서원들 개개인을 따뜻하고 사려 깊게 대한다.

21 부서에서 업무가 원활히 진행되고 있는지 지속적으로 살핀다.

22 창의적인 방법으로 문제를 해결한다.

23 목표 달성을 위해 부서원들을 독려한다.

24 부서원들로 하여금 다른 동료들과 아이디어를 상호 교환하게 한다.

25 새롭고 혁신적인 것, 잠재적으로 개선이 필요한 것들을 찾아낸다.

26 업무의 우선순위와 지시 사항을 명확히 한다.

27 상부 경영층에게 새로운 아이디어의 유용성을 강력하게 설득시킨다.

28 부서 내부의 질서를 유지시킨다.

29 부서원들의 욕구에 대해 관심을 보인다.

30 설정된 부서 목표의 달성을 강조한다.

31 부서원들간의 팀웍을 조성한다.

32 업무 계획 및 일정표를 주의 깊게 검토한다.

Step 3－설문점수 종합

Step 2에서 개발된 설문지표는 두 가지 측면에서 점수를 종합한다. 바로 전략적 중요도와 현재수준이다. 즉 응답자 의견에 따라 전략적으로 중요한 정도를 표시하고 동시에 동일 지표에 대하여 본인의 현재수준을 표시하게 되면 결국 가장 바람직한 수준과 현재의 수준을 파악할 수 있어 개선해야 할 영역에 대한 정보를 제공할 수 있게 된다.

설문지 점수 종합

리더 역할	사람 (People)		변화 (Change)		일 (Task)		경영관리 (Management)	
항목	전략적 중요도	현재 수준	전략적 중요도	현재 수준	전략적 중요도	현재 수준	전략적 중요도	현재 수준
문항 번호	6.	6.	1.	1.	5.	5.	2.	2.
	8.	8.	3.	3.	7.	7.	4.	4.
	11.	11.	10.	10.	12.	12.	9.	9.
	16.	16.	13.	13.	15.	15.	14.	14.
	20.	20.	18.	18.	19.	19.	17.	17.
	24.	24.	22.	22.	23.	23.	21.	21.
	29.	29.	25.	25.	26.	26.	28.	28.
	31.	31.	27.	27.	30.	30.	32.	32.
합 a								
평균 b=a/8								

Step 4－개인의 강약점 분석

Step 3에서 영역별 점수를 종합하여 평균을 산출하게 되면 응답자별 강점이 있는 영역과 그렇지 않은 영역에 대한 정보를 파악할 수 있다.

리더십진단 결과 예시

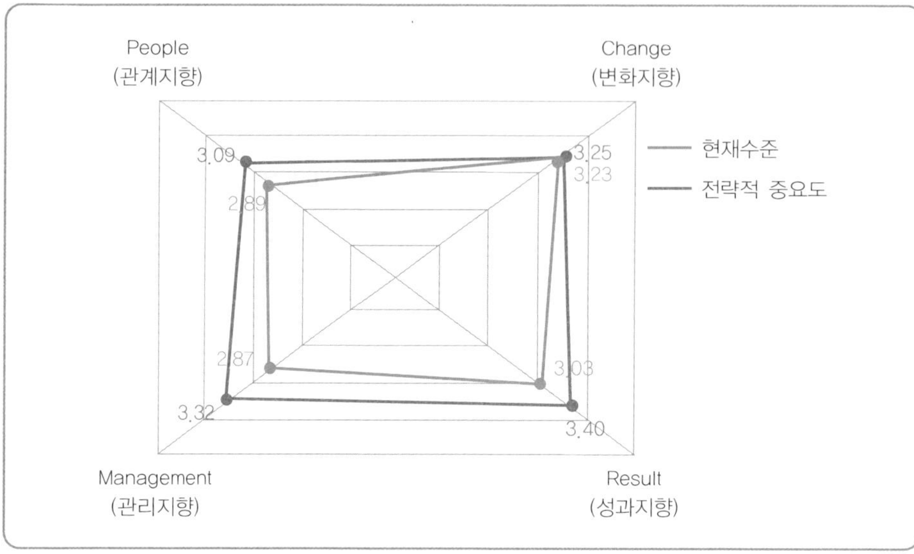

Step 5 – 리더십 개발 및 육성

Step 4에서 개인별 강점과 약점에 대한 분석이 된 경우, 약점으로 나타난 영역에 해당하는 리더십 역량을 집중적으로 개발하는 후속과정으로 연결할 수 있다. 영역별 행동역량의 정의 및 지표는 별도로 첨부하는 리더십 역량사전을 참고하여 교육에 연계할 수 있다.

리더십의 진단 및 개발

조직 내에서 리더십을 진단하고 그 결과에 근거하여 리더십을 개발하고자 하는 경우, 다음과 같이 총 5단계의 과정을 거치게 된다.

- 1단계 진단모델 확정 : Quinn의 리더십 모델을 활용하여 변화/사람/일/관리 4가지 영역에 대해 진단함
- 2단계 설문항목 개발 : 4가지 영역을 각각 진단할 수 있는 설문항목을 개발함
- 3단계 설문점수를 종합함
- 4단계 개인의 강약점 분석 : 변화/사람/일/관리 4가지 영역별로 강점과 약점을 파악함으로써 객관적인 분석을 실시함
- 5단계 개발 및 육성 : 강점을 보다 강화하고 약점을 보완할 수 있는 리더십 육성 계획을 대상자 개인별로 수립함

03 선진기업들은 리더십을 어떻게 개발하는가?

도요타의 리더십은 현장이 답이다

도요타의 인사관리는 능력과 성과중시 그리고 현장중심의 철저한 육성을 가장 중요한 원칙으로 삼고 있다. 또한 도요타에서 모든 인사관리의 축이라 할 수 있는 인재상은 두 가지 측면을 강조하고 있는데 그중 하나는 지속적 개선이고 다른 하나는 인간성에 대한 존중이다. 이 원칙이 인력의 확보에서 육성 그리고 평가보상을 지배하는 원칙으로 작용하고 있다.

Toyota Way

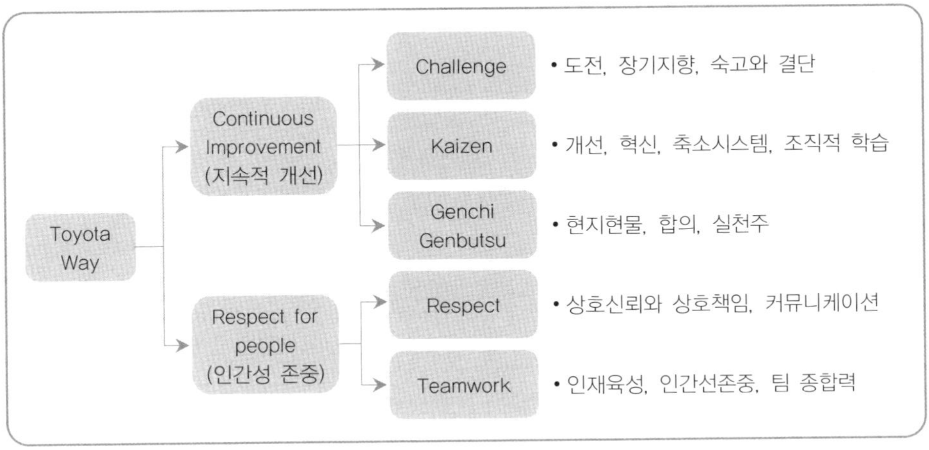

도요타는 상기와 같은 인사원칙과 인재상 하에서 글로벌 경쟁에 대처하기 위해 차세대 글로벌 리더 육성을 핵심인재 전략의 하나로 설정하여 운영하고 있다. 구체적으로 전세계 약 300여개의 Position을 정하고 차기 후보자를 조기에 육성하면서 장기적인 리더 육성을 도모하고 있다.

전세계 약 300여개의 주요 Position 후보자는 고성과를 창출한 직원 중 직급별로 비율을 정해 선정하고 있으며, 선정기준으로 단기적 성과뿐만 아니라 아래와 같은 행동역량을 동시에 고려하고 있다.

- 도전정신
- 개선의식
- 성과지향적 태도
- 주주존중
- 팀웍을 위한 리더십

글로벌 리더로 선정되면 도요타 인스티튜트에서 운영하는 교육에 참여하게 되는데, 평균적으로 매년 180명(본사 90명, 해외법인 90명)이 이러한 과정을 거쳐가고 있다. 이 과정의 커리큘럼 중 가장 중요한 것은 소위 Toyota way를 이해하고 내재화하는 과정이라고 할 수 있다.

도요타의 리더육성 체계

육성 단계	자격체계(직급)	직위	수행 역할
프로로서 다양한 인재가 다양한 활약의 창에서 창조성을 발휘하면서 활발하게 활동	기간직 1급 기간직 2급 기간직 3급	부장직 실장직	• 고도의 P/J 리더 • 해외사업체 리더 • 실장직 • 부장직
전문기량의 확립	상급전문직		• 기획, 창조적 업무 폭넓게 수행
프로인재의 핵심이 되는 전문능력의 확립	전문직		• 전문지식을 토대로 자력으로 업무를 수행
기초능력의 습득기	업무직		• 지시나 정해진 수준에 의거해 기초적 업무를 수행

GE는 인재유형을 차별화하여 A-Player에 집중한다

GE는 인재의 유형을 구분하여 차별적인 관리를 하는 것이 가장 두드러진 특징이다. 우선 인재유형을 위한 평가의 강제할당 등급구간을 보면 이러한 인사정책이 잘 드러난다.

GE의 성과평가 강제할당표

Top	10%
Strong	15%
Highly Valued	50%
Borderline	15%
Least Effective	10%

Top과 Strong 등급에 해당하는 25%의 직원에 대하여는 스톡옵션 등 인센티브가 부여되면서 리더인재로 관리되나, Least effective에 해당하는 10%의 직원에 대하여는 해고 또는 배치전환이 실시된다. 즉, GE의 인사정책은 상위 25%에 집중하고 하위 10%를 조기에 퇴출시킴으로써 조직의 활력을 유지할 수 있다는 것인데, 이러한 내용을 반영하여 GE의 조직활력선 곡선(GE's vitality curve)이라는 표현을 쓰기도 한다.

GE는 리더의 유형을 다시 네 가지로 구분한다. 리더의 유형 구분을 위해 사용하는 기준은 GE가 추구하는 가치를 공유하는 정도와 경영목표의 완성이라고 할 수 있는 성과다. 이 중 성과는 높으나 GE의 가치가 잘 공유되지 않은 그림 4번에 해당하는 리더의 유형이 가장 문제가 있는 유형이라고 정의한다. 즉 이 유형에 해당하는 리더는 단기적 성과창출에는 적합하나 GE가 추구하는 가치와의 연계가 높지 않아 장기적 관점에서는 부적합하다고 한다.

GE의 4가지 리더유형

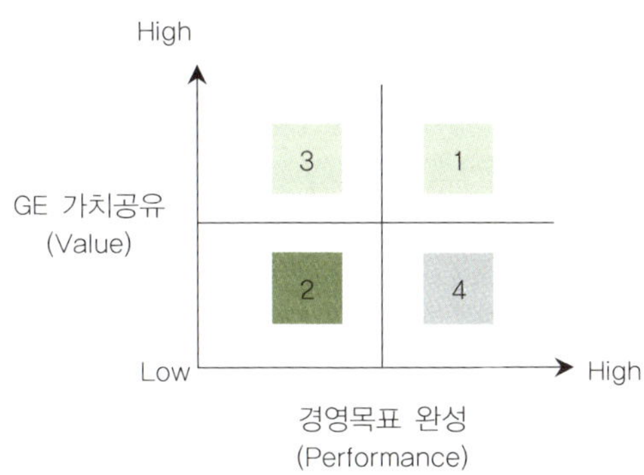

또한 GE가 핵심인재를 선정하기 위해 실시하는 C-Session도 주목해볼만한 인재육성 제도이다. C-Session은 개인의 평가, 활용 및 육성계획 등의 목적을 달성하기 위해 실행하는 인재관리제도이다. 매년 4월 그룹 차원에서의 C-Session을 통해 CEO와 핵심경영진이 참여해서 핵심인재의 활동현황과 육성방안에 대해 토론하는 자리를 갖게 된다.

C-Session의 연간 일정

10월	12월	1월	2월	3월	4월
• 360도 리더십 서베이	• 개인별로 EMS2 update • EMS3 기입	• EMS2 EMS3를 매니저에게 제출	• 사업부문 Session C Review	• 지역본사 Session C Review	• 전사차원Session C Review
–	–	• 매니저가 평가자에 대해 EMS3(side 2) 작성	• 매니저와 상사에 의한 EMS3 Review	• EMS3의 평가결과 개인에게 피드백	–

C-Session의 진행순서 및 논의포인트

진행순서	논의 포인트 및 진행사항
조직구조 변경	• 조직/전략 이슈 확인(사업 전략/조직 구조) –전년도 업적 및 당해 연도 조직 이슈 분석 –사업환경, 인력수준, 이동 현황, 리더십, 당면 과제 등 • Position 신설 및 폐지 분석/검토
임원 및 핵심 인재 리뷰	• 사업본부 내 Key position 임원 리더십(업적/역량) 심층 검토 및 논의 –사업본부장 발표(임원별5~10분) –핵심인력에 대한 선발/업적/진급/보상/유지 전략/육성/이동 논의 –부적격 임원 퇴출 논의 –신규 인력 확보/인력 재배치 및 이동 검토 –여성/소수 민족 인력 검토
교육 과정 지정	• 핵심인재(Key talent)/리더에 대한 '리더십 교육과정' 지정(회장)

P&G, 모든 직원을 경영자로 육성한다

P&G는 흔히 인재사관학교라고 불리기도 한다. 멕 휘트먼(Meg Whitman) 이베이 사장이나 제프리 이멜트(Jeffrey Immelt) GE회장, 스티브 발머(Steve Balmer) 마이크로소프트 사장의 첫 직장이 바로 P&G였다. 실제로도 이직시장에서 P&G 직원들은 종종 스카우트의 대상이 되곤 한다. 과연 P&G의 어떤 인재육성 시스템이 이러한 결과를 만들어 내는지 살펴보도록 하자.

P&G는 채용부터 체계적인 심사를 통해 CEO가 될 수 있는 역량있는 인재를 채용하고, 실제로도 이들이 CEO로 성장하게끔 계발하고 육성하는 전략으로 유명하다. 채용에서 특이한 점으로 경력사원을 채용하지 않는다는 점이다. 신입사원 중심의 채용전략을 가지고 있고, 이들의 육성을 통해 조직역량을 강화해 나가는 점이 눈에 띈다.

P&G는 혁신성, 리더십, 전략적 사고 방식, 기업가 정신, 적극성 등의 역량을 가진 인재의 채용을 위해 8개 항목으로 구성된 채용기준을 운영하고 있다. 소위 SAWs (Sucess action for winning)라 불리는 8가지 기준은 사업 성장(Build the business), 리더십(Leadership), 역량(Capacity), 위험 감수(Risk－taking), 혁신(Innovation), 해결(Solution), 협력(Collaboration), 숙련(Mastery)이다.

P&G의 SAWs

- 사업 성장(Build the business)
- 리더십(Leadership)
- 역량(Capacity)
- 위험 감수(Risk－taking)
- 혁신(Innovation)
- 해결(Solution)
- 협력(Collaboration)
- 숙련(Mastery)

역설적이지만 인재 육성기업으로 유명한 P&G에서 신입사원을 위한 교육 · 훈련

프로그램은 특별히 없다. 공식적인 교육훈련 프로그램이 없는 대신 실제 일에서 발생하는 시행착오를 활용할 때 가장 효과적인 교육훈련이 이루어진다고 보아, 소위 Learn by doing 원칙을 중요시하여 신입직원을 장기적으로 육성해 나간다. 신입사원이 입사하면 바로 막중한 책임이 부여된 업무에 투입되어 해당 업무의 수행과정에서 팀장의 코칭과 멘토링이 병행실시 됨으로써 해당 신입사원의 성장 및 역량개발에 도움을 주게 되는 것이다.

P&G의 핵심가치

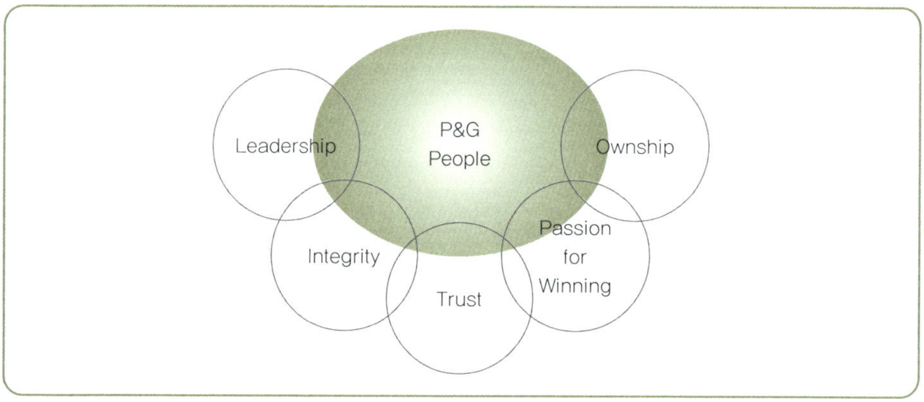

P&G의 Learn by doing 프로그램은 3가지 트랙으로 구성되는데, On－the－job training, Functional training 그리고 Corporate training이 바로 그것이다.

- On－the－job training : 팀원들이 자신의 팀장으로부터 업무 지도와 피드백을 받음으로써 업무를 책임질 수 있는 역량을 강화함
- Functional training : 팀장들이 영업, 연구개발, 인사, 회계 등 특정 분야에 필요한 최상의 전문지식을 전달함
- Corporate training : 부서에 관계없이 P&G 직원이라면 누구나 필요로 하는 역량을 전달함

위와 같은 독특한 채용전략, 신입사원에 대한 장기적 육성 관점 그리고 3가지 트랙의 교육훈련 프로그램 등을 통해 모든 직원들이 CEO를 꿈꾸고 지속적 성과를

나타내는 인재를 육성할 수 있는 여건을 만드는 것이 바로 P&G 인재육성 시스템의 핵심이라 하겠다.

리더십 진단 양식

리더의 특징	Yes	No
미래에 초점을 둔다.		
1. 명확한 비전을 가지고 있는가?		
2. 비전을 집단에게 분명하게 인식시켰는가?		
끈기있고 집요하다.		
3. 장애물이 나타나도 긍정적이고 분명한 태도를 유지하는가?		
곤란한 문제에 기꺼이 맞선다.		
4. 모험에 기꺼이 뛰어드는가?		
5. 혼란과 갈등에 기꺼이 맞서는가?		
의사소통에 뛰어나다.		
6. 다른 사람이 말을 끝내기 전에 대답할 준비를 하지는 않는가?		
7. 회의를 원활하게 진행하는가?		
8. 대중 앞에서 설득력있게 설득할 수 있는가?		
9. 다양한 상황에서 협상할 수 있는 준비가 되어 있는가?		
정치적으로 기민하다.		
10. 당신이 속해있는 조직의 권력구조를 도식화할 수 있는가?		
11. 당신이 속해있는 조직에서 가장 강력한 집단의 관심사를 명확히 알고 있는가?		
12. 당신을 지원해줄 개인들을 확보하고 있는가?		
13. 당신은 필요한 자원을 어디에서 확보할지 알고 있는가?		
자신을 제대로 인식한다.		
14. 당신은 자신의 행동양식이 타인에게 어떤 영향을 미칠지 명확히 인식하고 있는가?		
분별있다.		
15. 혼란스러운 상황에서도 침착하고 분별력 있게 행동하는가?		

리더의 특징	Yes	No
남을 돌보거나 배려할 줄 안다.		
16. 팀원의 욕구와 관심사, 직업적 목표에 대해 인식하고 있는가?		
17. 팀원들의 자신들에 대한 당신의 지지를 받아들이는가?		
유머가 있다.		
18. 당신은 긴장되거나 불편한 상황을 완화하기 위해 유머를 사용할 줄 아는가?		

Source : Harvard Business Review

인더비즈 인사경영 Station

인력의 내부충원과 외부충원

조직 내 필요한 인력이 발생할 경우, 이를 조직 내부에서 충원하는 것이 바람직한지 아니면, 외부에서 충원하는 것이 바람직한지에 대하여 의견이 갈리게 된다.

내부 충원의 경우, 조직 내부 사정과 고유한 특성을 잘 이해하는 자를 선발할 수 있고, 구성원들의 충성도와 동기부여에 도움이 된다는 장점이 있는 한편, 외부충원의 경우, 조직에 외부환경변화 및 새로운 트렌드 적용에 유리하고, 내부 인재의 육성 속도보다 외부환경의 변화속도가 빠른 현실적 측면에 효과적으로 대응할 수 있으며, 외부의 자원과 역량을 즉각적으로 활용할 수 있다는 장점이 있으며, 실제로 많은 기업들이 각각의 장단점을 고려하여 인력충원시 이를 혼용하여 적용하고 있다.

구체적으로 스웨덴 의류회사 H&M은 사내 중요한 직무가 공석이 되었을 때, 내부 인재를 중심으로 적임자를 검토하되, 만일 적임자가 없다면 외부충원을 하지 않고 내부에서 적임자가 나타날 때까지 그 자리를 그대로 공석으로 유지함으로써 내부직원들의 정서와 동기부여를 적극적으로 관리한다.

04 팀원별 욕구단계와 동기부여 요소를 파악해야 한다

동기부여는 성과를 창출한다

동기부여(Motivation)는 업무수행 및 팀의 목표달성을 위해 개인의 노력을 최대한 발휘하게끔 하는 힘을 의미한다. 동기 부여된 팀원일수록 팀의 목표에 연결되어 한 방향으로 힘과 에너지를 쏟을 가능성이 높아진다. 또한 동기부여는 조직에 활력을 불어넣고 팀원들로 하여금 자발적이면서 적극적인 의지를 가지고 전념하도록 함으로써 조직과 개인의 성과를 창출에 큰 영향을 미친다.

과거의 조직관리 방식은 공포의 리더십처럼 조직에서 원하는 행동이나 성과를 창출하지 못하면 벌을 받게 된다는 메시지를 보내고 직원들은 벌 받지 않기 위해 최선의 노력을 다했다고 한다면 현대의 조직 및 사람관리는 이러한 공포의 리더십만으로 한계가 있다는 것을 입증해왔다. 즉, 진정한 리더십은 팀원들의 다양한 욕구를 잘 이해하고 이를 충족시킬 수 있는 방법들을 적용하는 것이라는 결론에 도달하였다.

물론 당근과 채찍이라는 두 가지 요소가 병존해야 조직관리가 현실적으로 돌아

갈 수 있다. 다만 두 가지 요소 중 비율을 두고 볼 때, 과거에는 채찍의 비중이 높았다면 현재는 당근의 비중을 점차 높여가는 것이 추세라 할 수 있다.

팀원의 욕구단계에 따라 동기부여 방안을 달리해야 한다

매슬로우(Maslow)의 니즈단계론은 동기부여와 관련한 입장 중 가장 고전적인 이론이다. 이 니즈단계론에 따르면 모든 개인은 기본적인 니즈 또는 욕구가 있고 이러한 니즈는 5단계로 구성된다고 한다.

매슬로우의 니즈단계론

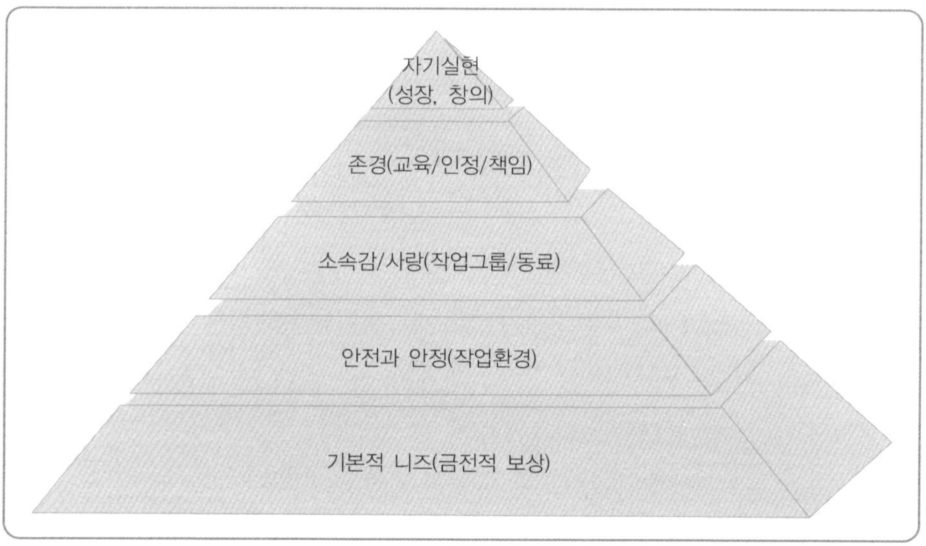

매슬로우의 이론에 따르면 어느 단계의 욕구가 충족되면 그 욕구단계는 더 이상 개인을 동기부여하지 못한다고 하며, 그보다 상위단계의 욕구가 동기부여의 원천이 된다고 한다. 매슬로우의 이론을 팀원의 동기부여에 활용하자면, 우선 각 팀원들이 어느 욕구단계에 있는지를 파악하는 것이 중요하다. 즉, 모든 개인이 현재 속한 욕구단계가 상이할 수 있으므로 하나의 보상이나 정책이 모든 팀원을 동기부여할 수는 없기 때문이다.

따라서 개인별로 현재 위치한 욕구단계를 파악한 후 그에 맞는 동기부여방안을 적용해서 동기부여하는 것이 필요하다. 가령 낮은 연봉으로 고민하면서 기본적 니즈가 충족되지 않은 팀원에게 자기실현에 대한 지원과 배려는 효과가 없다. 동시에 자기실현에 대한 니즈로 가득찬 팀원에게 작업환경 개선이라는 방안은 동기부여방안으로 효과가 미미하다고 볼 수 있다.

위생요인이 아닌 동기부여요인에 주목해야 한다

허즈버그에 따르면 개인의 욕구는 위생요인(Hygiene factors)과 동기부여요인(Motivators)으로 구분된다고 한다. 또한 이 이론에 따르면 각 요인별로 업무만족도와 동기부여에 미치는 영향이 상이하다고 한다.

우선 위생요인은 연봉, 작업환경, 업무지시, 동료, 회사의 정책 등과 같은 요인들로서 이들이 충족되지 않는 경우 불만족 요인이 되지만 충족된다고 하여 직접적으로 동기부여의 효과를 가져오지는 않는다는 것이 가장 중요한 특성이다. 즉, 이들은 일정수준 이상이 되는 순간부터 그 자체로서 동기부여에 전혀 효과가 없다는 것이 이 이론이 가지고 있는 중요한 포인트이다.

한편 동기부여요인은 성취감, 도전감, 책임, 보람 그리고 인정 등과 같은 요인으로서 이러한 요인들이 진정으로 개인을 동기부여하는 요소라고 하는 것이라고 2요인 이론은 주장하고 있다.

상기와 같은 특성을 팀원 관리에 적용해 본다면, 팀장은 위생요인에 대해서는 불만족을 최소화할 수 있을 수준을 파악하여 이를 충족시키고 동기부여요인에 대해서는 이를 극대화할 수 있도록 조직 분위기와 환경을 조성하는 것이 가장 중요하다고 하겠다.

허즈버그(Herzberg)의 2요인 이론

위생요인	• 고용안정, 보상수준, 복리후생, 기타 근로조건 -불만을 제거
동기부여요인	• 개인적인 성장, 일을 통한 성취, 성장의 기회, 직무 그 자체 -동기부여

인더비즈 **인사경영** Station

동기부여 이론

팀원들이 보다 열심히 열정적으로 일할 수 있도록 동기(Motive)를 주는 과정을 동기부여(Motivation)이라고 하며, 동기부여된 팀원은 그렇지 않은 팀원보다 높은 수준의 생산성과 성과를 달성할 수 있어 팀관리의 핵심과업 중 하나가 동기부여라고 할 수 있다.

매슬로우는 팀원이 가지고 있는 욕구나 니즈의 단계를 5단계로 구분하여 각 단계의 니즈가 충족된 경우 더 이상 동기부여 효과를 가지지 않고 상위 단계의 니즈가 충족되어야 동기부여된다고 보았다.

한편, 허즈버그에 따르면 위생요인의 충족은 동기부여와 관련 없으며 단순히 불만족을 제거하는 효과만을 가진다고 하고, 동기부여요인이 충족되어야 팀원의 동기부여효과가 나타난다고 한다.

05 팀원의 기대가 충족될 때 동기부여된다

팀원의 동기부여는 기대가 충족되는 프로세스 관점에서 보아야 한다

다른 동기부여 이론들이 동기부여가 되는 상황이나 요소를 중심으로 정적으로 동기부여 과정을 해석했다면 Vroom의 기대이론(Expectancy theory)은 동적인 프로세스를 중심으로 한 개인이 동기부여 되는 과정을 3단계로 구분하여 해석한 것이 가장 큰 특징 중 하나이다.

기대이론에서 제시하는 동기부여의 3단계 과정은 다음과 같으며 각 단계가 순차적으로 충족되어야 팀원이 동기부여된다고 한다.

- 1단계 Expectancy : 노력하면 성과를 창출할 수 있을 것이라는 기대(Efforts-to-performance expectancies)
- 2단계 Instrumentality : 성과를 달성하면 보상을 받을 수 있을 것이라는 수단성(Performance-to-reward)
- 3단계 Balance : 주어진 보상을 통해 느끼는 매력의 정도

Vroom의 기대이론(Expectancy Theory)

	Expectency	Instrumentality	Balance
동기부여 이론	• 내가 그 목표를 달성할 수 있을까? • 노력하면 좋은 결과가 나오기는 할까? • Effort－performance	• 좋은 성과에 맞는 보상을 받을 수 있을까? • Performance－reward	• 좋은 보상이 내가 원하는 것일까? • Reward－personal goal
인사관리	• 내가 제품을 고객에게 많이 팔 수 있을까?	• 많이 팔면 나에게 적절한 보상이 주어질까?	• 그 보상이 내가 원하는 그리고 나의 가치체계에 부합하는 보상일까?

1단계 : 과연 노력하면 달성할 수 있을까

팀원에게 어떤 과제를 부여하면서 동기부여 하고자 할 때, 그 과제의 달성 가능성을 먼저 검토해 보아야 한다. 아무리 긍정적이고 적극적인 성격의 팀원이라 할지라도 팀장이 요구하는 과제가 본인의 노력으로 달성할 수 없는 것일 때 해당 과제에 대한 동기부여 효과는 발생하지 않는다.

즉, 과제가 다소 도전적이라 할지라도 팀원이 노력하면 달성할 수 있는 것이라야 이에 대한 동기부여 효과가 발생할 수 있다고 한다.

2단계 : 노력해서 달성하면 무엇이 주어질까

팀원이 주어진 과제를 노력하면 달성할 수 있으나, 노력하여 달성한 이후 본인에게 무엇이 주어지는지를 보게 된다. 만일 달성은 하였으나, 이에 대한 보상이 전혀 없다면 과제 달성에 대한 팀원의 동기부여 효과는 전혀 없게 된다.

반대로 과제 달성에 대해 무언가가 보상으로서 주어진다고 할 때 비로소 동기부여 효과가 발생할 수 있는 조건이 충족되는 것이다.

3단계 : 주어진 보상이 내게 의미있는 것일까

마지막으로 노력해서 달성한 성과에 대해 주어진 보상이 나에게 의미가 있고 중요한 것이라고 인식되어야 한다. 만일 조직에서 준 보상이 있기는 하나 나에게 전혀 의미가 없거나 중요하지 않은 경우, 동기부여 효과는 발생하지 않는다.

가령 예를 들어 금전적 보상에 대해 중요하게 생각하는 팀원에게 보상으로 인정(Recognition)이라는 비금전적 보상을 부여하거나 반대로 성취감을 제일 중요하게 생각하는 팀원에게 금전적 보상인 보너스를 지급하는 경우, 그 동기부여책의 효과가 그만큼 제한적일 수밖에 없다.

인더비즈 인사경영 Station

브룸(Vroom)의 기대이론

브룸에 따르면 직원의 동기부여는 아래와 같은 3단계의 과정을 거쳐 그 효과가 결정된다고 한다.

- 1단계 Expectancy : 팀원이 노력하면 요구된 성과를 창출할 수 있을까를 고민하는 단계임.
- 2단계 Instrumentality : 노력해서 성과를 창출한 경우 그에 대한 보상이 따르는지에 대한 기준이 적용되는 단계임.
- 3단계 Balance : 노력해서 창출한 성과에 대한 보상이 팀원의 가치체계에 비추어 중요한지에 대한 의사결정을 하는 단계임.

06 동료와의 비교와 강화를 통해 동기부여한다

동료와의 비교를 통한 결과에 따라 동기부여효과가 달라진다

Adams의 공정성 이론(Equity theory)에 따르면 팀원은 자신이 다른 팀원 대비 공정하게 대우받고 있는가에 따라 동기부여효과 결정된다고 한다. 만일 팀원이 투여한 노력(Input) 대비 보상(Output)의 비율이 본인의 비율보다 크다면 자신이 공정하게 대우받고 있지 않다고 인식하게 되고 결국 본인의 노력 투입비율을 줄이는 현상이 발생할 수 있다.

한 사례를 들어 공정성 이론에 대해 보다 자세히 이해해 보자. 상황은 다음과 같다. Case 1을 선택하게 되면 본인이 받게 되는 인센티브는 500만원 그리고 동료가 받게 되는 인센티브는 400만원이다. 그러나 Case 2를 선택하는 경우 본인은 50만원 증가하여 550만원의 인센티브를 받지만 동료는 300만원이 늘어 700만원의 인센티브를 받게 된다고 가정해 보자.

이 사례에서 본인의 인센티브 금액만 본다면 Case 2를 당연히 선택할 것이고, Case 1을 선택하는 팀원은 없을 것이다. 그러나 본인의 인센티브 금액뿐만 아니라 동료의 금액까지 동시에 본다면 결과는 다소 달라질 수 있다. 여전히 많은 사람들이 Case 2를 선택함으로써 본인의 인센티브 금액을 늘리려 하겠지만 일부는 Case 1을 선택하게 될 것이다. 그럼 과연 무엇 때문에 팀원들은 Case 1을 선택하게 될까? 앞에서 살펴본 동료와 자신의 투입대비 산출 비율에서 왜곡이 발생하여 본인이 공정하게 대우받고 있지 못하다는 인식을 가지는 경우 본인의 인센티브 금액이 줄더라도 Case 1을 선택하는 사례가 발생할 수 있다. 과연 이 사례가 주는 시사점은 무엇일까 생각해 보도록 하자. 팀원이 받게 되는 동기부여라는 것은 절대적인 수치나 금액으로도 영향을 받지만 동료와의 상대적인 비율에도 영향을 크게 받게 된다는 점은 팀원 관리를 위해 깊이 새겨둘만 하다. 즉, 얼마를 주냐가 아니라 어떻게 주느냐에 따라 팀원들의 동기부여가 결정될 수도 있다는 것이다.

공정성 이론 사례

구분	본인	동료
Case 1	500만원	400만원
Case 2	550만원	700만원

바람직한 행동은 다양한 강화방법에 따라 지속된다

기업이 직원에게 요구하는 행동이나 성과를 달성하는 방안 중의 하나가 바로 직원에 대한 동기부여다. 이러한 동기부여는 강화라는 개념을 통해 개별 직원에게 숙지되고 체화될 수 있다는 것이 Skinner의 강화이론이다. Skinner에 따르면 조직은 세 가지 강화 방법에 따라 개인에게 특정 행동이나 사고를 할 것을 요구하고 동기부여한다고 한다.

긍정적 강화(Positive reinforcement)

팀원들이 바람직한 행동을 하는 경우 이에 대해 보상하거나 칭찬해서 동일하거나 유사한 행동이 향후에도 지속적으로 일어나도록 동기부여하는 유형이다. 예를 들어 목표 초과매출을 달성한 팀원에게만 인센티브를 부여하는 경우가 바로 긍정적 강화의 대표적인 사례이다. 이러한 인센티브를 받기 위해 동일한 행동(목표 초과매출)을 하도록 계속 노력하는 것이 긍정적 강화가 작동하는 프로세스이다.

부정적 강화(Negative reinforcement)

팀원이 바람직하지 않은 행동을 하는 경우, 이러한 행동이 반복되지 않도록 하기 위해 자극을 지속적으로 제공함으로써 해당 행동의 반복을 저지하는 유형이다. 자가용에 승차하고 안전벨트 착용이라는 바람직한 행동을 하지 않는 경우 귀에 거슬리는 경고음이 계속 울리게 된다. 이 경우 바람직한 행동인 안전벨트를 착용하는 순간 이 경고음이 제거된다. 즉, 바람직한 행동을 하는 경우 그렇지 않은 경우 주어지는 자극을 제거해 줌으로써 반복적으로 바람직한 행동을 하게끔 유도하는 것이다.

처벌(Penalty)

바람직하지 않은 행동이 발생하거나 바람직한 행동을 하지 않는 경우, 이에 대해 적극적으로 처벌을 가함으로써 바람지한 행동을 유도하는 유형을 말한다. 무단결근에 대해 급여삭감은 물론 감봉이라는 징계를 내린다고 가정해 보자. 무단결근이라는 바람직하지 않은 행동이 급여삭감 및 감봉이라는 처벌을 통해 제지되고 반복되지 않게 되는 것이다.

Skinner의 강화이론(Reinforcement theory)

긍정적 강화 (Positive reinforcement)	• 바람직한 행동에 대해 추가적인 보상 또는 칭찬 등을 통해 유사한 행동이 자주 일어나도록 유도
부정적 강화 (Negative reinforcement)	• 바람직하지 않은 행동이 발생할 경우 행동이 수정될 때까지 부정적인 자극을 제공하여 바람직하지 않은 행동 제거
처벌 (Penalty)	• 바람직하지 않은 행동이 발생할 경우 그에 대해 벌칙을 부여하거나, 급여를 삭감하는 등의 처벌을 통해 행동이 바람직하지 않은 행동 제거

인더비즈 **인사경영** Station

형평성이론과 강화방식

형평성이론에 따르면 팀원이 실제 얼마를 받느냐의 문제보다 다른 팀원대비 공정하게 처우를 받고 있느냐가 더욱 중요한 요소라고 한다. 만일 특정 팀원의 연봉이 절대적으로 오르긴 했으나, 자신보다 낮은 성과를 창출한 다른 팀원의 연봉 인상폭보다 낮다면 연봉이 올라도 동기부여되지 않는 결과가 발생하게 된다.

한편, 바람직한 행동을 지속하도록 동기부여할 수 있는데, 이러한 방식을 강화방식이라고 하는데, 긍정적 강화(Positive reinforcement)는 바람직한 행동을 한 경우 그에 대한 보상을 적절히 해주는 방안이고, 부정적 강화(Negative reinforcement)는 적절하지 않은 행동을 한 경우 그에 대해 부정적인 자극을 지속적으로 제공하는 방식을 의미한다.

07 임파워먼트가 실패를 가져올 수도 있다

임파워먼트에 대한 저항은 자연스러운 것이다

임파워먼트는 상사가 부하에게 자신의 권한과 책임을 나누어주는 과정이다. 이 과정에서 권한과 책임을 가진 자와 권한과 책임을 받을 자의 저항이 자연스레 발생하게 된다. 우선 권한과 책임을 가진 상사의 입장에서 보면 자신이 가진 권한과 통제가 상실되는 것에 대한 두려움이 앞서게 된다. 이러한 거부반응은 관리 경력이 상대적으로 짧은 신규 관리자에게서 더욱 선명하게 나타나는데, 자신의 경력개발과 승진을 위해서 최대한 많은 권한을 유지하는 것이 필수적이라고 하는 편견에서 비롯되는 것이 일반적이다.

> "임파워먼트란 자신의 일을 떼어 내 다른 사람에게 맡기는 것이 아니라 진정으로 자신의 일을 수행하는 과정이다." 〈피터 드러커〉
>
> "21세기에는 다른 사람에게 권한을 위임하는 사람이 리더로 성공할 것이다." 〈빌게이츠〉

반면 권한과 책임을 부여받는 부하직원 입장에서도 이러한 거부반응이 나타나게 된다. 즉, 주어진 과업을 완수하지 못하고 실패하거나 문제가 발생할 것을 예상하여 이에 대한 거부반응이 크게 나타나는 것이다. 여기에서 주의할 점은 과업이 실패하거나 문제가 발생하는 경우 그 자체는 문제가 되지 않으나, 이 과정에서 상사가 보여주는 태도에 따라 거부반응의 정도가 크게 달라진다. 실패와 문제발생에도 불구하고 격려와 지원을 통해 심리적으로 위축되는 것을 방지하고 자긍심을 유지시켜 주는 것이 상당히 중요하다. 만일 상사가 부하에게 '실패' 그 자체만 부각시켜 책임추궁만 한다면 결국 부하직원은 "나서지 않고 시키는 일만 하는 편이 낫다."라는 정치적인 판단을 하게 되고, 이러한 판단이 결국 임파워먼트의 취지를 무색하게 만들어 버린다.

결국 신뢰가 있어야 임파워먼트가 성공한다

앞에서 기술한 바와 같이 권한을 주는 자와 권한을 받을 자 모두의 저항을 최소한으로 줄이는 것이 임파워먼트의 성공요소라 할 것이고, 그 역할을 하는 것이 바로 '신뢰'이다.

따라서 임파워먼트의 도입 및 실행을 고민하고 있다면 본격적인 제도의 도입부터 고민할 것이 아니라, 조직 내 상사와 부하 간 신뢰지수에 대한 검토가 먼저 이루어지는 것이 필요하다.

실수나 실패에서 미래의 성공을 배울 수 있도록 한다

권한이 분배되어 기존보다 많은 권한을 부여받고 행사하다 보면 때로는 실수를 하게 되고 과업완수를 실패하는 경우도 발생할 수 있을텐데, 이때 실수나 실패에 너무 집착하여 책임소재만 가리기보다는 좀 더 긍정적이고 건설적인 피드백을 통해 부하직원의 사기를 살리면서 긍정적인 분위기를 유도하는 것이 필수적이다.

실수와 실패에 대한 대응방안

원칙	스크립트
신뢰감 표시	"누구나 실수를 하는 거야"
자신의 실패담 공유	"나도 예전에 그렇게 한 적이 있어"
개방형 질문	"어떻게 된거야"
해결책에 대한 질문	"어떻게 하면 만회할 수 있을까?
격려	"시행착오로 생각하고 향후 더 발전할 것으로 생각하네"

실수나 실패시에도 '항상 당신을 신뢰하고 있어'라고 하는 신뢰감 및 배려감을 표현하는 것을 잊지 않는 것이 필요하다. 그리고 자신의 실패담을 공유함으로써 상사의 신뢰감을 쌓아나가는 것이 좋다. 그리고 문제나 문제의 원인 자체에 집착하기보다 넓은 시각에서 문제를 바라보고, 책임소재가 아닌 해결책 중심의 커뮤니케이션을 하는 것도 잊어서는 안된다. 마지막으로 실패나 실수로 인한 사기 저하를 막기 위해 항상 격려를 통해 동기부여 하는 것도 중요한 과정이다.

"성공했을 때는 창밖을 보며 다른 사람에게 공을 돌리고, 실패했을 때는 거울을 보며 스스로 책임을 돌아보라." 〈짐콜린스〉

의미, 역량, 자율성 그리고 영향력를 고려해서 임파워먼트를 실행해야 한다

Spreitzer는 임파워먼트의 효과적인 도입과 실행을 위해 필요한 4가지의 중요한 요소를 제시하였다.

- 의미(Sense of meaning) : 본인이 수행하고 있는 업무가 중요하고 의미가 있다고 생각할 것
- 역량(Sense of competency) : 업무의 성공적 수행을 위해 필요한 역량에 대해 알고 있고 해당 역량과 자신감을 보유할 것

- 자율성(Sense of self-determination) : 상사의 지시감독이 아닌 업무수행을 위한 재량을 가지고 있을 것
- 영향력(Sense of impact) : 자신의 업무수행이 조직의 성과창출에 영향을 미친다는 생각을 가질 것

즉, 요약하면 요구역량을 갖춘 부하직원에게 의미있는 과업을 부여하고, 수행과정에서 자율성을 보장함은 물론, 일의 결과가 조직에 긍정적인 영향을 미칠 것이라는 확신을 줌으로써 임파워먼트는 효과적으로 실행되게 된다.

임파워먼트의 효과적 실행을 위한 4요소

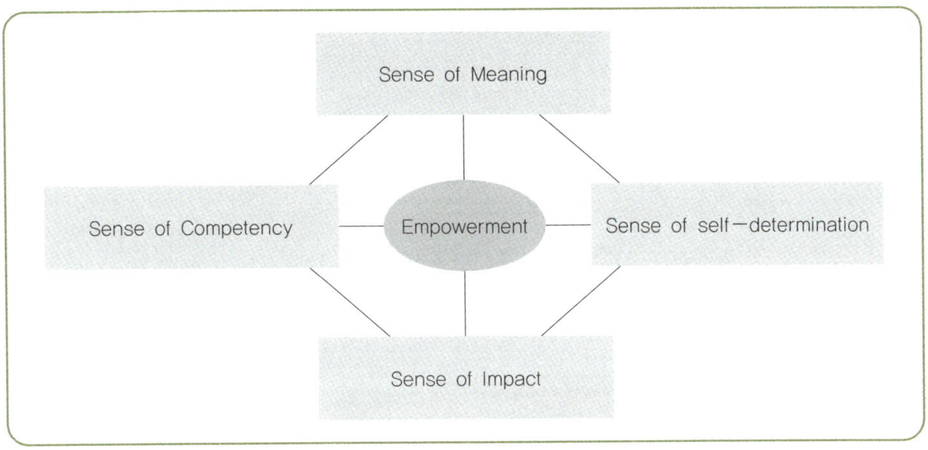

인더비즈 인사경영 Station

Empowerment

권한을 가지 자가 권한을 가지지 않은 자에게 권한을 배분해주는 과정이 임파워먼트이므로 팀장의 입장에서는 자연스럽게 거부감이 생길 수 있으며, 팀원의 입장에서도 권한에 따른 업무실행의 결과로 인한 책임을 질 수 있다는 두려움으로 인해 거부감이 생길 수 있다.
따라서, 권한을 주는 자(팀장)과 권한을 받는 자(팀원)간의 신뢰가 형성되어 있어야 임파워먼트는 성공할 수 있으며, 임파워먼트의 결과로 발생할 수 있는 시행착오에 대해 관대하고 용인할 수 있는 문화가 형성되어야 조직 내 문화로 정착할 수 있다.

08 80 : 20의 법칙으로 임파워먼트한다

권한 위임으로 팀원의 잠재력을 극대화한다

임파워먼트(Empowerment)를 보다 익숙한 용어로 해석해 보면 권한 위임이라고 할 수 있다. 즉, 팀장이나 리더가 가지고 있는 권한을 팀원들에게 배분해주는 과정을 임파워먼트라고 하는 것이다. 이러한 임파워먼트는 최근 성공적 리더십에 있어 필수적인 요소로 인식되고 있다. 임파워먼트를 통해 조직이나 팀이 가질 수 있는 긍정적 변화는 두 가지로 압축되는데 조직의 성과창출과 팀원의 육성과 성장이다. 과거 독점적인 권한 구조 하에서의 리더십이 인정받던 시기가 있었으나, 최근 권한 위임을 통해 팀의 시너지와 성과가 강화된다는 점은 부인할 수 없는 현실이 되어가고 있다. 또한 팀원 입장에서도 자신의 능력이나 성과를 인정받아 리더로부터 권한을 인정받았다는 인식을 가지는 순간 담당업무에 대한 책임감과 오너십이 생기고 업무의 효율은 높아지게 되는 것이다. 이 과정에서 팀원들은 실수를 하고 또 실수에서 교훈을 얻어가면서 성장과 육성의 프로세스를 거치게 된다.

권한 위임의 과정을 다른 각도에서 보면 팀원 개개인의 가치를 인정하면서 담당

업무에 대한 권한을 강화시켜주는 것이라 할 수 있다. 이러한 과정을 통해 팀원 개개인의 잠재력을 발굴하고 극대화할 수 있는 기회를 가질 수 있게 된다. 따라서 임파워먼트는 팀원 개개인들에게 권한을 위임해줌으로써 육성과 성장의 길을 열어주고, 업무측면에서는 높은 수준의 책임감과 오너십을 가진 팀원들이 높은 효율을 통해 조직의 성과 창출에 기여하게 되는 상생의 과정이라 할 수 있다.

권한을 위임하는 것과 업무를 위임하는 것은 구별되어야 한다

리더들이 간혹 권한을 위임하는 것과 업무를 위임하는 것 사이의 차이를 인식하지 못하는 경우가 있다. 임파워먼트의 어원은 말 그대로 권한을 부여하는 과정으로 해석된다. 권한(Power)이란 업무를 처리하는 과정에 대한 최종적인 결정력을 의미한다. 따라서 권한을 부여한다는 의미는 해당 업무의 종결을 위한 최종적인 결정력을 부여하는 것으로 이해할 수 있다. 따라서 권한을 부여하거나 위임해주는 임파워먼트는 단순히 업무의 양과 종류를 부여해주는 업무 위임과는 구별되어야 한다. 다시 말해, 임파워먼트가 업무의 수직적인 확대(Enrichment)라면 업무의 위임은 업무의 수평적인 확대(Enlargement)라고 할 수 있다.

임파워먼트의 어원

Em	+	Power	+	Ment
부여	+	권한	+	하기

또한 임파워먼트가 권한을 부여하는 과정이므로 권한에 상응하는 책임이라는 요소가 함께 따라다니는 반면 업무 위임의 경우 권한이 부여된 경우가 아니라 단순히 업무의 양과 종류가 늘어난 경우에 해당하므로 업무 결과에 대한 책임을 물을

수 없다고 볼 수 있다.

임파워먼트가 업무의 결과에 따라 권한과 책임을 부여해 주는 과정이므로 이를 위해 가장 중요한 요소는 리더가 해당 업무를 믿고 맡길 수 있느냐이다. 사실, 과거 대다수 조직에서는 권한이 리더의 전유물이라는 인식을 어렵지 않게 찾아볼 수 있었고, 만일 조직 내에 리더와 팀원 간 권한을 나누어 책임을 분담할 신뢰관계가 형성되어 있지 않다면 임파워먼트는 요원한 길이 될 수밖에 없다.

80 : 20의 법칙에 따라 성공적으로 임파워먼트한다

흔히 임파워먼트의 성공전략으로 80 : 20의 법칙을 제시하곤 한다. 리더와 팀원 간 커뮤니케이션 내용의 비중에 대한 비율이다. 즉 이 법칙에서는 팀원이 80%의 말을 하고 리더는 20%만 말을 하게 되면 임파워먼트를 위해 가장 성공적인 커뮤니케이션이 된다고 한다. 만일 이 책을 읽고 있는 리더나 팀장은 지난 1주일간 팀원들과 한 대화의 내용을 한번 더듬어 보도록 하자 과연 내가 한 말이 전체 대화에서 어느 정도 비중을 차지하는지에 대해 한번 되돌아 보는 것도 리더십 강화를 위해 필요하다고 보인다.

만일 20%보다 적은 비중을 차지한다면 팀원에게 명확한 메시지를 전달하기 힘들고 20%보다 많이 차지한다면 팀원들이 적극적으로 자신들의 이야기를 꺼낼 시간적 여유가 없어지는 것이다.

또한 임파워먼트의 성공실천전략으로 두 가지를 제시하는 이 요소들만 지켜서 임파워먼트를 실천해 보도록 하자. 다시 말하지만 임파워먼트는 성공적인 리더십을 위해 필수적이고 결국 조직의 성과 창출에 지대한 영향을 미치게 된다.

권한 위임의 한계를 명확히 하라

권한위임이 좋다고 하지만 지나치게 넓은 범위의 위임은 오히려 조직에 독이 될 수 있다. 권한의 위임은 적절한 범위와 수준에서 점진적으로 이루어지는 것이 필요하고 또한 반드시 대상 팀원에게는 위임의 한계에 대해 명확히 커뮤니케이션 하는 것이 필수적이다.

권한에는 책임이 수반됨을 인식시켜라

권한은 항상 단독으로 부여되지 않는다. 권한에 해당하는 책임도 항상 뒤따르는 것이 바람직하다. 간혹 권한에 대한 의지나 의욕은 있으나 책임에 대해서는 가급적 회피하려는 팀원들이 있다. 이들에 대해서 반드시 책임에 대한 인식을 명확히 해야 한다.

임파워먼트의 실행배경에 대해 이해시켜라

권한 부여시 왜 권한을 부여하는지에 대한 실행배경을 이해시키는 것이 필요하다. 이러한 배경 상황에 대한 이해나 상호 공감대 형성 없이 권한을 부여하는 경우 임파워먼트의 취지가 무색해질 수 있다. 임파워먼트는 팀원의 성장과 조직의 성과 창출을 위한 시너지 창출의 프로세스라는 점을 명확히 해야 한다.

인더비즈 인사경영 Station

Empowerment의 80 : 20원칙

간혹 권한을 위임하는 것과 업무를 위임하는 것 사이에 혼동이 생기는 경우가 있는데, 임파워먼트는 업무를 위임하는 것이 아니라 권한을 위임하는 것에 해당한다.
효과적인 임파워먼트를 위해 80 : 20 원칙을 적용해서 대화 중 80%를 팀원이 이야기하고 20%를 팀장이 하도록 해서, 팀장의 경청 스킬을 강화해야할 필요가 있으며, 임파워먼트시 권한 위임의 한계를 명확히 하고, 권한에 책임이 수반됨을 인지시키고, 실행배경에 대해 팀원 간 커뮤니케이션 하는 것이 필수적이다.

09 물고기 잡는 법을 가르쳐 주는 것이 코칭이다

경영 코칭은 스포츠의 코칭에서 유래되었다

코칭은 영어로 Coach에서 나온 단어로서 '훈련시키다'라는 뜻으로 코칭의 목표는 팀원이 조직이나 개인 생활에서 설정해 둔 목표를 달성할 수 있도록 훈련시키고 도와주는 과정이라 할 수 있다. 여기에서 중요한 것은 팀원이 원하는 바를 직접 달성해주는 것이 아니라 달성할 수 있도록 도와준다는 점이다.

이 과정에서 코치는 팀원이 가지고 있는 다양한 심리적 장애요인을 극복하게 도와주고 팀원이 가지고 있는 잠재력이나 업무능력을 제대로 발휘할 수 있도록 길을 열어주게 된다. 경영학에나 심리학에서의 코칭은 스포츠 코치가 선수의 육체적 능력만을 키워주는 것이 아니라 정신이나 감정적인 면에 있어서도 강한 선수로 거듭날 수 있도록 해야 뛰어난 스포츠 선수를 양성할 수 있다는 점에 착안하여 시작되었다.

즉, 경영학이나 심리학에서도 단순히 팀원의 업무능력만을 중심으로 판단하고 개발하는 것이 아니라 개별 팀원의 정신이나 감정적인 면에까지 영향을 주고 개발할 수 있어야 결국 뛰어난 조직의 구성원이 되고 개인적인 측면에서도 본인의 역량을 극대화할 수 있게 되는 점을 중시하게 되었다.

훌륭한 코치의 요건은 무엇일까?

흔히 훌륭한 코치는 코칭을 받는 사람에게 거울과 같은 역할을 해야 한다고 한다. 즉, 코칭을 받는 팀원이 코치를 통해 자신을 보다 객관적으로 봄으로써 강점을 보다 강화하고 약점을 개선할 수 있어야 훌륭한 코치가 된다는 것이다. 따라서, 팀원이 겪고 있는 상황이나 직면한 문제들에 대해 최대한 객관적으로 조언해주고 상황이나 문제를 해결해 나갈 수 있게 해주는 것이 코치의 핵심적인 역할이다.

한편, 이러한 훌륭한 코치의 역할이 팀장의 역할과 상충하는 경우가 있어 팀장이 훌륭한 코치가 되는 것이 현실적으로 어려울 수 있다. 팀장은 팀의 성과창출에 대한 책임자로서 팀원에게 수시로 업무지시를 하게 되고, 팀의 장이라는 자리의 특성으로 인해 팀원에게 영향력이나 압력을 행사할 수 있다. 즉, 코치의 가장 중요한 역할인 '제3자적 시각', '객관성' 그리고 '중립성'이 팀장에게 요구되는 역할과 상충할 수 있게 된다. 이러한 이유 때문에 팀장이 훌륭한 코치가 되기에 어려운 경우가 있을 뿐 불가능한 것은 아니니, 위와 같은 점을 염두에 두고 팀원들에게 훌륭한 코치가 되도록 하자. 훌륭한 코치가 되기 위해 아래의 기본적인 마음자세 4 가지에 대해 항상 기억하고 실천하는 노력을 할 때, 성공적인 코치이자 리더로 인정받게 된다.

- 팀장은 팀원이 항상 무한한 잠재력을 가진 인간이라는 인식을 가져야 한다. 따라서 코치의 궁극적인 역할로 이 잠재력을 표현하고 이끌어내는 것이다.
- 팀원에 자율성을 부여해 주어야 한다. 모든 업무의 일거수일투족에 대해 지시나 모니터링에만 신경을 쓴다면 팀원은 자신의 역량을 발휘하거나 잠재력을 이끌어낼 기회를 얻지 못하게 된다.
- 말하기보다 듣는 역할이 중요하다. 항상 팀원의 말을 듣고, 질문하고 피드백을

줄 수 있는 역할이 중요하다.

• 팀원을 신뢰해야 한다. 만일 팀장이 팀원을 멍청하다고 생각하면 멍청해지고 똑똑하다고 생각하면 똑똑해지게 된다. 신뢰는 팀원의 역량을 향상시키게 된다.

코칭은 심리적인 반발과 자기설득을 통해 작동하게 된다

팀원은 일반적으로 팀장에게 어떤 지시를 받거나 어떠한 행동을 해야 한다고 강요받는 경우 그에 대한 심리적 반발심이 생기나. 심리학적으로 인간의 본성에 따르면 강요에 따라 어떤 행동을 해야 한다면 거꾸로 행동하려고 하지 않거나 또는 따르는 척만 한다는 것이다. 이러한 심리적 반발을 줄이기 위한 것이 바로 코칭이다. 코칭을 통해서는 업무지시 등을 직접적으로 하기보다 팀원들의 자발적인 참여와 노력을 이끌어 내게 되므로 결과적으로 팀원들이 업무를 바라보는 시각을 변화시키고 능동적으로 업무에 임하도록 하는 역할을 하게 된다.

그리고 자기설득 과정 역시 코칭에서 빼놓을 수 없는 요소이다. 팀원들에게 회사에 대한 애사심이 왜 필요한가에 대해 설명하기보다 그 이전에 왜 애사심이 필요한지 또는 없으면 어떻게 되는지에 대한 의견을 충분히 스스로 생각하게 하면 애사심의 필요성에 대한 설명이 보다 효과적으로 전달될 수 있게 된다. 즉, 외부로부터 어떤 정보가 주어지기 전에 스스로 그 정보에 대하여 생각하는 과정을 거친다면 보다 수용성을 높일 수 있게 되며, 이러한 과정을 자기설득의 과정이라고 한다.

코칭은 Risk free이다

코칭이라는 개념을 도입하지 않다가 실행하게 되면 여러 가지 필요한 변화가 생긴다. 우선 팀장의 지시적인 역할이 보조자로서의 역할로 서서히 변화하게 되고,

팀원들은 자율성을 토대로 본인들의 역량을 이끌어낼 수 있는 기회를 맞이하게 된다. 이러한 변화를 통해 조직의 성과는 창출될 것이고 팀원의 역량개발을 통한 만족도는 높아지게 된다.

물론 코칭을 실시한다고 해서 이러한 청사진처럼 모든 프로세스가 흘러가는 것은 아니다. 코치의 역량 문제, 팀원의 수용도, 업무의 성격, 비즈니스에의 영향 등 다양한 변수가 코칭의 정착을 위해 고려되어야 한다. 그럼에도 코칭이란 큰 제도의 도입이나 규정의 변경이 아닌 일상생활에서의 업무스타일의 변화와 같은 아주 작은 부분에서 시작하게 되고 그러한 작은 범위에서의 변화는 현실적으로 Risk free라는 점을 기억해 두자. 이렇게 보면 굳이 코칭이라는 것을 실행하지 않을 이유가 없어 보인다.

인더비즈 인사경영 Station

Coaching

코칭은 스포츠 코치가 선수의 육체적 능력만을 키워주는 것이 아니라 정신이나 감정적인 면에 있어서도 강한 선수로 거듭날 수 있도록 해야 뛰어난 스포츠 선수를 양성할 수 있다는 점에 착안하여 경영에 접목되기 시작되었다.
훌륭한 코치(팀장)는 코칭을 받는 사람(팀원)에게 거울과 같은 역할을 해야 하며 항상 제3자적 시각을 줄 수 있고, 코칭은 심리적인 반발과 자기설득을 통해 작동하게 되며, Risk free이니 팀원의 역량을 극대화하기 위해 당장 실행하는 것이 바람직하다.

10 코칭은 Good Question과 적극적 경청에서 시작된다

Good question이라 대답해 주자

외국인들의 강의나 강연 그리고 회의를 진행할 때, 자주 듣게 되는 표현 중의 하나가 바로 Good question이다. 자신의 강의나 의견 제시에 질문을 던지거나 반론을 펼칠 때 주로 사용하는 표현이다. Good question에는 상대방에 대한 인정과 배려가 동시에 함축되어 있다고 할 수 있다. 만일 강의자가 미처 생각지 못했거나 놓친 포인트가 있는 상황에서 그에 대한 질문이나 반론이라면 이에 대한 인정의 의미를 부여해 줄 수 있고, 그렇지 않고 질문자가 제대로 상황이나 배경지식을 이해 못한 상황이라면 그에 대한 배려로도 해석할 수 있을 것이다.

즉, Good question이라는 반응은 대화 상대방에 대해 기를 살려주는 효과가 있다. 만일 신입사원이 업무처리에 대한 아주 초보적인 질문을 했을 때, 팀장이 "그런 것도 아직 모르고 있는 건가?" 또는 "선배팀원들은 뭐하는 거지?"라는 식의 반응을 보인다고 하면 과연 그 신입사원의 입장과 감정은 어떠할지 생각해보자. 아마 많이 주눅이 들 것이고, 향후 유사한 질문에 떠오르거나 궁금하더라도 자신의 의견이나 질문을 던지지 않게 될 것이다. 즉, 이러한 반응들이 축적됨으로써 되면 팀원들은 수동형으로 바뀌게 되고, 결국 일방적인 커뮤니케이션 문화가 정착되어 갈 것이다.

그러나 동일한 신입사원의 질문에 만일 "아 그런 내용이 있었네!" 또는 "업무처리에 있어 아주 중요한 부분이지!" 식으로 대답하게 되며 해당 신입사원은 자신의 표현에 대한 확신을 가지게 되고 향후 유사한 상황에 직면하더라도 적극적인 태도를 가지게 될 수 있다.

코치는 적극적으로 경청해야 한다

코치는 팀원의 감정과 동기에 항상 귀 기울이고 들어야 한다. 이렇게 하기 위해서는 팀원의 말을 적극적으로 경청하는 습관이 필요하다. 팀장이 적극적으로 경청하게 되면 커뮤니케이션이 활성화되고, 팀원들에게 자존감과 심리적 안정감을 불러일으킬 수 있다.

폐쇄형보다는 개방형으로 질문하라

폐쇄형 질문은 '예' 또는 '아니오'의 대답을 요구하는 형태를 말한다. 반면 개방형 질문은 단순한 '예' 또는 '아니오'의 응답을 요구하는 것이 아니라 상대방의 참여와 아이디어의 공유를 이끌어내는 형태의 질문을 의미한다.

개방형 질문과 폐쇄형 질문

개방형 질문
- 현재까지의 프로젝트 진행에 대해 어떻게 생각하는가?
- 이 프로젝트에서 주요 쟁점은 무엇이라고 생각하는가?

폐쇄형 질문

  －프로젝트는 예정대로 진행되고 있는가?

  －프로젝트의 일정이 촉박한 것이 문제인가?

개방형 질문을 받게 되면 팀원은 요구받은 주제에 대해 대안을 탐색하고 이에 대한 자신의 의견을 반영할 기회를 갖게 된다. 반면 폐쇄형 질문에 접하게 되면 상대방이 말한 내용을 기준으로 대답을 찾게 되므로 커뮤니케이션의 범위 자체가 제한적일 수밖에 없다.

인더비즈 인사경영 Station

경청의 기술

상대방의 질문이나 의사표시에 대한 Good question의 응답은 상대방에 대한 인정과 배려가 동시에 함축되어 있다. 팀장의 적극적인 경청은 커뮤니케이션이 활성화시키고, 팀원들에게 자존감과 심리적 안정감을 주게 되는데, 경청을 하기 위해 준수할 핵심사항은 다음과 같다.

- 먼저 경청하고 이야기가 끝난 후 평가하라.
- 시선을 맞추고 상대방의 표현에 반응을 보여라.
- 미소를 지어 상대방의 감정을 편하게 하라.
- 대화 상대방의 주의를 분산시키는 행동을 하지 마라.
- 상대방의 의견이나 표현을 자신의 표현으로 정리하라.

11 코칭의 4단계 실천프로세스를 따르자

코칭의 실천프로세스는 4단계로 구성된다

코칭이란 업무수행과정에서 일상적으로 나타나는 것이나, 구체적인 코칭의 프로세스를 살펴보면 4단계의 세부 프로세스가 있음을 알 수 있다. 우선 목표설정을 통해 팀원이 직면한 상황이나 이슈를 명확화하게 되고, 대안 검토를 통해 상황이나 이슈에 대해 어떠한 해결책을 적용할 것인지를 결정하게 된다. 이후 결정된 대안을 실행하고 최종적으로 결과에 대해 팀원에게 피드백함으로써 코칭의 싸이클이 1차적으로 마무리된다.

코칭의 4단계 실천 프로세스

1단계	목표설정
주요 활동	이슈 명확화, 대안 모색, 목표 합의

2단계	대안 검토 및 결정
주요 활동	필요사항 정리, 소요 자원 검토

3단계	실행
주요 활동	계획의 확인, 실행의 약속

4단계	피드백
주요 활동	성과의 확인

코칭 1단계 : 목표의 설정

가령 실적에 대한 압박을 받고 있는 팀장이 팀원들에게 "어쨌든 열심히 해." 또는 "어떤 방식으로든 매출을 늘려서 가져와." 등의 표현을 했다면 과연 팀원들은 어떠한 감정상태에 놓이게 될지 생각해보자. 이러한 팀장의 반응에 직면한 팀원들에게 열심히 해보자라는 동기부여를 기대하기는 어려워 보인다. 오히려 실적에 대한 압박과 스트레스에 직면하게 되어 업무에 대한 부담이 늘고 의욕은 줄어들 수 있게 된다.

이러한 커뮤니케이션에서 가장 문제가 되는 것은 바로 목표나 이슈의 불명확성이다. 팀장은 매출 증대에 대한 요구만 하였지 구체적으로 어떻게 해야 하는지에 대한 의견이나 메시지는 전혀 포함시키지 않은 것이 핵심적인 문제다. 즉, 이러한 상황 하에서 팀원들은 과연 어떻게 실적을 증대시킬지에 대한 대안을 고민하기 시작하겠지만 막막해질 수밖에 없다. 그리고 팀장이 팀원은 배려해 주지 않고 자신만을 위해서 말하고 있다고 생각하게 되어 상사-부하 간 관계에도 부정적인 영향을 미치게 되는 것이다.

항상 코칭을 시작할 때는 팀장과 팀원 간 목표나 이슈에 대해 명확하게 하는 것이 필요하다. 목표나 이슈가 명확해야 실행도 가능하고, 이후 팀원에 대한 피드백도 가능해지는 것이다.

1단계에서 사용가능한 코칭 표현

- 무엇이 문제였다고 생각하나?
- 그렇군 그래서?
- 좋은 생각이네. 예를 들어줄 수 있겠나?
- 그것에 대해 좀 더 구체적으로 이야기 해줄 수 있겠나?
- 생각나는 대로 좋으니 가급적 많은 아이디어를 내보게
- 지금까지 목표를 세우는 것으로 대화가 잘 진행된 듯 한데 어떻게 생각하나?

코칭 2단계 : 대안 검토 및 결정

1단계에서 이슈나 목표가 명확해 졌다면 이슈를 해결하고 목표를 달성하기 위한 대안들을 모색하고 결정하는 단계로 나아간다. 이슈를 해결하기 위한 대안들을 실행을 위해 필요한 자원들에 정리하고 각 대안들의 장점과 단점을 분석하여 최종 대안을 결정하는 것이 필요하다.

이 단계에서 중요한 것은 답을 찾아가는 과정 즉 브레인스토밍 과정에서 팀원의 시야를 넓혀주는 것이 필요하다. 이슈를 해결하기 위한 대안 모색과정에서 자신의 입장에서만 바라보다 보면 다양한 대안들에 대한 탐색이 어려워지고 의사결정의 범위 자체가 협소해질 수밖에 없다. 가령 예를 들어 팀원에게 팀원 입장에서 답만 찾도록 요구하는 것이 아니라, '10년 후의 자신이라면', '이상적인 자네라면' 또는 '만일 자네가 부장이라면 어떤 식으로 조언해주겠나' 등의 현재 팀원이 처한 관점을 넓혀주는 것이 폭넓게 대안을 모색할 수 있는 방안이 된다.

2단계에서 사용가능한 코칭 표현

- 목표를 달성하기 위해 필요한 것을 많이 들어주겠나?
- 실행 가능한 대안들을 결정하기 위해 어떤 기준을 적용하면 되겠나?
- 그럼 효과성과 비용 관점에서 대안들을 평가해 보겠나?
- 만일 자네가 나라면 어떻게 대답하겠나?
- 만일 자네가 팀장이라면 어떤 식으로 조언해 주겠나?

코칭 3단계 : 실행

이슈나 목표가 명확해진 후, 대안탐색과정을 통해 대안을 확정하면 이제 본격적으로 결정된 대안을 실천에 옮기는 단계에 들어가게 된다. 일반적으로 2단계까지 마무리가 되면 '열심히 해보게' 식으로 이야기를 마무리하는 경우가 많다. 달성해야 할 목표와 대안까지 함께 찾았으니 팀원이 실행한 결과에 대해 마지막으로 평가하고 피드백을 하면 될 것이라는 인식이 생기게 되는 것이다.

하지만 의외로 실행단계에서 지속적인 지원과 관찰이 필요한 팀원들이 많이 있다. 이들은 주로 최소한도로 필요한 일만 한다든지 실행에 대한 책임을 지지 않으려는 성향을 보이는 직원들이 대다수를 차지한다.

이런 경우 구체적으로 팀원들이 실행한 계획에 대해 확인하는 것이 필요하다. 가령 "다음 주 수요일까지 3/4분기 마케팅전략에 대한 보고서를 제출하기로 했네." 등의 계획을 확인하는 메시지가 필요하다. 그리고 추가적으로 실행에 대한 약속을 받아야 하는 경우가 있는데 이때 'Try'형이 아니라 'Will'형의 약속을 받아두는 것이 바람직하다. 'Try'형의 경우 "노력했지만 못했습니다."라는 식의 변명이 가능하지만 'Will'형 약속의 경우 그와 같은 변명이 불가능하므로 반드시 실행약속이 지켜지도록 하는 커뮤니케이션을 하는 것이 필요하다.

3단계에서 사용가능한 코칭 표현

- 다음 주 목요일 오전까지 보고서를 제출해 주세요.
- 그럼 다음 주 금요일까지는 금방 논의한 2개의 계획은 실행에 옮겨 주세요.
- 2개의 계획을 실행하면서 발생하는 문제점은 즉각적으로 공유해 주세요.
- 이번 달까지 목표를 달성하기 위해 해야 할 것들은 무엇인가요?
- 내일까지 ○○보고서를 마무리해야 하는데 가능하신가요?
- 업무를 완료하기 위해 팀장인 제가 도움을 줘야하는 것이 있나요?

코칭 4단계 : 피드백

합의된 목표를 달성하기 위해 실행한 계획들에 대한 평가 및 피드백을 주는 과정이다. 우선 팀원이 이룬 결과물에 대해 확인하는 과정이 필요하다. "매출을 120% 달성했군요." 또는 "○○프로젝트를 납기 내에 마무리 했네요." 등의 메시지로 팀원의 행동을 인정하는 것이다. 이러한 승인 과정이 자칫 간과될 수 있지만 승인해주면 팀원은 자신을 인정해주는 사람이 있다는 사실에 동기부여될 수 있다.

그 다음으로 성과의 확인이라는 과정이 필요하다. 성과를 확인하는 과정은 단순히 팀원이 일궈낸 결과물을 확인하고 승인하는 과정보다 중요하다. 팀원이 계획을 실행해 보니 어떤 결과와 변화가 생겼는지 그리고 본인에게는 어떤 교훈이나 경험을 남겼는지 등에 대한 소통을 하는 것은 결과만 보는 것이 아니라 결과를 이루게 한 과정 전체에 대해 되돌아볼 수 있는 기회를 부여하게 된다.

4단계에서 사용가능한 코칭 표현

- ○○프로젝트를 적기에 마무리 했네요.
- 이대로 계속하면 좋을 듯 하네요.
- 혹시 행동으로 옮기지 않은 이유가 있나요?
- 다음 번 동일한 실수를 하지 않기 위해 무엇이 필요할까요?
- 그것을 해보니 어떤 느낌이 들었나요?

• ○○프로젝트를 수행하면서 본인이 겪은 경험중 가장 인상깊은 것은 무엇인가요?
• 다시 동일 업무를 추진한다면 제일 바꾸고 싶은 것은 무엇인가요?

인더비즈 인사경영 Station

삼성의 언어폭력 추방 캠페인

"김 대리, 너는 대가리를 폼으로 달고 다니나, 지금까지 뭘 한거야!!!"
박 모 부장의 불호령은 사무실이 울릴 정도로 떨어졌다. 주변에는 갓 입사한 신입사원과 여사원들도 앉아 있는데, 김 대리로서는 얼굴이 확 달아오르고 쥐구멍에라도 숨고 싶은 심정이다. 가슴을 후벼 파는 박 부장의 언어폭력은 수시로 이어졌다. 업무능력 미달로 꾸중을 듣는 건 참을 수 있어도 인격을 모독하는 수준의 막말을 계속 들으면서 회사 생활을 버틸 수 없었다. 결국 김 대리는 사표를 던지고 외국계 기업으로 직장을 옮겼다.
삼성그룹은 최근 직장상사의 폭력적인 발언으로 직원들이 이탈하는 사례를 '명백한 해사행위'로 규정하고 몇 달 전부터 대대적인 사내 캠페인을 벌이기 시작했다. …

<매일경제, 2013.05.07. 기사 중 발췌>

12 경영위기는 커뮤니케이션을 시작으로 Turnaround한다

Value Alignment로 경영위기를 극복한다

2008년 금융위기 이후, 좀처럼 경기가 회복될 기미를 보이고 있질 않다. 오히려 최근 서유럽 중심의 유로존(Euro zone) 신용위기로 인해 기업들이 체감하는 위기가 좀 더 깊어지는 것이 오늘의 현실이다. 이러한 경기침체기를 겪으며 대다수의 기업들이 제2의 도약을 위한 발판을 만들고자 부단히 노력을 하고 있고, 이러한 노력의 과정이나 결과가 구조조정, 다운사이징, 경비절감 등의 구호로 나타나고 있다.

이러한 노력들의 공통점을 살펴보면 생산성 향상(Productivity enhancement)을 통한 기업 이윤의 극대화(Maximization of margin)가 아니라 경비절감(Cost-saving)을 통한 이윤의 극대화를 추구하고 있다는 점이다. 물론 실행의 용이성, 효과에 이르기까지의 소요기간 등의 절차적 측면만을 본다면 경영자에게 비용절감을 통한 경영수지의 개선이 훨씬 더 매력적이고 구미가 당길 수밖에 없다.

분명히 기억해야 할 점은 과거의 경영위기 상황을 거치면서 구조조정 중심의 극복전략을 편 기업보다 고용유지를 위한 고통분담(Pain－sharing)을 통해 위기상황을 극복한 기업들의 생산성이 장기적으로 보다 높게 나타나고 있다는 점이다.

물론 현재의 진행중인 금융위기에서도 Turnaround plan을 통한 도약의 발판을 만들고 위기를 기회로 만드는 전략과 방향이 요구되는 것은 너무나 분명한 현실이다. 이러한 전략과 방향을 달성하기 위해 단기적인 관점에서의 고용유연화 전략보다 반대전략으로서 직원들의 몰입과 헌신을 이끌어냄으로써 조직역량과 조직생산성을 높임으로써 위기 극복의 답을 찾을 수도 있을 것이다.

즉, 간단한 논리로 조직의 성과는 개인 성과의 합으로 볼 수 있다. 물론 조직의 목표가 개인 단계까지 체계적으로 Cascading되는 것이 전제조건이기는 하다. 이러한 측면에서 본다면 조직의 성과를 극대화하기 위해서는 개인의 성과를 극대화해야 한다는 전제조건이 성립되게 된다. 이러한 성과창출의 극대화를 위해서는 가장 중요한 요소는 무엇일까?

필자는 그 답을 조직과 개인의 Value alignment에서 찾아보고자 한다. 조직이 추구하고 있는 Value와 개인이 가지고 있는 Value가 연동되어 있는 경우, 양자간의 이해관계가 한 방향으로 정렬된다고 하겠다. 다시 말해, 직원이 성과창출에 대한 동기를 부여받기 위해서는 자신이 수행하는 과업과 활동이 자신의 가치체계에 어느 정도 부합하는 것이며, 결과적으로 자신에게 어떤 이로움을 줄 수 있느냐에 대한 이해가 선행되어야 한다.

이렇게 조직과 개인의 가치가 체계적으로 연결된다(Aligned)는 것은 간단히 말해, 같은 배에 조직과 개인이 함께 타서 운명공동체로서의 관계를 가지게 된다는 상황과 매우 유사하다. 이는 곧 같은 배에 승선해 있기에 가야 할 방향이 같아지게 되는 것이고, 배가 나아가야 할 방향대로 항해하고 있는지 그리고 적정한 속도로 시간내에 도착할 수 있는지가 조직과 개인의 공동책임에 해당하게 되는 것이다. 현실적으로 보다 자주 목격하게 되는 것은 조직과 개인이 분리(Non－aligned)되어 있어 개인의 입장에서 형식적으로 소속은 회사에 두되, 몰입과 헌신을 투여하지 않아 조직에도 개인에게도 Win－win 상황을 만들어내지 못할 뿐 아니라 소모적인 관계를 형성하고 있는 모습이다.

Value alignment는 조직과 개인간 소통을 통해 강화된다

그러면 남은 과제는 과연 어떻게 효율적으로 조직과 개인의 가치체계를 연결시킬 것인가이다. 그 답은 바로 소통에서 찾을 수 있다. 가깝게는 일상생활에서도 우리는 우리가 일상적으로 또는 업무적으로 만나는 상대의 니즈를 파악하고 이해하기 위해 많은 이야기를 나누고 있다. 즉, 소통을 통해 상대방이 원하는 바를 찾고 관계를 형성해 나가는 것이다. 그런데 과연 이러한 상호간의 니즈 파악을 위한 탐구(Searching phase)가 조직과 개인이라는 Context에서는 어느 정도로 이루어지고 있는가를 볼 때 다소 회의적이라는 생각이 앞선다. 다시 말해, 조직과 개인간 서로의 가치에 대한 진정성 있는 대화를 선행하지 않고 결과 중심으로 성과와 생산성을 이야기해온 것이 우리의 현실이었다. 이러한 관점에서 본다면 조직과 개인의 높은 생산성을 통해 고성과조직(High performance work practices)으로 자리잡기 위해서는 상호간의 소통이 출발점이라고 할 수 있다.

수평적이면서 업무 중심의 조직문화로 변화해야 한다

조직 내부의 소통이 상하좌우로 원활하게 흐르기 위해서는 몇 가지 선행요소가 필요하다. 우선 수직 및 서열적인 조직문화(Hierarchical organizational culture)를 수평적이면서 구성원간 평등이 강조되는 조직문화(Egalitarian organizational culture)로 개선해 나가는 것이 필수적이다. 현재 많은 한국기업들이 경험하고 있는 소통단절의 가장 큰 원인을 꼽자면 바로 경직적이면서 수직적인 조직문화를 들 수 있을 것이다.

조직 문화의 다른 차원에서 접근해보면 이러한 소통의 핵심성공요인을 보다 분명하게 파악해 볼 수 있다. 바로 조직 문화가 업무중심(Task-oriented)으로 형성되었는지 그렇지 않으면 관계중심(Relation-oriented)으로 형성되어 있는지가 성공적 노무의 핵심성공요인이다. 우리의 경우 개인보다는 팀의 업무와 프로세스가 강조 되다보니, 업무가 아닌 구성원들간의 관계를 중심으로 업무가 운영되고 이것이 문화로 자리잡고 있어 활성화된 소통에 많은 구성원들이 불편함을 느끼게 된다.

소통활성화를 위한 조직문화의 개선방향

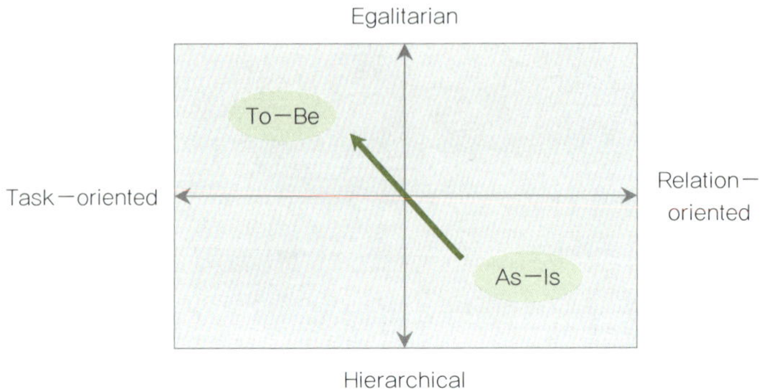

지금까지 현재의 경영위기 상황을 돌파하기 위한 노력 중 조직과 개인간의 Value alignment를 통한 방안을 살펴보았고, 이런 Value alignment를 위해서는 상호간의 니즈 탐색과 조정(Search and adjustment)을 위해 조직 내부의 수평/수직적 소통(Horizontal/Vertical communication)이 활성화되는 것이 필수적이다. 그리고 이러한 활성화된 소통을 위한 제 1과제로 수평적이면서 업무중심의 조직문화 정착을 꼽을 수 있다. 조직문화의 변화는 Quick-fix agenda와 같이 단시간에 변화를 만들거나 새롭게 형성하는 것이 어렵다는 점을 감안할 때, 모든 기업들이 원하는 Turnaround는 바로 오늘부터 장기적인 전략과 방향 그리고 진정성을 가지고 직원들과 소통하기 시작할 때 만들어지는 것이라고 하겠다.

Values Jam

개인과 조직은 소통을 통해 서로가 가지고 있는 니즈를 찾고 관계를 형성한다. Values Jam은 IBM의 Communication 제도로서 2003년 IT산업 버블붕괴 및 인도의 급부상으로 발생한 경영위기상황을 극복하기 위해 개최되었다. 처음에는 불신과 냉소적 의견이 지배적이었으나, 솔직한 토론이 진행되면서 직원들 간 위기의식을 공유하고 점차 건설적 대안을 제시하게 되었다.
루거스너 전 회장은 "세상을 바라보는 장소로 책상만큼 나쁜 곳은 없다."라는 명언을 남김과 아울러 1993년, 2개월간 전세계 사업장을 직접 방문하여 직원들과 커뮤니케이션을 활발하게 하여 공감대를 형성함으로써, 종업원 40만명 중 8만5천명에 대한 고용조정을 단 90일만에 마무리하기도 하였다.

13 커뮤니케이션의 5요소를 활용하자

커뮤니케이션은 Communicator에서 Receiver에게 메시지를 전달하는 과정이다

커뮤니케이션은 Communicator부터 Feedback까지 5가지의 요소로 구성되어 운영되는 프로세스를 말한다. 그럼 아래에서 5가지 요소 각각에 대해 살펴보도록 하자.

- Communicator(Sender) : 전달할 생각, 의도 또는 정보를 보유한 사람
- Message : Communicator의 생각, 의도 또는 정보를 언어나 기호 또는 소리로 전환한 결과(Encoding process)
- Medium : Message가 전달될 전달매체나 방안
- Receiver : Message를 전달 받아 자신의 경험이나 기준에 따라 해석하는 사람(Decoding process)
- Feedback : Communicator가 의도한 대로 Message가 전달되었는지를 확인하는 과정

커뮤니케이션 프로세스

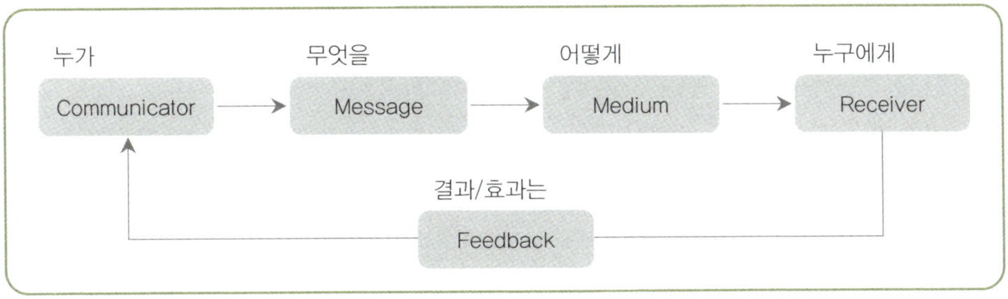

커뮤니케이션이 중요한 이유는 이러한 5가지 요소 중 한 가지라도 제대로 작동하지 않으면 커뮤니케이션 오류가 발생한다는 것이다. 항상 커뮤니케이션 전에는 5가지 측면에서 커뮤니케이션이 제대로 이루어졌는지에 대해 먼저 검토해보고 실행하도록 하자. 그렇게 함으로써 커뮤니케이션을 효과적으로 하는 팀장으로 인정받을 수 있게 된다.

커뮤니케이션 오류는 항상 발생할 수 있다

정보는 Communicator에서 Receiver로 오류없이 흘러가야 커뮤니케이션이 제대로 되고 있다고 할 수 있다. 그러나 현실적으로 다양한 원인으로 인해 커뮤니케이션의 오류가 발생하고 있으므로 오류의 근본적인 원인에 대해 살펴봄으로써 커뮤니케이션을 오류없이 보다 효과적으로 하도록 하자.

우선 개인의 해석기준(Frame of reference)에 따라 커뮤니케이션 오류는 발생한다. 복수의 사람이 동일한 정보를 보더라도 개인별로 해석하는 기준이 상이하게 되면 그 결과가 달라지게 된다. 이러한 해석기준은 주로 과거 개인이 쌓아온 경험에 따라 형성되게 되는데, 유사한 경험을 가진 사람들이 동일한 해석 기준을 보유하고 있을 가능성이 높다고 할 수 있다.

또한 선택적 경청(Selective listening) 또한 커뮤니케이션 오류를 유발하는 주요 요인이다. 사람은 누구나 본인이 가지고 있는 신념이나 가치체계에 부합하는 정보만을 받아들이고자 하는 니즈가 있다. 만일 그동안 자신이 가져온 신념이나 가치체계에 상반되는 정보를 받아들이는 경우, 내부적인 혼란만이 가중되므로 본능적으로 거부하게 되는 것이다.

그리고 Receiver가 커뮤니케이션의 대상이 되는 전체적인 정보를 받기 전에 메시지에 대한 가치 판단을 하는 경우가 간혹 있는데 이러한 경우 역시 커뮤니케이션 오류가 발생하는 원인이 되기도 한다. 아울러 Receiver가 communicator에 대해 가지고 있는 신뢰의 정도(Source credibility)에 따라 커뮤니케이션이 영향을 받게 된다. 즉, 지지와 신뢰를 받는 팀장이 행한 커뮤니케이션의 경우, Communicator에 대한 근본적인 신뢰를 통해 그 팀장이 전달한 메시지도 신뢰할 가능성이 상당히 높게 되는 반면, 팀원들로부터 지지를 받지 못하는 팀장의 경우 아무리 객관적인 정보를 전달하더라도 Communicator에 대한 불신이 그 메시지에까지 부정적인 영향을 미쳐 커뮤니케이션 오류가 발생하게 된다.

Filtering이라는 프로세스 역시 커뮤니케이션을 어렵게 하는 요소이다. 이는 주로 상향식 커뮤니케이션에서 나타나는데, 정보에 대한 조작을 통해 의사결정권자가 Communicator의 의도대로 의사결정을 하도록 필요한 정보만을 Filtering해서 위로 전달하는 과정을 말한다.

마지막으로 커뮤니케이션의 채널과 관련한 오류의 유형인데, 직업, 조직의 정서 및 문화, 교육, 능력 등에 따라 선호되는 커뮤니케이션 채널이 다른 데서 비롯되는 오류이다. 실제 필자가 겪은 사례로, CEO message를 e－mail을 통해 주기적으로 내보내는 회사에서 나름 활성화된 커뮤니케이션에 대해 강한 자신감을 가지고 있었으나, 실상 Receiver에 해당하는 직원들이 해당 e－mail을 열어보지 않아 실질적으로는 커뮤니케이션이 전혀 이루어지지 않은 경우가 있었다. 이러한 경우 커뮤니케이션에 대한 직원들의 선호를 사전에 파악해서 실행했더라면 보다 효과적인 커뮤니케이션이 충분히 가능했으리라 생각된다.

커뮤니케이션의 오류원인

1	Frame of reference
2	Selective listening
3	Value judgments
4	Source credibility
5	Filtering
6	Communication preference

인더비즈 **인 사 경 영** Station

Communication skill(백정과 이서방)

옛날에 늙은 노인이 푸줏간을 하고 있었다. 하루는 두 양반이 고기를 사러 왔다.
한 양반이 "이 놈, 백정아 고기 한 근 썰어라."라고 주문했다.
늙은 푸줏간 주인은 "그러지요."라고 대답하고 솜씨 좋게 고기를 썰어 주었다.
이어 함께 온 다른 양반은 공손한 말투로 "여보게 이 서방, 여기도 고기 한 근 주시게."라고 주문을 했다.
그러자 푸줏간 주인은 "예, 그러지요."라고 기분 좋게 대답하고 선뜻 고기를 잘랐다.
그런데 먼저 고기를 산 양반의 고기보다 양이 월등히 많았다. 먼저 고기를 산 양반이 이를 보고 화를 내며 "이놈아, 같은 고기 한 근인데 어째서 내 것은 작고, 저 사람 것은 크냐?"라고 호통을 쳤다.
그러자 늙은 푸줏간 주인은 서슴없이 대답했다.
"그야 손님 것은 백정이 자른 것이고, 이 어른 것은 이서방이 자른 것이기 때문입니다."

14 커뮤니케이션은 상하좌우로 흘러야 한다

커뮤니케이션, 공식적으로 할 것인가 비공식적으로 할 것인가

커뮤니케이션의 구분은 공식성 여부에 따라 나누어 볼 수 있다. 공식 커뮤니케이션(Formal communication)은 주로 조직구조에 따라 계획되고 실행되는 유형을 말하며, 공식적이라는 특성으로 인해 메시지가 가지는 공신력이 높은 것이 가장 큰 특징이다. 주로 공식적 커뮤니케이션으로 활용되는 사례를 살펴보도록 하자.

- 회사 발간 서적 및 자료집
- 교육훈련 교안
- E－mail
- 대외홍보 자료
- 공식 미팅
- 홈페이지 정보 등

반면, 비공식적 커뮤니케이션은 규정이나 관련 조직체계로부터 공식적으로 요구되지 않지만 상시적으로 이루어지는 커뮤니케이션 유형을 말한다. 그럼에도 조직 내에서 이루어지는 커뮤니케이션의 대다수가 비공식적으로 이루어진다고 할 수 있으므로 비공식적이라 하더라도 그 중요도는 상당히 높다고 할 수 있다. 다음은 비공식적 커뮤니케이션의 주요 유형이다.

- 전화대화
- E-mail
- 임시적 미팅
- 개인적 대화 등

기업이나 팀장 차원에서 팀원들과의 효과적인 커뮤니케이션을 위해서는 공식과 비공식 커뮤니케이션을 적절히 혼합하여 활용할 필요가 있다. 공식적인 커뮤니케이션이 많은 비중을 차지할수록 업무관련성이 높아지고 비공식적 커뮤니케이션이 많아질수록 관계중심적 커뮤니케이션이 활성화 된다. 따라서 업무와 관계 사이의 적절한 균형을 갖추기 위해 공식적 및 비공식적 커뮤니케이션도 적절하게 혼합하는 것이 필요하며, Communicator의 니즈에 따라 필요한 방향이 있는 경우, 그에 따라 공식적 · 비공식적 커뮤니케이션의 비중을 조절할 수 있다.

커뮤니케이션은 상하좌우로 흘러야 한다

커뮤니케이션은 상하좌우로 거침없이 흐르는 것이 가장 바람직하다. 커뮤니케이션의 방향에 따른 채널의 유형을 먼저 살펴보도록 하자.

- 상향식 커뮤니케이션(Upward communication) : 팀원에서 팀장 혹은 그 위 경영진에게 메시지를 전달되는 유형이다.
- 하향식 커뮤니케이션(Downward communication) : 주로 경영진에서 직원들에게 메시지를 전달하는 과정이나, 팀단위에서 팀장이 팀원들과의 커뮤니케이션을 실행하는 경우에도 이 유형에 해당하게 된다.

• 수평 커뮤니케이션(Horizontal communication) : 팀, 부서 혹은 본부 단위에서 동료들간 이루어지는 메시지의 전달과정이나 흐름을 말한다.

조직문화와 커뮤니케이션 채널의 유형을 관련지어 보면, 수직적인 조직문화나 연공서열의 성격이 강한 정서를 가진 기업일수록 하향식 커뮤니케이션이 발달되어 있고 수평적인 문화나 정서를 가진 기업일수록 하향식 커뮤니케이션 못지않게 상향식이나 수평 커뮤니케이션도 활성화되므로 일반적인 기업들의 정서가 다소 연공중심이거나 수직적인 특성을 가진다는 점을 감안할 때 상향 커뮤니케이션을 강화시키는 것이 팀장의 주요 역할이라 할 수 있다.

커뮤니케이션 채널의 유형

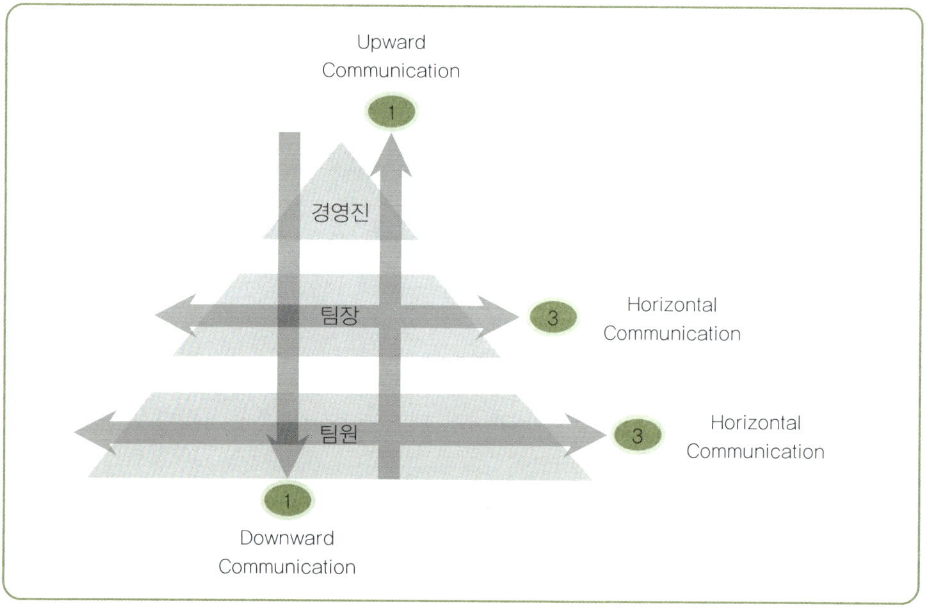

Grapevine을 활용해서 커뮤니케이션 하자

조직관리에서 커뮤니케이션이 중요한 이유 중 하나는 커뮤니케이션을 통해 경영진이나 팀장이 원하는 목표나 결과에 직원과 팀원들을 연계함으로써 공동의 목표를 함께 달성할 수 있도록 하는 것이다. 이러한 프로세스를 흔히 가치체계의 연계(Value alignment)라고 하며, 커뮤니케이션은 기업이 원하는 바나 나아가고자 하는 방향에 대해 직원들에게 명확히 알려주는 역할(Downward communication)을 하여 가치체계의 연계를 강화시키고 동시에 성과창출 과정에서 직원들이 겪고 있는 애로사항이나 고충을 들어 해결해 나감으로써(Upward communication) 기업과 직원을 하나로 연결하는 중요한 교두보 역할을 하게 되는 것이다.

이때 앞서 살펴본 상하좌우의 커뮤니케이션의 활용도 중요하나, 이에 못지않게 중요한 것이 바로 비공식적 정보의 흐름을 활성화 시키는 것이다. 이렇게 특정 목적을 달성하기 위해 관련 정보를 비공식적 채널을 통해 제공하는 것을 Grapevine이라고 한다. 이는 마치 포도덩굴이 담을 따라 커나가는 것처럼 조직에 필요한 정보가 조직 전반으로 퍼져나간다는 의미하는 것으로 조직의 목표를 이루기 위해 Grapevine에 대한 활용은 그 무엇보다 중요하다고 할 수 있다.

인더비즈 인사경영 Station

Formal communication & Informal communication

공식 커뮤니케이션(Formal communication)은 주로 조직구조에 따라 계획되고 실행되는 유형을 말하며, 비공식적 커뮤니케이션(Informal communication)은 규정이나 관련 조직체계로부터 공식적으로 요구되지 않는 유형을 말한다.

수평적인 문화나 정서를 가진 기업일수록 하향식 커뮤니케이션 못지않게 상향식이나 수평 커뮤니케이션도 활성화 되며, Grapevine 등을 통해 비공식적 정보의 흐름을 활성화시켜 조직에 필요한 정보가 조직 전반으로 퍼져나가도록 하는 것이 중요하다.

공식적/비공식적 커뮤니케이션 채널이 원활하게 작동하지 않는다면 조직에 유리한 정보가 차단되고, 불리한 정보가 확산될 수 있으므로 이에 각별한 주의와 관심이 필요하다.

15 조직 내부의 의사결정은 어떻게 할 것인가?

팀의 운영을 위해 집단의사결정 방식이 필요하다

수직적인 조직문화나 연공중심의 정서를 가진 조직에서는 소위 조직의 장들이 가지는 권한이 절대적이었다. 그러나 점차 신세대로 불리는 신입사원의 비중이 늘어가고 수평적인 조직문화나 업무프로세스에 대한 니즈가 강해지면서 소위 집단의사결정에 대한 필요도 더불어 강해지기 시작하였다.

최근 다양성(Diversity)에 대한 목소리가 높아지고 창의적인 솔루션이 주목받는 상황이 더욱 강해질 것이 당연하므로, 보다 다양한 목소리를 반영한 의사결정 방식이 필요해지리라 생각된다. 즉, 과거와 같이 소수의 권한에 의존한 의사결정 방식보다 다수의 참여를 확보한 상태에서 다각적인 시각을 반영한 의사결정 방식이 보다 선호받게 되는 것이다.

이러한 집단 의사결정 방식의 실행방법으로 브레인스토밍(Brainstorming), 명목집단법(Nominal group technique) 그리고 델파이법(Delphi technique)이 주로 활용된다. 다음에서 각 방안들의 의미와 팀단위에서 활용전략에 대해 살펴보기로 하자.

모든 가능성을 쏟아내어 최적의 결론을 찾아간다

브레인스토밍은 많은 기업이나 팀에서 이미 도입하여 적극적으로 활용하고 있는 방법이므로 많이 친숙하리라 생각된다. 브레인스토밍은 말 그대로 회의나 의사결정에 참가한 사람의 머릿속에 있는 모든 정보나 아이디어를 가공하지 않고 쏟아낸 후, 해결책을 찾아가거나 의사결정을 진행하는 과정을 말한다.

브레인스토밍의 장점은 가공되지 않은 정보를 종합적으로 모을 수 있다는 점인데, 만일 브레인스토밍을 하지 않게 되면 의견 제시자는 의견 제시 전에 자기검열(Self-censorship) 과정을 거치게 되어 다양한 시각과 대안들을 모색하는데 한계가 생기게 된다. 즉, 자기검열과정을 거치게 되면 회의석상에서 필요한 의견이나 다수의 의사에 부합하는 정보들만 제시함으로써 의사결정 과정에서 종합적이고 다양한 시각을 반영하기 어려울뿐더러, 특히, 주로 의사결정권자인 팀장이나 경영진의 입맛에 맞는 정보들만 제공하게 되어 새로운 대안의 모색이 힘들어지게 된다.

이러한 브레인스토밍의 장점에도 불구하고 항상 브레인스토밍이 정상적으로 작동하는 것은 아니다. 브레인스토밍의 순수한 취지에도 불구하고 누가 어떤 의견이나 정보를 제시하였는지 파악이 되므로 향후 관련 문제나 이슈 발생시 책임의 소재가 논란이 될 수 있다. 당장 회의석상에서는 제지나 비판이 없을지라도 향후 문제가 불거지거나 책임소재에 대한 논란이 생길 경우, 회의 참석자들은 형식적으로 브레인스토밍 과정에 참여하면서도 실질적으로는 자기검열과정을 거치게 되어 실질적인 브레인스토밍의 효과를 창출하기 힘들어지게 되는 것이다.

미팅은 하되 상호간 독립성을 확보해 주어 결론을 도출한다

명목집단법(Nominal group technique)은 팀원이나 의사결정 참여자를 물리적으로 동일 공간에 모이게 한 후, 의사결정과정을 진행하는 방안을 말한다. 명목집단법에서 특이한 점은 동일 회의공간에 모이긴 하지만 참여자나 팀원 상호간의 커뮤니케이션이 제약되는 것이다. 즉 참여자간 토론이나 협의에 대해 제지를 가하고 참여자 모두 각각 독립적으로 활동하게 된다. 형식적으로는 의사결정을 위한 집단을 형성하지만 참여자 상호간 상호작용이 제한된다고 하여 '명목상(Nominal)'이라는 용어가 사용되고 있다. 그럼 우선 명목집단법을 통한 의사결정과정에 대해 살펴보도록 하자.

- 의사결정 참여자 혹은 팀원 모두 동일한 공간에 모인다.
- 의사결정이 필요한 안건에 대해 참여자간 충분히 공유한다.
- 집단적인 토의 없이 참여자 개인별로 해결방안이나 대안을 서면으로 제시한다.
- 순서대로 제시한 해결방안이나 대안을 발표한다.
- 발표자 이외의 참여자는 발표자가 제시한 의견에 대해 명확히 이해하기 위해 질의응답을 하면서 동시에 자신 이외 참여자의 안에 대해 평가한다.
- 마지막으로 각 안에 대한 비밀투표를 실시한 후, 우선순위가 가장 높은 해결방안으로 선정하게 된다.

이때 각 대안을 제시한 참여자가 누구인지에 대한 정보는 공개하지 않고 명목집단법을 진행할 수 있다. 이렇게 진행하는 경우 참여자는 익명성이 보장된 가운데 자신이 제시한 대안을 포함하여 모든 참여자의 제시안을 비교해서 평가하게 된다.

명목집단법은 참여자 상호간 토의나 상호작용 없이 의사결정을 하게 되므로 참여자의 직위, 학력, 과거 경험 등에 대해 서로 영향을 받지 않고 독립적으로 문제를 보고 해결책을 찾을 수 있다는 것이 큰 장점 중 하나이다. 반면, 명목집단법은 상호독립적인 집단의사결정과정이므로 팀장의 역할이 상당히 중요하다. 따라서 팀장의 역량이나 관련 교육이 적절히 뒷받침되지 않는다면 명목집단법의 효과가 그만큼 제한적일 수 있다.

전문가의 독립성을 보장하면서 솔루션을 모색한다

델파이법(Delphi technique)은 의사결정과정에의 참여자간 독립성이 보장된다는 측면에서 명목집단법과 상당히 유사하지만 참여자가 물리적으로 동일한 공간에 모이지 않는다는 점이 큰 차이점이다. 즉, 델파이법은 참여자간 상호작용이나 대면 접촉 없이 의견을 수렴해 나가는 과정을 말한다. 아래에서 델파이법의 운영프로세스에 대해 알아보도록 하자.

- 의사결정 참여자를 확정한다.
- 의사결정이 필요한 안건에 대해 e-mail 등을 통해 참여자간 충분히 공유한다.
- 각 참여자별로 자신의 의견을 e-mail 등으로 제출하게 한다.
- 제출된 의견을 종합적으로 정리하여 각 참여자에게 회신한다.
- 다시 각 참여자는 동일한 안건에 대해 의견을 제시하게 되는데 기존에 자신이 제출한 안을 유지할 수도 있고 다른 참여자의 안으로 수정하여 제시할 수도 있다.
- 상기와 같은 과정을 참여자가 의견의 합치가 있을 때까지 횟수의 제한없이 반복한다.

이러한 델파이법은 참여자간 대면접촉 기회를 배제하여 독립성이 확보되고, 상호간 미치는 영향을 제거함으로써 의견을 수렴해나갈 수 있다는 장점이 있다. 그러나 물리적으로 떨어져 있으니 참여자간 의견을 주고받는 과정 자체에 대한 시간적 소요가 클 수 있어, 긴급을 요하는 사안에 대한 의사결정방식으로는 적절하지 않다.

인더비즈 인사경영 Station

집단 의사결정 방식

팀의 효율적인 운영을 위해 다수의 참여를 확보한 상태에서 다각적인 시각을 반영한 의사결정 방식이 선호된다.
집단 의사결정 방식으로 브레인스토밍(Brainstorming), 명목집단법(Nominal group technique) 그리고 델파이법(Delphi technique)이 주로 활용되는데, 브레인스토밍은 모든 아이디어와 가능성들을 쏟아낸 후, 이들을 정리해가면서 해결책을 찾아가는 커뮤니케이션 방식이고, 명목집단법은 미팅은 갖되, 참여자 상호간의 독립성을 확보하면서 해결방안을 모색하는 과정이며, 델파이법은 의사결정 과정 참여자간의 독립성을 최대한 확보하기 위해 오프라인에서의 미팅은 지양하고, 인터넷을 통해 서로의 의견을 공유하고 해결책을 찾아가는 방식이다.

16 Groupthink할 것인가 Teamthink할 것인가?

집단의사결정은 독이 될 수도 약이 될 수도 있다

집단적인 의사결정과정이 경영진이나 팀장의 독단적인 의사결정보다 항상 민주적이고 체계적일 듯하지만 집단의사결정이 가지고 있는 여러 가지 위험요소를 감안할 때 항상 바람직한 것만은 아니다. 즉, 집단의사결정이 합리적으로 이루어지면 더할 나위가 없겠지만 여러 위험 요소들에 노출되면 집단의사결정에서 여러 부작용이 발생하게 된다.

그러면 집단의사결정과정이 바람직하게 이루어지는 경우를 Teamthink라 하고, 여러 부작용이 발생하여 집단의사결정과정에 대한 긍정적 효과가 발생하지 않고 오히려 역기능이 발생하는 경우를 Groupthink라고 정의하고 각각에 대해 살펴보도록 하자.

집단의사결정시 Groupthink를 주의해야 한다

Groupthink란 의사결정 참여자간 공통성이 크고 결속력이 강한 조직에서 주로 나타나는 집단의사결정의 부작용으로서, 참여자간 합치된 의견을 내야 한다는 압력이 높은 상태에서 합리적인 의사결정과정을 거치거나 다각적인 정보를 검토하지 않고 의사결정에 이르는 경우를 의미한다.

우선 Groupthink가 발생하게 되는 배경 중 조직이나 구성원의 특성을 먼저 살펴보면, 구성원간 동질성이 아주 높아 강한 조직문화를 보유하는 조직에서 Groupthink 과정이 발생하기 쉽다. 이러한 조직이나 문화를 가진 기업은 다양성에 대한 존중보다는 획일성에 대한 의존도가 훨씬 높게 나타난다. 또한 리더십의 측면에서 볼 때도 민주적 리더십을 가진 리더보다는 비민주적이면서 독단적인 리더십을 가진 리더에게서 Groupthink의 가능성이 훨씬 높게 나타난다. 독단적인 리더십을 가지고 있을수록, 리더 자신의 의사를 관철하고자 하는 경향이 높아지고 리더 자신의 의사에 반하는 제안이나 해결책은 모두 무시되는 경우가 일반적이다. 이렇게 구성원간의 높은 동질성이 있는 조직에서 비민주적인 리더십이 존재하는 경우 합리적인 의사결정보다는 외부의 정보나 다각적인 대안들의 모색이 아닌 리더가 선호하는 해결책을 찾기 위한 차단된 의사결정과정을 거치는 것을 Groupthink라 한다.

이러한 Groupthink 과정이 발생하게 되면 소속 조직에 대한 과대평가가 이루어지게 된다. 문제점이 있더라도 집단적으로 합리화 한다든지, 조직적 측면에서는 아무런 문제가 없다는 식의 자기 평가를 통해 객관적인 시각을 상실하게 된다. 아울러 획일적인 의사합치에 대한 압력이 높게 나타나는 것이 일반적이다.

또한 Groupthink현상이 발생하는 경우, 결과적으로 목표나 대안들에 대한 탐색이나 수집이 제한적으로 이루어지면서 조직이나 팀이 선호하는 결과나 대안에 유리한 정보만을 선택적으로 제공받게 된다. 따라서, 의사결정 과정에서 추구하고자 한 대안을 선택하는 과정이 이어지고, 이에 대한 객관적인 검토나 피드백이 아닌 합리적인 의사결정과정이었다는 내부적인 판단을 통해 집단의사결정과정이 왜곡되는 것이다.

Groupthink 모델의 프로세스

전체조건	-외부정보로부터의 차단 -비민주적 리더십 -참여자간 높은 동질성(교육, 이념, 경험 등)
주요 증상	-집단역량에 대한 과대평가 -의사결정 과정의 획일성 추구 -외부 정보에 대한 개방 부재
역기능	-정보나 대안의 불완전한 탐색 -선호대안에 대한 맹목적 추종 -선호대안에 유리한 정보만 공개

합리적인 집단의사결정 불가능

Teamthink로 집단의사결정의 시너지를 창출한다

Groupthink와는 반대로 집단의사결정 과정이 합리적이고 체계적으로 이루어져 시너지가 창출되는 과정을 Teamthink라 한다. Teamthink가 이루어지기 위한 전제조건은 Groupthink상황에서의 집단적 합리화가 아닌 집단적 고찰 및 자기 대화를 우선 꼽을 수 있다. 집단적 논리로 조직은 아무런 문제가 없다는 식의 합리화보다 조직도 상황에 따라서 틀릴 수 있음을 전제로 항상 내부를 되돌아보는 것을 집단적 고찰 및 자기 대화라 한다.

또한 의사결정 참여자간 조직의 비전이 충분하게 공유되는 것도 중요하다. 이렇게 비전의 공유가 선행되어야 단기적인 의사결정이 아닌 장기적으로 조직이 나가야할 방향에서의 단기적 과제를 볼 수 있는 시야를 가질 수 있게 된다. 또한 조직 구성원이나 의사결정 참여자간 공유된 집단적 가치나 가정들도 Teamthink 실행을 위해 중요하다.

이러한 Teamthink의 전제조건들이 충족되는 경우, 우선 획일적 의사합치에 대한 압력이 줄어들어 의사결정 참여자간 상이한 관점이 인정되고 존중된다. 또한 기존 방식이나 고정관념에서 탈피하는 것이 필요하다는 입장이 강력하게 대두되고, 따라서 새롭고 다각적인 정보나 대안들의 탐색과정이 이루어지게 되는 것이다. 결과적으로 이러한 의사결정과정을 거치게 되어 집단의사결정과정이 효과적으로 이루어지게 되는 것이며 또한 팀성과 창출에 대한 가능성을 높이게 된다.

Teamthink 모델의 프로세스

전제조건	-집단적 고찰 및 자기대화 -조직의 비전에 대한 참여자간 높은 공유수준 -참여자간 공유된 집단적 가치와 가정

↓

주요 증상	-상이한 관점 인정 및 반영 -기존 방식이나 고정관념 탈피 -참여자의 다양성 인정 -외부인 시각의 인정 -다양한 대안과 정보들에 대한 수집 및 검토

↓

효과적인 집단의사결정
팀성과 창출

인더비즈 인사경영 Station

Groupthink & Teamthink

참여자간 합치된 의견을 내야 한다는 압력이 높은 상태에서 합리적인 의사결정과정을 거치거나 다각적인 정보를 검토하지 않고 의사결정함에 따라 나타나는 부작용을 Groupthink라 한다. Groupthink 현상이 발생하게 되면 목표나 대안들에 대한 탐색이나 수집이 제한적으로 이루어지고 조직이 선호하는 결과에 유리한 정보만을 선택적으로 받아들이게 된다.
한편, 집단의사결정 과정이 합리적이고 체계적으로 이루어져 시너지가 창출되는 과정을 Teamthink 하며, 이를 위해 집단적 고찰 및 자기 대화, 의사결정 참여자간 조직의 비전이 충분하게 공유가 선행되어야 한다. Teamthink의 경우, 기존 방식이나 고정관념에서 탈피하는 것이 필요하다는 입장이 강력하게 대두되고, 새롭고 다각적인 정보나 대안들에 대한 탐색이 이루어진다.

17 효과적인 커뮤니케이션은 경청에서 시작한다

Hear할 것인가 Listen할 것인가

영어표현 중 유사한 것 중 하나가 바로 Hearing과 Listening이다. 한글로 번역하면 '듣다'라는 지각동사의 의미를 동일하게 가지지만 실제 의미는 상당히 다르다. 먼저 Hearing은 사람의 들으려하는 의지가 없이 단순히 어떤 소리가 사람의 청각신경을 통해 그 사람에게 전달되는 과정을 표현하는 단어이다. 반면 Listening은 대화상대방이 적극적으로 들으려하는 의지를 가지고 듣는 과정을 표현한다고 할 수 있다. 다시 말해, 들리는 것과 들으려하는 것 정도의 차이라 할 수 있다.

효과적인 커뮤니케이션은 경청에서 시작한다고 흔히들 이야기 한다. 그만큼 커뮤니케이션은 말하는 것보다 듣는 것이 중요하다는 것을 강조하는 것으로 해석할 수 있다. 그럼 경청을 영어로 굳이 번역을 하면 어떻게 될까. Listening courteously로 표현할 수 있을 듯 하다. 즉, 청자가 들으려는 의지를 가지고 대화상대방에게 귀기울이되 보다 적극적으로 예의에 맞도록 들으려는 자세를 함께 갖추는 것을 경청이라고 정의하도록 하자.

경청은 어렵다

흔히 '듣는 것이 말하는 것보다 쉽다'라고 생각할 수 있지만 필자는 경청만큼 어려운 것도 드물다고 생각한다. 일반적으로 사람들은 1초에 4천억 비트라는 정보의 양을 접하게 된다고 한다. 그러나 대부분의 사람들은 이 중 1/2,000만 정도에 해당하는 2,000비트의 정보만을 받아들일 수 있다고 한다. 그렇다면 우리는 우리가 노출되고 접하는 정보들은 모두 흡수되고 이해된다고 생각하지만 실상 그렇지 않은 것이 현실인 것이다.

이러한 과학적인 수치를 커뮤니케이션이라는 상황에 대입해 보면, 사람들은 커뮤니케이션을 통해 모든 정보를 받아들이고 이해하고 있다고 생각하지만 현실적으로는 주의깊게 집중하고 주의를 기울일 때만 커뮤니케이션의 내용을 받아들일 수 있게 된다. 그래서 경청은 어려운 것이고 경청을 해야만 커뮤니케이션이 오류없이 이루어질 수 있게 된다.

경청의 유형은 두 가지로 나누어 볼 수 있는데 자기중심적 경청과 상대중심적 경청이 바로 그것이다. 자기중심적 경청이란 경청은 하되 자신의 관점이나 입장을 그대로 유지하면서 자신의 의도대로 경청하는 것을 말한다. 반면 상대중심적 경청이란 자신의 관점이나 입장에서 상대를 보고 듣는 것이 아니라 상대방에 집중하여 감정, 느낌, 태도 등에 맞추어 반응하며 상호작용하면서 경청하는 것을 말한다. 경청을 통한 효과적인 커뮤니케이션을 위해서는 점차적으로 자기중심적 경청에서 상대중심적 경청으로 경청의 수준을 높이는 것이 반드시 필요하다고 하겠다.

경청 능력에 대한 평가지표

#	다른 사람이 말하는 동안에 나는…	전혀 그렇지 않다	그렇지 않다	보통 이다	그렇다	매우 그렇다
1	어떻게 답변을 해야 할지 마음 속으로 생각한다.	1	2	3	4	5
2	대화자와 계속 eye contact을 한다	1	2	3	4	5

#	다른 사람이 말하는 동안에 나는…	전혀 그렇지 않다	그렇지 않다	보통 이다	그렇다	매우 그렇다
3	상대방의 감정에 나를 맞추려고 한다	1	2	3	4	5
4	상대방의 뜻을 명확히 이해하고자 질문을 한다	1	2	3	4	5
5	내가 이해하고 있다는 것을 확인하기 위해 방금 들은 내용을 내가 정리한다.	1	2	3	4	5
6	상대방의 대화를 끝까지 듣기 전에 판단을 하지 않는다.	1	2	3	4	5
7	의미 있는 제스처나 표현을 주의 깊게 관찰한다.	1	2	3	4	5
8	다른 산만한 버릇을 보이지 않고 대화에 집중한다	1	2	3	4	5
9	대화가 끝나기도 전에 결론을 요구하며 말을 자르지 않는다.	1	2	3	4	5
10	정보를 더 얻기 위해 질문하고, 계속 말을 할 수 있도록 북돋운다.	1	2	3	4	5

경청을 위한 6가지 실천전략을 행동으로 옮기자

앞서 본 바와 같이 경청은 쉽게 말해 상대방의 말을 주의깊게 듣는 과정을 말하나 현실적으로 모든 커뮤니케이션에서 경청하기란 그리 쉬운 일이 아니다. 다음에서는 커뮤니케이션 과정에서 경청을 생활화하기 위한 6가지 실천전략에 대해 알아보도록 하자.

- **추임새를 사용하라** : 추임새를 대화 상대방이 말을 계속 이어나갈 수 있도록 하는 동기부여책이다. 또한 대화상대방이 당신의 이야기를 듣고 있다는 시그널로도 활용된다. “오호”, “역시 자네군”, “~이 자네가 이야기한 핵심 내용이군”,

"그래서", "흥미로운데" 등 같은 추임새를 적극적으로 사용하게 되면 상대방의 대화 참여를 보다 적극적으로 유도할 수 있다.

• 주의를 분산시키지 말아라 : 대화 중간에 스마트폰은 만지작한다든지, 심지어 문자나 카톡을 보낸다든지 또는 먼 산을 처다보는 등의 상대방의 주의를 분산시키는 행동을 하게 되면 적극적인 커뮤니케이션 그만큼 어려워지게 된다.
• 말을 끝까지 들어라 : 성격이 급한 팀장일수록 팀원의 말을 끝까지 듣지 않고 결론을 내린 다음 피드백을 주는 경우가 많다. 특별한 사정이 없는 한, 상대방의 말 중간에 중단시키거나 끼어드는 행동은 삼가야 한다.
• 들은 것을 다시 정리해서 말하라 : 상대방이 이야기한 것은 내가 정리해서 확인하는 대화를 하게 된다면 그만큼 커뮤니케이션 오류를 줄일 수 있게 되고, 상대방 입장에서도 나의 이야기가 모두 전달되었구나라는 느낌을 받게 된다.
• 미소를 띠어라 : 이왕 커뮤니케이션 하는 거 인상 쓰면서 할 필요 없다. 미소를 띠우며 적극적으로 듣는 자세를 보여준다면 상대방도 흥이 나서 보다 커뮤니케이션에 열중할 것이다.
• 상대방을 편안하게 하라 : 상대방이 불편한 자세나 입장에 있다면 그만큼 적극적인 커뮤니케이션을 하기 힘들어진다. 항상 상대방이 편한 자세나 마음가짐으로 대화에 임할 수 있도록 물리적 및 정서적 편안함을 가질 수 있도록 배려하는 것이 경청을 첫 발걸음이다.

인더비즈 **인사경영** Station

경청전략

경청은 상대방의 의사를 들으려는 의지가 내포되어 있으므로 Hear가 아닌 Listen이 맞는 표현이다. 과학적으로 사람이 이해할 수 있는 정보의 양이 제한적이므로 경청은 생각처럼 쉬운 과정이 아니며, 경청을 통한 효과적인 커뮤니케이션을 위해서는 점차적으로 자기중심적 경청에서 상대중심적 경청으로 경청의 수준을 높이는 것이 요구된다. 따라서 본문에서 살펴본 경청을 위한 6가지 실천전략을 적극적으로 활용하는 것이 필수적이라 할 수 있다.

18 GROW원칙에 맞추어 질문하자

질문을 하면 커뮤니케이션이 살아난다

질문은 대화를 이어주는 매개체가 되고 질문을 하게 되면 커뮤니케이션이 보다 명료해질뿐 아니라 질문을 통해 보다 명확한 정보에 다다를 수 있게 된다. 즉, 질문을 통해 커뮤니케이션이 보다 활성화된다고 할 수 있다.

질문이 커뮤니케이션에 주는 효과는 다양하다. 우선 대화 주제가 명확하지 않아 대화 상대방간 오해가 발생할 수 있는 경우 이에 대한 해결책이 바로 질문이다. 또한 반드시 궁금한 점이 있어서라기보다 대화 상대방에게 보다 적극적인 커뮤니케이션에의 참여를 북돋우기 위한 방안으로도 활용되기도 한다. 그리고 질문을 통해 미처 파악하지 못했던 정보들을 알아가는 계기가 될 수도 있어 커뮤니케이션에서의 질문스킬은 가장 중요한 요소 중 하나라 할 수 있다.

그러나 질문도 질문자의 역량이나 경험에 따라 그 효과가 크게 달라지는 것을 알 수 있다. 그만큼 질문스킬이라고 하는 것이 중요하다는 점이다. 만일 질문자의 역량이 부족하다면 차라리 하지 않는 편이 나을 지도 모르겠다. 다음에서는 과연 어떠한 질문 스킬을 가지고 커뮤니케이션에 임해야 하는지에 대해 살펴보도록 하자.

질문은 GROW원칙에 맞추어 하자

질문스킬에서 GROW 모델이 가지는 의미는 질문이 단순히 질문으로 끝나는 것이 아니라 질문을 통하여 최종계획이 효과적으로 Action plan으로 이어지도록 하는 것이다. 아래에서 GROW 모델의 프로세스를 중심으로 살펴보도록 하자.

- Goal : 커뮤니케이션의 목표를 명확히 하는 단계이다.

주요 대화사례 : 오늘은 어떤 주제로 이야기 할까요?

- Reality : 커뮤니케이션의 목표를 달성하기 위해 현재의 위치를 명확히 하고 애로사항을 파악하는 단계이다.

주요 대화사례 : 목표를 달성하는데 애로사항이 있으면 어떤 것이 있습니까? 현재의 위치는 어떻게 되나요?

- Options : 커뮤니케이션의 목표를 달성하기 위해 실행가능한 대안을 모색하는 단계이다.

주요 대화사례 : 그럼 과연 어떤 방법으로 해결할 수 있을까요? 여러 대안 중 어떤 것이 가장 효과적이라고 생각하십니까?

- Will : 구체적인 Action plan의 실행계획에 대해 요구하고 확인하는 단계이다.

주요 대화사례 : 언제 시작하시겠습니까? 시작하는데 제가 도움이 될 것이 있으면 알려주세요. 언제 중간점검을 하면 될까요?

GROW model

질문은 부정형보다 긍정형으로 하자

부정형인 질문을 받게 되면 그 커뮤니케이션 자체를 부정적으로 볼 가능성이 높아진다. 동일한 내용의 질문을 하더라도, 긍정적으로 하는 것이 효과적인 커뮤니케이션에서 필수적이다.

긍정형 사례	부정형 사례
• 무엇을 해야 하나요? • 목표를 달성하기 위해 어떤 것부터 해야 하나요? • 제가 도움이 될 수 있을까요?	• 뭐가 불확실한 거죠? • 왜 일이 순조롭게 진행되지 않나요? • 누가 비협조적으로 나오나요?

질문은 과거형보다 미래형으로 하자

과거형의 질문들은 책임소재를 명확히 하거나 잘잘못을 따지는 경우에 적합한 유형이다. 문제를 해결할 수 있는 것은 과거형이 아니라 미래형 질문이므로 염두에 두고 미래형 질문에 보다 집중하도록 하자.

미래형 사례	과거형 사례
• 앞으로 어떻게 하면 되나요? • 당신이라면 어떻게 할 것인가요? • 앞으로 예측되는 문제는 무엇인가요?	• 현재까지 어떻게 해온 거죠? • 전임자는 어떻게 처리했나요? • 과거에는 문제가 없었나요?

질문은 폐쇄형보다 개방형으로 하자

폐쇄형 질문은 단답형의 질문만을 요구하는 경우가 대부분이어서 상대방의 적극적인 커뮤니케이션 참여를 북돋우기 힘들다. 개방형 질문을 통해 적극적으로 상대방과의 긍정적 관계를 구축하고 커뮤니케이션 하는 것이 필수적이다.

개방형 사례	폐쇄형 사례
• 이 목표에 대해 어떻게 생각하시나요? • 그 사람에 대해 어떻게 생각하나요? • 목표시점까지 달성하기 위해 무엇을 해야 할까요?	• 이 목표에 대해 이의 있나요? • 그 사람은 원래 업무태도가 불량한가요? • 납기 맞출 수 있나요?

인더비즈 **인사경영** Station

GROW원칙

GROW원칙에 따른 질문스킬은 최종적으로 최종계획을 통한 Action Plan으로 이어지도록 하는 것으로 세부내용은 아래와 같다.

- Goal : 커뮤니케이션의 목표를 명확히 하는 단계
- Reality : 커뮤니케이션의 목표를 달성하기 위해 현재의 위치를 명확히 하고 애로사항을 파악하는 단계

• Options : 커뮤니케이션의 목표를 달성하기 위해 실행가능한 대안을 모색하는 단계
• Will : 구체적인 Action plan의 실행계획에 대해 요구하고 확인하는 단계

실제 질문은 부정형보다 긍정형의 표현으로 하는 것이 상대방의 긍정적 참여를 유도할 수 있고, 과거형 질문보다 미래형 질문을 위주로 함으로써 문제 해결에 보다 집중하는 것이 필요하며, 폐쇄형 질문이 아닌 개방형 질문을 통해 대화 상대방과의 긍정적 관계를 형성해 나갈 수 있다.

19 적절한 조직 내 갈등은 생산성을 높인다. 직원간 관계에서 갈등은 자연스럽게 생겨난다

갈등의 사전적 의미는 개인의 정서나 동기가 다른 정서나 동기와 모순되어 그 표현이 저지되는 현상을 말한다. 다시 말해 팀원이 가지고 있는 생각이나 방식이 다른 팀원과 차이가 있고 그 차이로 인해 문제가 발생하는 경우를 소위 갈등이 있다라고 표현할 수 있다.

즉, 갈등은 근본적으로 관계(Relations)라는 요소에서 발생하게 된다. 관계는 둘 이상의 사람이나 조직이 서로를 대하는 방식 또는 서로에 대해 행동하는 방식을 의미한다. 극단적인 가정을 할 때 2가지 경우에는 갈등이라는 요소가 발생하지 않게 된다.

우선 관계라는 것이 성립되지 않는 상황이라면 당연히 갈등이라는 요소는 발생하지 않게 될 것이다. 갈등이라는 요소가 본질적으로 복수의 개인이나 조직간의 상호작용 속에나 생겨나는 것이므로 이러한 복수라는 상황이 아니라면 당연히 갈등적인 요소는 존재하지 않게 되는 것이다. 그러나 현실적으로 타인과의 상호작용이나 관계 형성 없이 사회 혹은 직장생활을 하는 경우는 극단적인 경우를 제외하곤 없을테니, 갈등이라는 요소를 기정사실화하는 것이 어쩌면 현명한 자세인지도 모르겠다.

그리고 복수의 개인이나 조직이 존재하더라도 각각이 가지고 있는 생각이나 방식이 동일하다면 이 역시 갈등이라는 요소가 발생하지 않는 상황이라 할 수 있다. 복수의 개인이나 조직이 동일한 생각이나 방식이 동일하다는 것은 어느 상황이나 의사결정에 직면하였을 때도 이견없이 일사천리로 상황에 대응하거나 의사결정이 이루어지게 됨을 의미한다. 그러나 이 또한 현실적인 가정은 아니다. 교육, 지식, 과거경험 등의 배경이 다른 구성원이 모여 있는 곳이 조직이자 기업이라는 곳인데, 모든 직원들의 의식이나 행동방식이 동일하기를 기대하는 것은 그다지 현실적이지 않다.

결과적으로 갈등은 조직에서 또 개인간의 관계에서 본질적으로 생겨나는 것으로 받아들이는 것이 바람직하며, 더 중요한 문제는 생겨난 갈등을 어떻게 해결해 나갈 것인가 또는 갈등의 순기능을 어떻게 살려낼 것인가에 초점을 맞추는 것이 보다 갈등에 대응하는 바람직한 팀장의 자세라 할 수 있을 것이다.

갈등관리를 위해서 팀원의 사회적 유형을 파악해야 한다

앞서 살펴본 바와 같이 갈등이라는 요소는 복수의 조직이나 개인간 차이에서 자연스럽게 발생하게 된다. 따라서 팀원 간의 갈등을 효과적으로 관리하기 위해서는 팀원들의 사회적 유형이 어떻게 나뉘는지 숙지하는 것이 필요하다. 다음에서 팀원들의 사회적 유형에 대해 알아보도록 하자.

찰스오스굿(Charles Osgood)의 모델을 적용하면 사회적 유형을 구분하는 기준 중 하나는 업무중심적인지 그렇지 않으면 관계중심적인지 여부이다. 그리고 다른 하나의 기준은 합의적인 성격인지 아니면 주도적인 성격인지 여부에 따라 총 4가지의 사회적 유형이 구분되게 된다.

팀원의 사회적 유형(Charles Osgood 모델)

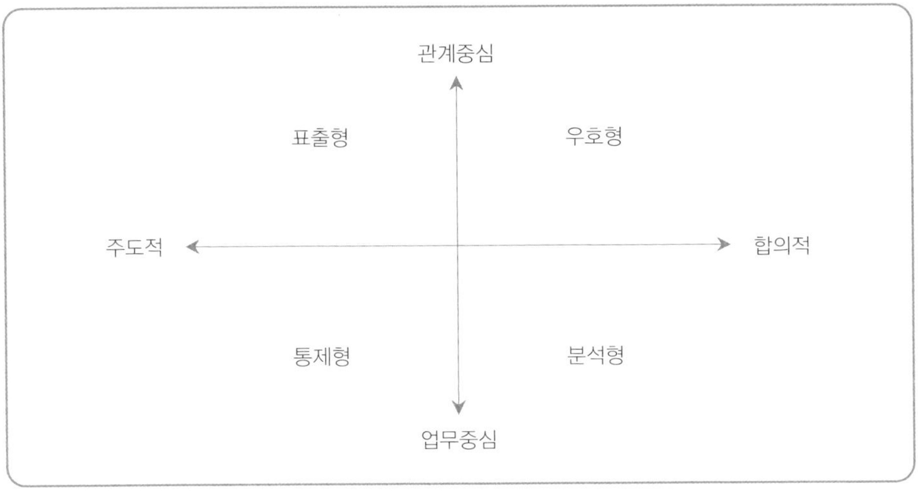

- 표출형(관계중심, 주도적) : 매사에 열정적이고, 주위로부터 인정받고자 하는 성향이 강하게 나타난다. 새로운 도전에 대해 두려워하지 않고 미래와 새로운 변화에 대한 관심이 높다.
- 통제형(업무중심, 주도적) : 업무수행 및 성과창출을 가장 중시하는 유형이다. 새로운 도전보다는 효율적인 업무수행이 중요하며 시간적인 낭비를 싫어한다. 그리고 미래지향적이라기보다 현재 또는 가까운 미래에 대해 관심이 많다.
- 우호형(관계중심, 합의적) : 조직에의 충성심과 소속감이 높고 인간관계를 중시하는 유형이다. 다른 팀원과 함께 일하는 것을 선호하며, 상대방에 대한 배려심도 많다. 그리고 갈등을 직면하기보다 피하려는 성향이 있다.
- 분석형(업무중심, 합의적) : 전문가유형에 해당한다. 사실관계와 정해진 절차의 준수가 중요한 유형이다. 시간적인 관점에서는 과거지향적이며, 과거 이어온 전통과 관행에 대한 의존도가 높다.

적절한 수준의 갈등은 생산성 향상에 필수적이다

갈등은 크게 2가지의 유형으로 구분한다. 먼저 불필요한 갈등이다. 스트레스나 분노 등과 같은 부정적인 감정, 관행에 대한 맹목적 거부감, 오해나 불명확한 커뮤니케이션 등으로 인한 갈등의 경우 순기능을 기대하기 힘들다. 기업에서 발생하는 갈등의 대부분은 이러한 불필요한 유형에 해당한다. 이러한 갈등은 사전에 근본원인을 찾아 제거함으로써 갈등의 발생 자체를 줄이는 것이 필요하다. 그리나 현실적으로 해결책을 찾아 근본적으로 제거하기란 그리 쉬운 과제가 아니다.

이러한 불필요한 갈등 이외 해결가능한 갈등에 주목할 필요가 있다. 이러한 해결가능한 갈등은 복수의 개인이 가치, 이해, 방식, 생각 등에서 차이를 가지고 있을 때 발생하게 된다. 대표적으로 동일 조직에서 계속 근무해온 팀원과 다른 조직에서 근무하다 경력직으로 새롭게 합류한 팀원 간 생기는 업무처리절차 및 해결방안 모색의 차이에서 발생하는 갈등이다.

이러한 해결가능한 갈등이 적절한 수준으로 존재한다면 오히려 조직의 생산성에 긍정적인 영향을 미치게 된다. 다시 말해 갈등이 너무 작은 경우, 획일적인 문화나 정서로 인해 창의성이 결여될 것이고 갈등수준이 너무 높은 경우에는 갈등 해소에 소요되는 비용이 과다하게 발생하게 되어 조직 입장에서는 생산성에의 손실이 크다. 즉, 획일적인 업무처리를 가져오지 않으면서 과다한 갈등해소 비용이 들지 않는 수준의 갈등은 조직에 활력을 불어넣게 되고 결과적으로 성과창출에 필수적인 요소라 할 수 있다.

성과와 갈등과의 관계

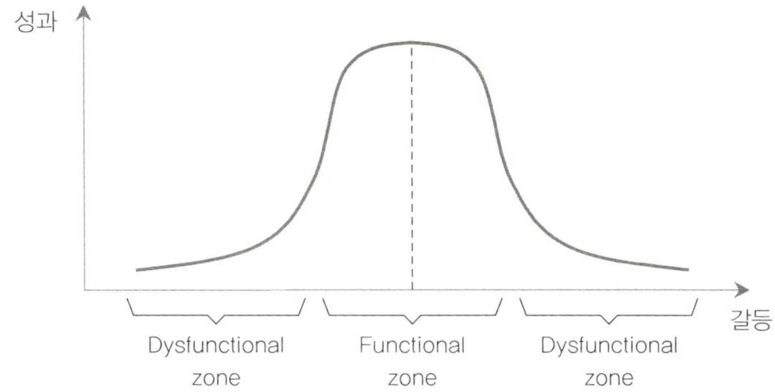

인더비즈 **인사경영** Station

Search inside yourself

구글은 최근 사내 'Search inside yourself'(너의 내면을 찾아라)라는 Healing program을 도입하여 조직 내 감성리더십 교육 및 명상프로그램을 통하여 직원들의 갈등 해결 및 정신건강을 관리하고 있다. 이는 구글의 엔지니어 '차드 멍 탄'이 직원의 스트레스 관리 및 긍정적 마인드 유지를 위하여 개발한 프로그램으로 2007년부터 시행되어 왔다.
이 프로그램의 주요 내용은 명상을 기반으로 한 자기인식, 자기조절, 동기부여, 공감, 사회적 기술 등 여러 가지 Session으로 구성되어 있고, 전체 Session은 총 52시간 7주 과정으로 이루어지며, 이 프로그램을 통하여 직원들의 스트레스 감소 및 집중력 강화 효과가 뚜렷하게 나타나고 있다고 한다.

20 갈등에 대응하는 유형은 다양하다

협조성과 독단성에 따라 갈등관리의 유형이 나뉜다(Thomas－Kilmann 모델)

Thomas－Kilmann에 따르면 갈등에 대처하는 유형은 자신의 이익을 보호하는 정도를 의미하는 독단성과 상대방의 이익을 보호하고자 하는 협조성이라는 기준에 따라 구분해 볼 수 있다.

- 협력형(Collaborating) : 자기주장이 강하고 상대방의 이익에 대해 협조적인 유형이다. 협력은 쌍방 모두에게 만족스런 대안을 찾을 수 있는 경우 일어난다.
- 회피형(Avoiding) : 자기주장은 물론 상대방에 대한 배려가 없는 유형이다. 상황 자체가 별로 중요하지 않거나 이보다 중요한 사안이 있어 우선순위에서 떨어진 경우에 주로 활용가능한 전략이다. 또는 문제를 해결하기 위해 적극적으로 노력하다가 더 큰 문제가 발생할 수 있는 위험이 존재하는 경우 적용가능

하다.

- 경쟁형(Competing) : 자기주장이 강하고 상대방의 이익에 대해 관심이 없는 경우 발생한다. 시간적 여유가 없거나 인원감축 등 상대방의 호응도가 낮은 상황에 적용 가능하다.
- 순응형(Accomodating) : 자신의 이익이나 입장을 포기하고 상대방의 이익이나 입장을 대변하는 경우에 해당하는 유형이다. 갈등의 해결을 위해 상대방과의 조화가 필수적인 경우에 적용가능하다.
- 타협형(Compromising) : 쌍방 모두 조금씩 양보하여 결론에 도달함으로써 갈등을 해소하는 유형이다. 노사간 임금협상과 같이 제안 인상율의 차이라는 갈등적 상황을 조금씩 양보함으로써 최종적인 임금협상을 이끌어 내는 것과 같은 갈등관리의 유형이다.

Thomas－Kilmann의 갈등관리 모델

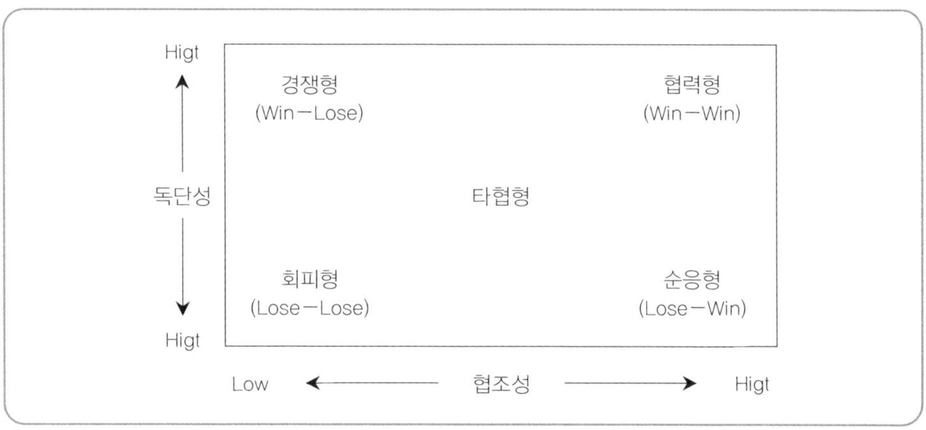

갈등상황별로 대응전략을 달리해야 한다

신속하고 결단이 필요한 갈등상황 하에서는 경쟁형의 갈등관리에 따라 대응하는 것이 바람직하다. 경쟁형의 갈등관리는 자신의 방식을 고수하고 갈등을 해소하는 유형이므로 타협이나 순응 등으로 인한 시간 소요가 발생하지 않게 된다. 이 갈등 상황 하에서는 “이미 결정한 사항이니 더 이상 논의하지 마시기 바랍니다.” 등과 같은 일방적인 커뮤니케이션이 필요하다.

협력형의 갈등관리 전략은 쌍방의 관심사와 이익이 너무 중요해서 단순한 타협만으로 갈등의 해소가 어렵다고 판단되는 경우 활용할 수 있다. 또는 갈등을 둘러싼 감정문제로 인해 해결되지 않는 경우가 있다면 더욱 적당한 대응전략이 된다. 협력형 전략은 문제를 함께 해결하는 것으로 “내 입장에서 가장 중요한 이슈는 이 것인데, 반드시 달성해야만 합니다.” 등과 같은 대화가 이루어지게 된다.

갈등 상황이 아주 복잡하거나 쌍방의 협상력이 대등한 경우 타협형의 갈등관리 전략을 사용할 수 있다. 타협형의 갈등관리 유형은 시간적인 소요를 가장 줄여주는 전략으로 신속히 쌍방의 합의를 이끌어내는 방안이기도 하다. “내가 2% 양보할테니, 노조에서도 2% 양보하는 것이 어떤가요?”와 같은 쌍방의 타협을 이끌어내는 대화가 주를 이룬다.

나의 관심사나 이익을 만족시킬 수 있는 상황이 전혀 아닌 경우이거나 당장 의사결정을 내리는 것이 부적당한 경우 회피형의 갈등관리 전략을 활용할 수 있다. 생각을 가다듬거나 추가적인 정보를 확보하여 보다 신중한 의사결정이 필요할 때 사용가능하다. 회피형의 갈등관리 전략은 갈등의 발생 자체를 회피하는 것이므로 “나는 그 아젠다에 대해 중립적이기 때문에 생각해보고 이야기 해드리겠습니다.”와 같은 대화를 주로 하게 된다.

순응형의 갈등관리 전략은 갈등상황의 중요성이 상대방에게 훨씬 큰 경우이거나 상대방과의 조화로운 관계관리가 필요한 경우 활용하게 된다. 순응형 전략에서 가장 중요한 것은 상대방을 배려해서 화나지 않도록 하는 것이다. 따라서 “이 문제에 대해 전적으로 신뢰하니 해결방안을 제시해 주면 실행하도록 하겠습니다.”와 같은 커뮤니케이션을 주로 한다.

Thomas-Kilmann 모델

갈등관리의 유형은 독단성과 협력성을 기준으로 4가지로 구분되는데, 갈등상황별로 4가지 갈등 대응 유형 중 적합한 전략을 채택하여 대응하는 것이 필요하다.

- 협력형(Collaborating) : 자기주장이 강하고 상대방의 이익에 대해 협조적인 유형
- 회피형(Avoiding) : 자기주장은 물론 상대방에 대한 배려가 없는 유형
- 경쟁형(Competing) : 자기주장이 강하고 상대방의 이익에 대해 관심이 없는 경우 발생함
- 순응형(Accomodating) : 자신의 이익이나 입장을 포기하고 상대방의 이익이나 입장을 대변하는 경우에 해당하는 유형

21 기업의 성공은 팀원관리에서 시작한다

유능한 팀원으로부터 기업의 성공이 시작된다

기업이나 팀의 성과창출에서 가장 중요한 요소를 묻는다면 지체 없이 유능한 팀원이라고 하겠다. 최근 Great company에 대한 관심이 높아지고 있는데, Great company는 Great people에서 시작한다는 것이 부정할 수 없는 현실이 되어버린지 오래다. 그러나 유능한 팀원을 유치(Attraction)하고 유지(Retention)하면서 동기부여하기란 그리 쉬운 일만은 아니다.

특히, 인재의 유치뿐만 아니라 기존 인재의 유지 역시 유치 못지 않게 중요한 기능이다. 만일 유능한 인재들을 외부 시장에서 어렵사리 유치하였으나, 내부적으로 유지관리가 되지 못하면 곧 이직이라는 현상이 발생하게 되는데, 건강하지 못한 이직이 발생하는 경우, 조직이 감당해야 할 비용은 생각보다 크다. 따라서 모든 조직은 이직의 악순환을 피하기 위해 팀원에 대한 유지관리를 시작해야 하며, 이것이 Great company를 만들어가는 첫 단추가 될 수 있을 것이다.

예를 들어 이직하는 직원은 조직에서 쌓아온 경험이나 노하우 등은 반납하지 않는다. 이직하는 직원이 보유하고 있는 정보나, 지식 기술 그리고 노하우는 회사가 생각하는 것보다 훨씬 가치를 가지고 있을지 모른다. 특히, 영업직군이나 고객관리직군의 경우, 관련 고객까지 함께 이탈되는 경우가 있어 더욱 문제가 심각하다. 물론 많은 기업들이 경업피지계약(Non－compete agreement) 등으로 관련 리스크에 대해 대비는 하고 있으나, 실상 고객의 이탈이 발생하게 되면 당장 발생하는 손해는 불가피하며, 법률적으로 대응하더라도 결과적으로 회사는 치명적인 손해를 입게 된다.

왜 직원들이 떠나가는가

인재의 유지관리를 위해서는 이직에 대한 근본적인 원인을 파악하여 이에 대한 대비책을 세우는 것이 중요한데, 다음에서 이직의 일반적인 원인들에 대해 살펴보기로 하자.

- **비체계적인 커뮤니케이션** : 커뮤니케이션은 조직을 상하좌우로 강하게 엮어주는 역할을 하게 된다. 만일 커뮤니케이션이 체계적으로 이루어지지 않는다면 조직 내부적으로 균열이 발생하게 되고, 결과적으로 직원들은 하나로 단합할 수 있는 구심점을 잃게 된다. 이러한 경우 조직에 대한 충성도가 낮아지면서 이직으로 이어지는 경우가 잦다.
- **소모적인 갈등 및 갈등관리의 부재** : 갈등은 복수의 조직이나 개인이 서로 다른 입장이나 생각 또는 방식으로 인해 나타나는 요소라 할 수 있다. 생산적인 갈등도 있으나, 오해나 커뮤니케이션의 부재 등으로 발생하는 소모적인 갈등도 있다. 만일 이러한 소모적인 갈등이 제대로 관리되지 않는다면 직원들은 회사생활을 힘들어 하게 되고, 결국 이직이라는 결심을 할 수 있다.
- **경쟁력 없는 보상 및 복리후생제도** : 필자는 보상 및 복리후생의 장기적 유지관리에 미치는 긍정적 효과에 대해 크게 신뢰하지 않지만 그래도 실제 여러 서베이의 결과를 보면 높은 수준의 보상을 받기 위해 이직을 선택했다는 응답을 심심

치 않게 찾을 수 있다. 이때 무조건적으로 높은 보상정책을 펼칠 것이 아니라, 동종업계나 산업에서 지급하고 있는 수준을 감안하여 적정한 경쟁력을 가지는 것이 필요하다고 본다.

- 참여의 배제 : 의사결정이나 업무프로세스에 대한 직원의 참여는 필수적이다. 기업이 생각하는 것보다 직원은 흥미롭고 도전적인 과제를 선호하고, 높은 열의와 생산성을 가지고 업무하기를 원한다. 현실적으로 많은 기업들이 이러한 니즈를 반영하기 위한 직원참여제도를 운영하고 있지 않다. 만일 직원 참여제도를 통해 직원을 관리하면서 파트너로 인식한다면 직원들은 과거의 수동적인 업무수행방식을 바꾸고 어렵고 도전적인 과제도 기꺼이 맡으려 할 것이다.
- 비전의 부재 : 직원이 더 회사에 있어봐야 미래가 불투명하다는 결론을 내린 경우 반드시 차선의 대안을 찾으려 나설 것이다. 직원은 조직 내외부적으로 성장하기를 원한다. 이러한 성장과 개발의 니즈를 충족하기 위해 Career vision을 제시하고 달성할 수 있도록 배려해 주는 것이 필요하다.

업무환경과 조직문화를 통해 사람을 관리한다

인재의 유지관리를 위해서 가장 먼저 체크를 해봐야 할 것이 바로 업무환경이다. 여기서 엽무환경을 단순한 물리적인 환경이 아니라 조직의 정서나 분위기까지 포함하는 넓은 범위의 환경을 말한다.

만일 모든 직원을 존중하고 인정하는 분위기가 있고 개별 직원들에게 적극적인 지원과 배려를 아끼지 않는 회사의 방침이 있다면 유능한 인재가 회사를 굳이 떠날 이유를 찾기 힘들 것이다.

팀장은 항상 팀원들을 공정하고 일관적으로 대해야 한다. 만일 팀의 의사결정이 공정하지 않고 일부 팀원들이 차별받고 있다고 생각한다면 자신의 기여도나 노력을 줄이는 결정을 하기 쉽다. 더욱이 이러한 직원들의 변화는 쉽게 감지되지 않는다는 점은 기업이 보다 공정성에 귀기울여야 한다는 점을 일깨워준다. 경영진이나 팀장은 모든 문제를 공정하고 한결같이 대하고 처리한다는 믿음을 줘야 한다.

또한 업무적으로도 도전정신을 요구하는 것이 필요하다. 힘든 과제가 팀원에게 주는 일시적인 스트레스는 있으나, 과제를 완수했을 때의 성취감(Sense of achievement)과 팀장의 인정(Recognition)이 뒤따라 준다면 인재의 유지관리에 더 이상 효과적인 것은 없다.

마지막으로 즐겁게 일할 수 있는 팀의 분위기를 형성하는 것이 필요하다. 최근 펀(Fun) 경영에 대한 관심이 많아졌다. 논리는 아주 간단하다. 스트레스 없이 즐겁게 일을 해야 생산성이 오른다는 것이다. 지금 당장 팀원들의 인상을 둘러보자. 과연 어떤 인상을 가지고 일을 하고 있는지에 대해 살펴보자. 만일 미소가 없고 모든 인상을 찌뿌린채 업무를 하고 있다면 여기가 바로 직원관리의 시작점일지 모른다. 팀원의 얼굴에 미소가 생기도록 즐거운 팀 분위기를 만들어서 동참하도록 하는 것이 필요하다.

인더비즈 인사경영 Station

Carlton Society

3M에는 'Carton Society'라고 불리우는 내재적 보상제도가 있다. 이는 엔지니어들의 기술적 공로를 인정하기 위해 개발된 것으로, 회사에 혁혁한 공을 세운 엔지니어에게 포상을 주고, 수상자에게는 'Corporate Scientist'라는 호칭을 부여한다.

실제로 3M 직원들은 이를 '3M의 노벨상'이라고 부르고 있으며, 직원들 사이에서 이를 수상하는 것을 최고의 영예로 간주하고 있다.

예를 들어, Post it 개발자, Scotch tpae 개발자 등 현재까지 약 170명이 수상했다고 한다.

실제로 직원들은 연봉과 같은 금전적, 외재적 보상 보다 내재적 보상으로부터 동기부여 효과 및 만족을 훨씬 더 높게 느끼는 경우가 많이 있으므로 이와 같은 내재적 보상제도의 설계 및 활성화가 기업의 직원관리에 있어서 빼놓을 수 없는 주요결정요인이라 할 것이다.

22 팀웍으로 팀성과를 창출한다

팀웍은 팀의 성공을 보장한다

"백짓장도 맞들면 낫다."라는 속담이 있다. 이는 팀원들의 노력과 기여를 모아야 더 나은 의사결정이 가능하다는 점을 시사한다. 팀의 의사결정 과정에 모든 팀원들이 참여하게 되면 의사결정에 이르기까지 수많은 커뮤니케이션 과정에서 다양한 시각과 정보를 공유하고 반영할 수 있고, 이렇게 이루어진 의사결정은 합의에 참여한 사람들간에 공동책임이라는 요소를 통해 보다 실현 가능성이 높아지게 된다.

그러나 이 과정이 항상 순탄한 것만은 아니다. 팀 의사결정에는 많은 시간과 에너지가 소요되며, 합의도출에 대한 압박으로 인해 다양한 대안과 정보를 반영하지 못하거나 팀장이나 일부직원의 주도적인 의견에 따라 의사결정 과정이 공정하게 진행되지 못할 가능성도 배제할 수 없다. 그럼에도 불구하고 팀이라는 집단의 장점을 살리고 단점을 줄이고자 하는 노력이 병행된다면 팀웍을 통해 팀의 성공을 보장할 수 있으리라 생각한다.

팀은 어떻게 발전되는가?

그럼 과연 팀은 어떤 과정을 통해 형성되는가에 대해 살펴보기로 하자. 현재 소속되어 있는 팀의 발전 단계에 따라 어떻게 팀과 팀원을 관리해야 할지에 대한 시사점을 충분히 제공할 수 있으리라 본다. Bruce Tuckman에 따르면 팀의 발달과정은 5단계로 구분해 볼 수 있다고 한다.

- 1단계 형성기 : 팀이 최초로 조직되어 목표를 정의하는 단계이다. 최초로 조직되다 보니, 팀의 목표나 팀원들의 역할에 대해 명확하지 않은 시기이다. 팀의 어떤 원칙과 가정들에 의해 운영될 것인지에 대해, 그리고 팀의 운영이 규정 등을 통한 공식화를 통해 될 것인지 아니면 비공식적인 합의를 통해 할 것인지 등에 대해 결정하는 단계이다. 이 단계에서 팀장의 리더십에 대한 도전이 생길 수 있으므로 염두에 두도록 하자.
- 2단계 혼돈기 : 팀의 목표에 대해 팀장과 팀원 간 또는 팀원들간 갈등이 서서히 형성되는 단계이다. 그리고 팀장과 팀원들의 역할이 명확해지기 시작한다. 이 시기에서 갈등이 효율적으로 관리되지 않으면 초기 이탈 인력이 발생하게 된다.
- 3단계 안정기 : 팀의 운영 원칙과 철학 그리고 가정들이 정해지고 팀원들간의 관계에서 서서히 형성되는 단계이다. 2단계에서 이탈과 결합 등의 과정들이 정리가 되면서 팀의 공동목표에 대한 응집력이 생겨나기 시작한다.
- 4단계 성과창출기 : 팀의 운영원칙과 가정들이 안정적으로 운영되고 모든 팀원들간에 공유되어 있는 단계이다. 이 단계에서는 그 동안 흩어졌었던 팀원들의 에너지와 노력이 한데 모아져 성과창출로 연결되게 된다.
- 5단계 해체기 : 팀의 목표를 달성했거나 수정된 경우에 팀의 존재 목표가 상실되어 팀이 해체되는 단계를 말한다.

성공하는 팀은 어떤 특성을 지니고 있는가?

성공하는 팀의 특성들을 분석해보면 아래와 같은 특성들이 팀성과 창출을 위한 필수조건이라 할 수 있다.

- **리더십** : 팀장은 리더이자, 코치이며 유능한 관리자여야 한다. 팀원 개개인에게 높은 관심을 가지고 있고 팀원들에게 확실한 비전과 방향을 제시한다. 또한 팀원들의 성장에 대해 관심이 있어 이들이 성장하면서 팀에 기여할 수 있도록 지원하고 배려해 준다.
- **커뮤니케이션** : 팀원들간 그리고 팀장과 팀원 간 커뮤니케이션이 원활하게 되는 것이 무엇보다 중요하다. 커뮤니케이션은 서로의 니즈를 알게 해준다. 팀의 목표와 방향을 팀원에게 명확하게 전달해주는 역할을 하며 팀원이 가지고 있는 애로사항이나 니즈를 명확히 팀장이 알게끔 해주는 기능도 하게 된다.
- **다양한 팀원의 구성** : 일반적으로 팀들의 구성이 상당히 동질적으로 이루어지게 된다. 동일한 시각과 견해를 가진 팀원들로 구성된 팀은 갈등이라는 요소로부터는 다소 자유로울 수 있으나, 창의적인 의사결정이라는 측면에서는 다소 부족한 점이 있다. 팀 성과를 위해 가장 바람직한 구성은 이질적인 팀원으로 구성하되 팀원 간의 갈등을 효과적으로 관리할 수 있는 제도적 장치가 있는 경우가 최선일 것이다.
- **팀원의 충성심** : 팀원들이 팀의 목표에 어느 정도 연결되어 있느냐에 따라 그들이 쏟아붓는 열정과 에너지의 양이 달라진다. 성공하는 팀이 가지고 있는 또하나의 공통점은 팀원의 충성심이다. 충성심을 가진 팀원들이 본인들이 가지고 있는 역량을 최대한 발휘하게끔 함으로써 팀의 시너지가 살아나는 것이다. 그러나 이러한 팀원의 충성심을 일방적으로 요구한다고 하여 팀원들에게 자연스럽게 싹틀리 만무하다. 팀원들이 원하는 비전과 니즈를 찾아주고 지원해주는 것이 필수적이다.
- **신뢰와 지원** : 팀원 간 또는 팀원과 팀장간 서로에 대한 존중과 신뢰의 문화가 중요하다. 서로 믿고 존중할 때 팀으로서의 시너지가 극대화되는 것이다. 팀은

팀원들을 파트너로 인식하고, 성장시키며, 개개인의 비전을 지원해 줄 때 비로소 팀과 팀원이 하나가 되게 된다.

고성과팀을 위해 전략적으로 관리해야 한다

고성과팀을 구축하고 유지하기 위해 다음의 전략을 실천에 옮겨 보자.

팀원들에게 팀 목표를 명확히 이해 시켜라

팀 목표와 동떨어진 팀원들이 창출할 수 있는 성과나 노력은 제한적일 수밖에 없다. 즉, 목표가 명확하지 않으면 무엇을 어느 수준으로 하는 것이 맞는지에 대한 판단을 하기 어렵다. 팀의 목표와 팀원의 목표를 한 방향으로 정렬하는 것이 팀의 성과를 만들어가기 위한 첫 번째 단추이다.

행동원칙을 정하라

다양한 팀원들로 구성되어 있는 경우, 갈등은 불가피하게 나타난다. 이러한 갈등을 줄이는 방안 중의 하나가 바로 모든 팀원들이 공유하고 합의한 원칙들을 수립하고 명확화 하는 것이다. 가령 '회의는 30분을 넘기지 않는다', '대안이 없는 비판은 하지 않고 건설적으로 비판한다', '다양한 시각과 견해의 제시를 제한하지 않고 장려한다' 등과 같은 프로토콜을 정해서 팀원들과 공유하면서 많은 갈등을 해소시킬 수 있다. 이때 중요한 것은 이러한 행동원칙의 정함에 있어 팀원들의 합의를 유도해 내는 것이 필수적이라는 것이다.

커뮤니케이션을 활성화하라

팀 내부 커뮤니케이션은 팀장과 팀원 개개인의 역할과 책임을 명확히 해준다. 투명한 커뮤니케이션은 조직 내부의 갈등관리에도 효과적이다. 팀장의 입장에서는 팀원의 얘기를 귀기울여 개개인의 니즈와 필요사항에 대해 파악하게 되고, 팀원의 입장에서는 팀이 나에게 기대하는 바가 무엇인지 알게끔 해주는 커뮤니케이션이 중요한 이유이다.

커뮤니케이션 활성화를 위한 10가지 전략

1. 팀을 언급할 때 '우리'라는 표현을 자주 사용한다.
2. 팀 목표와 이익을 자주 언급하라.
3. 대화시 질문하라.
4. 부하 직원을 방해하지 마라.
5. "다른 식으로 설명해주시겠어요?"라고 말하라.
6. "그것이 왜 당신에게 중요한지요?"라고 질문하라.
7. "당신이 우려하는 점은 무엇인가요?"라고 질문하라.
8. "당신의 선택은 무엇입니까?"라고 질문하라.
9. "만약 우리가 ~~~한다면 어떨까요?"라고 제안하라.
10. "지금 여기서 우리의 목표를 다시 한번 보도록 합시다."라고 제안하라.

Source : Leading Teams, Harvard Business Press

주기적으로 피드백하라

팀의 목표가 어느 정도 달성되었는지, 무엇이 장애요인인지, 그리고 최종적인 목표달성을 위해 어디에 집중해야 하는지 등에 대해 피드백 해줌으로써 팀 목표에 팀원들을 보다 더 효과적으로 연결할 수 있다. 많은 기업들이 분기별 혹은 반기별로 이러한 피드백 제도를 운영하고 있으나 이보다 자주 팀 목표에 대한 피드백을 팀원에게 해줌으로써 팀원입장에서 볼 때 전체적인 상황을 보다 잘 이해할 수 있게 된다.

팀원의 다양성을 존중하고 활용하라

팀원들의 업무수행 과정을 유심히 살펴보면 다양한 형태로 구분됨을 알 수 있다. 팀원의 사기를 주로 북돋아주는 유형에서 사사건건 따지기를 좋아하는 유형, 창의적인 아이디어를 제시하는 유형 그리고 업무수행에 요령에 해박한 유형 등 다양한 유형들이 존재할 수 있다. 이들의 다양성을 획일화하지 말고 다양성을 존중하면서 활용하는 전략이 필요하며, 각각의 유형들은 직간접적으로 팀의 성과창출에 영향을 미치게 된다.

인더비즈 인사경영 Station

팀관리 실천 5원칙

성공하는 팀의 효과적 관리를 위해 다음의 5가지 원칙의 실천이 필수적이다.

- 팀원들에게 팀 목표를 명확히 이해시켜라.
- 행동원칙을 정하라.
- 커뮤니케이션을 활성화하라.
- 주기적으로 피드백하라.
- 팀원의 다양성을 존중하고 활용하라.

23 Y세대 팀원을 이해해야 팀이 산다

Y세대에 주목해야 한다

기업들의 인적 구성이 서서히 변하면서 세대간 갈등이 수면 위로 떠오르고 있다. 향후 10년 동안 소위 Y세대라고 불리우는 계층의 비중이 점차적으로 늘어나면서 조직 내에서 가장 비중이 높은 그룹을 형성할 것으로 예상된다.

Y세대란 출생연도 기준으로 1980년에서 1994년 사이에 태어나 성장한 그룹을 의미한다. 향후 이들이 대부분의 조직에서 중심 직원그룹으로 발전하는 것은 인구구조학적으로 당연히 예상되는 현상이다. 이러한 예상을 염두에 둘 때, 팀장들은 이들 Y세대에 대한 이해를 바탕으로 팀을 관리하는 것이 또 하나의 중요한 과업일 것이다.

세대별 인구구성 추이(15~64세 기준)

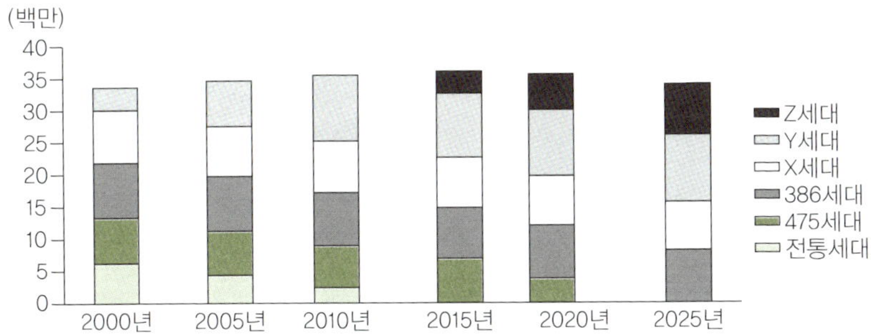

☞ 세대 구분은 학자나 보는 관점에 따라 다를 수 있으며, 본 그래프는 다음 기준에 따름. 전통세대(1949년 이전 출생), 475세대(1950~1959), 386세대(1960~1969), X세대(1970~1979), Y세대(1980~1994), Z세대(1995년 이후 출생)

Y세대의 특성을 이해해서 편견을 없애자

전통적인 팀의 관리시스템과 분위기 혹은 정서에 익숙하게 성장해 온 전통세대들이 현재의 팀장 그룹을 형성하고 있다. 이들 전통세대와 Y세대간 행동방식과 사고의 차이로 인해 많은 갈등이 생겨나는 것도 최근에 부쩍 늘어난 현상 중 하나이다.

세대별로 자라난 환경이 다르다보니 당연히 조직 생활을 하는 방식도 달라지게 된다. 이때 중요한 것은 어떻게 다른 방식이 조직 내부에서 소모적인 갈등을 양산하지 않도록 적절하게 관리해줄 것인지 여부이다. 만일 세대간 차이가 적절하게 관리되어 시너지 효과를 발휘하지 않는다면 기업 입장에서는 이에 대한 높은 비용과 에너지를 쏟아부어야 하는 상황에 직면하게 될 것이다.

Y세대에 대한 전통세대 팀장들의 생각

A팀장 : "우리 팀에 들어온 신입사원 ○○○씨 말이야… 일은 야무지게 하는 것 같은데, 뭔가 좀 이상해. 회의 시에 불쑥불쑥 자기 의견만 이야기 하고… 게다가 불평이 왜 그리 많은 건지…"

B팀장 : "자네 팀 신입사원도 그런가? 우리 팀 ○○○대리는 입사한지 3년이나 되었는데, 같이 야근을 하자거나 팀 회식을 하자고 하면, 자기는 회계 학원을 가야 한다면서 6시만 되면 동료들 눈치도 안보고 퇴근해버리는 거야. 도대체 요즘 젊은 사람들은 회사를 제대로 다니려는 마음이 있는지 모르겠어."

Y세대의 의식조사 결과(중앙일보)

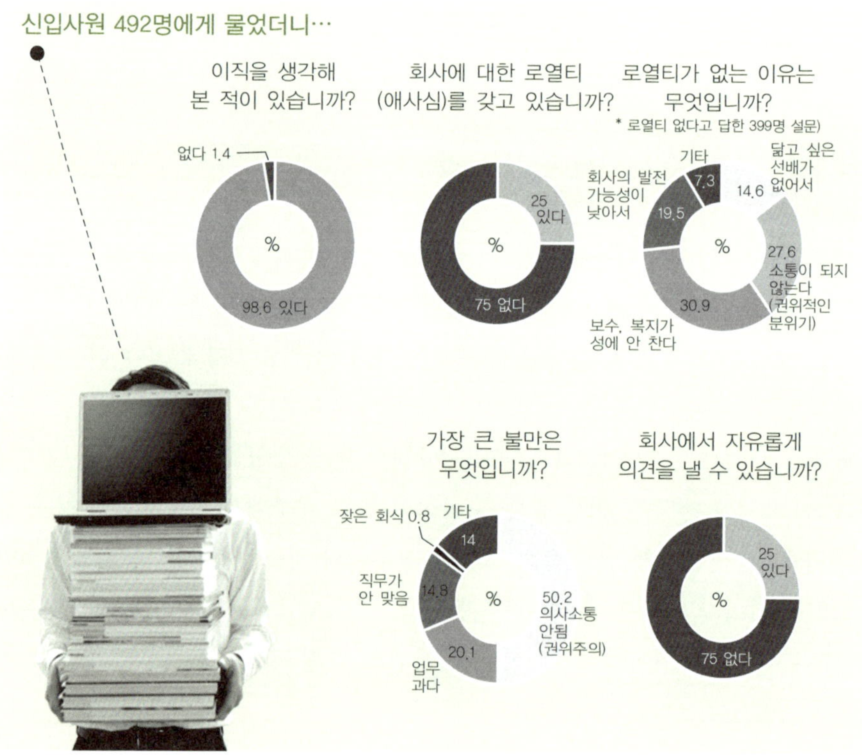

최근 중앙일보의 Y세대에 대한 의식조사 결과를 보면 이들에 대한 이해를 좀

더 깊게 할 수 있다. 이를 바탕으로 Y세대의 주요 특성을 정리해 보도록 하자.

- 핵가족 내에서 성장한 세대이다.
- Y세대는 부모의 끊임없는 지도와 과잉보호를 받아 온 세대이다.
- 상대적으로 높은 교육 수준을 가지고 있으며, 치열한 입시경쟁을 거친 세대이다.
- 첨단기술의 혜택을 가장 많이 받고 누구보다도 이에 익숙한 세대이다.
- 정보의 홍수 속에서 자라나고 그 혜택을 가장 많이 받은 세대이다.
- 디지털 유목민(Digital nomad)적 사고에 익숙하다.
- 신중하고 안정을 추구하는 성향을 보인다.
- 다른 나라의 문화를 많이 접하면서 자라난 세대이다.

Y세대에 대한 전통세대의 편견

1. 나도 젊을 때는 그랬었지. 시간이 지나면 나아지겠지.
2. 과연 우리 회사에서 오래 근무할까?
3. 허드렛일은 하기 싫어한다.
4. 직장에 놀러 다니는 것도 아니고…
5. 일을 시켜놓으니까 반만 해 온다.
6. 복리후생은 꼬박꼬박 챙기려 하고, 돈밖에 모르는군…

Y세대의 특성을 고려해 관리하자

앞서 본 것처럼 Y세대는 전통세대와는 전혀 다른 환경에서 나라나 조직에 들어온 이후 생활이나 업무방식이 많이 다르다. 유능한 팀장이 되기 위해서는 이러한 세대간 차이나 세대별 특성을 잘 이해하고 팀원관리를 하는 것이 필수적이다. 다음에서는 Y세대 팀원을 관리하기 위한 몇 가지 중요한 원칙에 대해 살펴보도록 하자.

- 입사전후 현실을 직시하도록 도와주라 : Y세대 팀원은 최대한 빨리 팀의 일원으로 자리를 잡도록 도와주는 것이 필요하다. 투명하고 솔직한 커뮤니케이션을 선호하므로 입사 전후 본인이 놓이게 될 현실에 대해서 상세하게 설명해주고 불필요한 기대를 가지지 않도록 하는 것이 필요하다.
- 실무를 빠르게 경험하게 하고 자주 피드백하라 : Y세대는 자신의 업무에 대한 피드백을 선호한다. 입사 초기에 실무중심으로 업무를 경험하게 하면서 수시로 피드백해야 한다.
- 고객중심 마인드를 강조하라 : Y세대의 경우, 전통세대 대비 개인주의에 대한 선호도가 높다. 따라서 개인 중심의 사고가 깊게 형성되어 있으니, 고객중심의 마인드에 대해서 서서히 교육하고 일깨워 주는 것이 필요하다.
- 밀착관리와 협력적인 리더십이 필요하다 : Y세대에 대해 수직적인 관계나 지휘명령 중심의 리더십을 발휘하게 되면 거부반응이 생기거나 부작용이 발생할 수 있다. 개인별로 밀착해서 관리해주되 명령이 아닌 협력적인 리더십으로 다가서는 것이 필수적이다.

인더비즈 인사경영 Station

Y세대 관리 실천전략

유능한 팀장이 되기 위해서는 이러한 세대간 차이나 세대별 특성을 잘 이해하고 팀원관리를 하는 것이 필수적인데, 아래와 같은 Y세대 팀원을 관리하기 위한 4가지 실천전략을 숙지하는 것이 필요하다.

- 입사전후 현실을 직시하도록 도와주라.
- 실무를 빠르게 경험하게 하고 자주 피드백하라.
- 고객중심 마인드를 강조하라.
- 밀착관리와 협력적인 리더십이 필요하다.

24 리더십으로 문제직원(Bad apple)을 관리한다

Bad apple은 관리되어야 한다

흔히 조직 내 문제직원을 Bad apple이라고 부르기도 한다. 이는 썩은 사과 하나가 같은 사과상자에 있는 다른 사과에 미치는 영향이 급속도로 퍼져간다는 특성에서 기인된 것이다.

즉, Bad apple이나 문제직원에게는 적절한 관리가 필요하다고 보아야 한다. 만일 이들에 대한 관리가 이루어지지 않는다면 문제직원이 가지고 있는 부정적인 정서나 특성이 다른 팀원에게도 그대로 전파됨으로써 조직 전반적으로 문제직원의 비중이 늘어나거나 부정적인 정서나 분위기가 확산 되는 것이다. 만일 문제직원을 조기에 발견하여 적절하게 관리하는 시스템을 갖추고 있다면 조직 내부적으로 조직 분위기나 정서를 회사에 우호적으로 형성함은 물론 문제직원의 비중을 점차 줄여나갈 수 있을 것이다.

과연 누가 Bad apple인가

문제직원을 관리하기 위해서는 문제직원에 대한 명확한 정의와 기준이 필요하다. 만일 기업 입장에서 명확하지 않은 기준을 가지고 관리하는 경우, 직원들은 문제직원 관리 자체에 대해 자신도 언젠가는 희생양이 될지 모른다는 심리적 불안감으로 인해 강하게 거부하게 된다. 대부분의 기업들은 공식적으로 어떤 성향의 직원이 문제직원이라는 것을 공시하거나 명시적으로 커뮤니케이션하지는 않지만 묵시적으로 구성원들의 동의를 통해 공유되고 있는 기준이나 정의는 가지고 있다.

이러한 기준들을 분석해서 유형화 해보면 3가지의 선발기준으로 정리해 볼 수 있다. 우선 업적(Performance)이 첫 번째 기준이다. 업적 위주의 기준을 적용하고 있는 경우, 다소 서구적인 조직 문화에 적합하다고 할 있다. 또한 업적 자체의 정의에 따라 다소 단기적인 관점이 반영되는 선발기준이며, 이 기준을 적용하기 위해서는 직무중심의 인사관리 및 개인중심의 업무처리 프로세스가 자리잡고 있어야 한다.

그 다음 기준으로 역량(Competency)을 들 수 있다. 역량은 미래의 성과를 창출할 수 있는 요소를 의미한다. 즉, 성과가 과거라는 시제의 요소라면 역량은 미래 시제라고 할 수 있다. 성과와는 달리 다소 장기적인 시기를 두고 판단한 수 있는 요소라는 점이 주요 특이사항이다.

마지막으로 가치관(Values)이 있는데 이는 직원이 가지고 있는 자세, 태도, 가정, 관점 등을 아울러서 일컫는 표현이다. 성과와는 달리 가치관은 직원의 가장 근본적인 측면에서 접근하는 요소로서 가장 변동가능성이 작은 것이 특징이다. 따라서 장기적인 인력운영 정책을 가지고 있는 기업이거나, 조직중심의 인사관리 또는 팀웍이 중요한 기업에 적절히 활용할 수 있는 문제직원의 선발기준이다.

이상 업적, 역량 그리고 가치관 3가지 요소를 중심으로 문제직원의 선발기준에 대해 살펴보았으나, 3가지 요소 중 한가지만을 배타적으로 사용하는 것은 다소 유연성이 떨어질 수 있다. 3가지 요소를 모두 반영하되 기업이 지향하는 방향이나, 인사관리의 운영현황 등을 감안하여 비율을 정한 후 함께 고려하는 것이 가장 바람직하다고 하겠다.

문제직원의 행동사례

- 다른 사람의 자존심을 상하게 한다.
- 비꼬는 말투를 사용한다.
- 공공연하게 남을 비난한다.
- 다른 사람의 의견을 신뢰하지 않는다.
- 조직 구성원의 행동을 감시하듯 지켜본다.
- 협동작업에 쓸데없이 간섭한다.
- 권력을 이용해 남에게 처벌을 내린다.
- 자신의 활동영역을 보호한다.
- 자신에 대한 부정적인 의견을 잘 받아들이지 않는다.
- 자기가 타인에게 악영향을 미치는지 전혀 모른다.
- 남의 실수를 지적한다.

Source : Bad apples, Mitchell Kusy and Elizabeth Holloway

문제직원 선발 기준

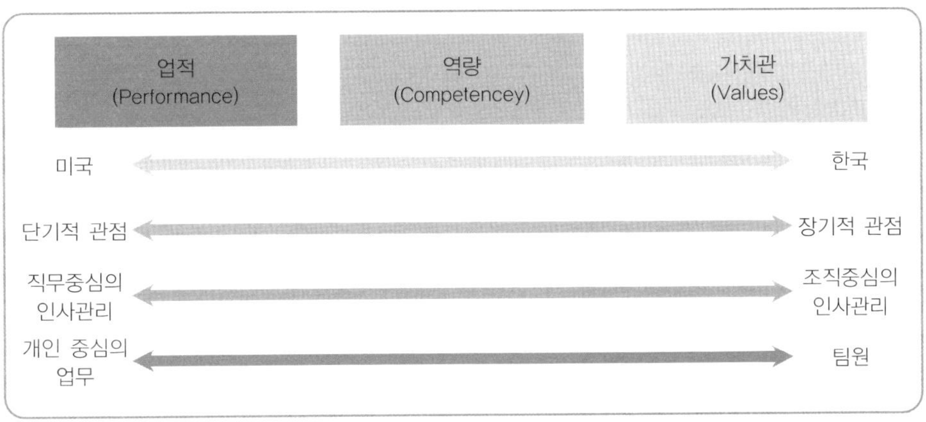

Bad apple은 해고만이 해결책인가

만일 문제직원에 대한 기준을 명확히 한 후, 선발하였다면 이후 어떤 관리방향을 적용할 것인지가 문제된다. 이때 적용가능한 방향은 크게 2가지로 나뉜다. 퇴출중심형과 육성중심형으로 구분해 볼 수 있다. 퇴출중심형은 문제직원은 잘 개선되지 않으며 육성을 위한 투자는 시간낭비라는 입장해서 출발하며, 선발 이후의 과정은 결국 해고로 가는 중간과정이며 해고시 발생할 수 있는 소송에 대비하여 사전에 기업에서 할 수 있는 준비작업을 하는 유형을 의미한다. 퇴출중심형은 대상 직원에 대한 교육이나 훈련보다 객관적인 성과측정과 이들을 기록 관리하는 서류작업이 주된 업무를 구성하게 된다.

한편 육성중심형은 문제직원의 개선은 가능한 것이며, 기업이 문제직원을 관리하는 것은 퇴출이 목적이 아니라 교육훈련을 통해 지속적으로 개선되도록 지원하는 것이라는 믿음에 기초하고 있다. 육성중심형의 경우 퇴출중심형의 경우와 같이 서류작업에 대한 의존도가 낮으며, 교육훈련을 지속적으로 실시하여 실질적인 역량과 성과개선을 도모하는 과정으로 이해할 수 있다.

인더비즈 인사경영 Station

Bad apple(문제직원)

문제직원은 그의 태도나, 자세 혹은 인식 등이 다른 팀원에게도 전파될 수 있다는 측면에서 Bad apple 또는 Bad egg라고 불린다. 문제직원이 가지고 있는 부정적인 정서나 특성이 다른 팀원에게도 그대로 전파됨으로써 조직 전반적으로 문제직원의 비중이 늘어나거나 부정적인 정서나 분위기가 확산 되는 것을 방지하여야 한다.

업적, 역량 그리고 가치관 3가지 요소를 중심으로 기업이 지향하는 방향이나, 인사관리의 운영현황 등을 감안하여 비율을 정한 후 함께 고려하는 것이 바람직하다. 주로 단기적 시각을 통해 문제직원을 관리하는 경우 업적의 반영비율이 높아지고, 장기적 시각을 통해 운영하는 경우 가치관을 중심으로 문제직원을 선발 및 관리하게 되며, 문제직원 선발 이후 퇴출중심형과 육성중심형 중 각 회사에 부합하는 적절한 관리방향을 적용할 것이 요구된다.